U0917431

本书由复旦大学出版基金资助出版

当代公民身份理论研究

刁瑗辉◎著

復旦大學出版社

内容提要

公民身份不仅有着悠久的政治思想传统，也成为当代法学、政治学、社会学等人文社科领域所持续研究的问题。当代公民身份的观念超越了传统公民身份的观念，聚焦于身份认同、参与、赋权、人权和公共利益等议题。公民身份的研究不再局限于过去以国家为中心的研究范式，而是拓展到全球、社群以及社会正义等多个方面。当代公民身份研究对传统公民身份的外延（包容和排斥）、内涵（权利和责任）以及深度（强或弱）三个方面都作了重新思考。

本书从政治哲学的视角出发，旨在对当代政治哲学语境中的公民身份问题予以多维审视，其研究对象是当代西方公民身份理论，着重对自由主义公民身份、社群主义公民身份、共和主义公民身份与后现代主义公民身份四种相关理论展开论述，着力考察公民身份在政治哲学论争中的内在张力，透视当代公民身份议题背后的价值分歧。本书力图在各种看似针锋相对的思想、论点之争中，探究其在公民资格、身份认同、公民权利与责任等各个方面所存在的分歧，以及产生这些分歧的根源与实质，从而对它们各自的长短及得失作出客观和辩证的评价。

目　　录

第一章 绪　　论

公民身份不仅有着悠久的政治思想传统，也成为当代法学、政治学、社会学等人文社科领域所持续研究的问题。当代公民身份的观念超越了传统公民身份的观念，聚焦于身份认同、参与、赋权、人权和公共利益等议题。公民身份的研究不再局限于过去以国家为中心的研究范式，而是拓展到全球、社群以及社会正义等多个方面。20 世纪 90 年代以来，公民身份的研究飞速发展，尽管还不是一个正式的学科分支，但它作为一个重要的议题已经跻身于人文和社会科学之林。在当代公民身份的研究中，公民权利被重新定义，人们将思考集中于"谁是公民，谁不是公民？什么是公民身份，它可能包括哪些方面。这些研究在反思公民身份既有内容的基础上，重新发掘公民身份在空间上被排斥、在时间上被遗忘的部分。因此，当代公民身份研究对传统公民身份的外延（包容和排斥）、内涵（权利和责任）以及深度（强或弱）三个方面都作了重新思考。

对于这些新问题的讨论引入一种政治哲学的视角是必要和有益的。关于对西方公民身份的理解，多数人仍然停留在传统的"共和主义/自由主义"两分法之中。然而，罗尔斯后期的政治自由主义所提出的公共理性的公民身份就标志着一种转换的开始。应该说，公民身份的讨论离不开自由主义、共和主义、社群主义等思想之争。现代政治哲学的讨论，引发了学者对 Citizenship 的再审视。因此，本书将重点从政治哲学的视角出发，透视当代公民身份议题背后的价值分歧。在各种看似针锋相对的思想之争中，探究公民资格、身份认同、公民权利与责任等各个方面所存在的分歧，以及分歧的根源与实质。

本章是对全书的概览性介绍，笔者将在第一、二部分探讨公民身份的研究背景和意义，国内外相关研究状况，不同学科如社会学、法学、政治学对公民身份研究的渗透和影响;在第三部分探讨 Citizenship 的研究谱系,如当代公民身份主流的四种研究取向和两种研究框架;在第四部分扼要地阐述本书的研究思路以及各章节的研究内容。

一、研究背景及意义

公民身份(citizenship)不仅是政治实践的重要基础,而且是政治理论的基本概念,它与政治的历史同样久远。美国学者茱迪·史珂拉说:“没有什么概念像‘公民身份’那样居于政治的核心地位,也没有哪个概念像公民身份概念那样在历史上那么富于变化、在理论上那么充满争议。”①公民身份与国家权力组成了现代国家的基本政治关系,构成了国家与社会关系的重要解释维度。

(一)作为一个悠久的政治思想传统,对公民身份问题需要给予持续性关注

公民身份悠久的传统源自古希腊。古希腊的公民身份具有归属性和参与性两个基本特征。在古希腊,一种普遍的现象是“人从来没有被明确认为是某个个人”或是“私生活中的自我”②,“个人以某种方式被国家所吞没,公民被城邦所吞没”③。在中世纪的西欧,城市的兴起与基督教的二元世界观使人们的世俗生活逐渐出现物化的倾向。随着封建社会末期教会势力的衰落,日益强大的世俗力量不可避免地承担起了塑造新历史条件下公民身份的任务。“真理的彼岸世界消逝以后,历史的任务就是确立此岸世界的真理。”④人文主义者相信,在一个管理良好的社会之中,“神”的利益、“公共”的利益和“私人”的利益能够很好地协调共存。公民不仅仅是遵守宗教戒律的

---

① 茱迪·史珂拉:《美国公民权:寻求接纳》,刘满贵译,上海:上海人民出版社,2005年,第4页。

② 萨托利:《民主新论》,冯克利、阎克文译,北京:东方出版社,1993年,第289页。

③ 邦亚曼·贡斯当:《古代人的自由与现代人的自由》,阎克文、刘满桂译,北京:商务印书馆,1999年,第28页。

④ 《马克思恩格斯选集》(第1卷),北京:人民出版社,1995年,第2页。

人,也是尊重司法规章和经济理性的人。到托玛斯·霍布斯、约翰·洛克时,以自然权利为基础的近代公民身份的思想条件已经趋于成熟。在自然权利的总体原则下,西方公民身份经历了几百年的发展,虽不乏变革与调整,但是这种以权利为根基的总体思想并没有发生本质的改变①。

(二)战后公民身份所面临的理论与实践困境,进一步凸显了其研究的必要

近代以来,权利型公民身份作为一种主导范式,一直对西方国家的制度安排和政策实践发生着深刻影响。《世界人权宣言》强调每个人都有生活、工作、教育、思想自由和言论自由的权利,但却没有提及个人如何尊重并帮助他人实现其权利。每个人当然都有权生活,可问题是,每个人事实上都不是生活在真空中,而是生活在具体的社会场景中。考虑到人与人之间的权利冲突在现实生活中无法避免,因此,对良好的社会治理来说,个人的公共责任担负甚至某种形式的自我牺牲是必需的。现代公民身份中对责任和义务的忽视是导致其危机现状的原因之一②。

在理论层面,将权利型公民身份推到极致的是T·H·马歇尔的公民身份理论。马歇尔秉承确立于近代的自由主义思想传统,不仅坚持权利的优先性,而且在政治、经济、社会等广泛领域扩充了公民权利清单。正如安东尼·吉登斯指出的那样,马歇尔对公民权利所作的阐释,与民族国家和福利制度错综复杂地交织在一起。在他的观念中,公民身份的基础属于民族国家及其福利制度所养护的范围③。因此,马歇尔的著作可以被看作是自由主义传统在新的时代条件下对民主与资本主义关系问题的回应。简言之,如何协调政治民主的政治框架与作为经济体系的资本主义所带来的社会结果之间的关系,即如何协调形式平等与社会阶级持续分化之间的关系,是马歇

---

① 李艳霞:《西方公民身份的历史演进与当代拓展》,《厦门大学学报》,2006年第3期。

② 同上。

③ 尼克·史蒂文森编:《文化与公民身份》,陈志杰译,潘华凌校,长春:吉林出版集团有限责任公司,2007年,第67页。

尔所思考的基本问题,他的答案就是福利国家。

然而,在马歇尔所列举的公民权利、政治权利和社会权利中,权利的三个维度决不是同等重要的。比如,作为公民和政治成员身份的资产阶级权利不能与资产阶级的财产权相抵触或对它构成挑战,尽管它们是资本主义关系的必要支撑条件。相反,社会福利权利却似乎侵入了资产阶级财产权这一支配领域,因为它表明或需要对社会财富和财产进行再分配。公民权利和政治权利不需要任何新的社会层级,而福利权利则因为其涉及某些再分配原则而可能促进社会层级向平等主义演化①。

在实践层面,20 世纪 70 年代以来,随着"新自由主义"经济政策和社会政策的推广,权利型公民身份的理念在国家政策中逐步得到落实。但麻烦在于,这种政策实践虽然缓解了一些旧矛盾,却衍生了一系列新问题。其中特别值得关注的就是社会排斥现象。

权利型公民身份倡导绝对的自由市场,这必然导致社会贫富分化的加剧,使得社会排斥现象逐渐显露于社会生活的各个方面。社会排斥从根本上动摇了公民的地位和权利,违背了公民身份的平等原则,对公民的权利、社会地位和公民的集体认同造成了严重的不良后果。社会排斥不仅是一种物质的剥夺,而且也堵塞了人们参与决策的过程以及进入各种有关机构的途径,使得若干群体易受到伤害的程度呈螺旋式上升。更重要的是,社会排斥与健全的公民身份相对立。它表明社会中有一部分人被排斥于社会主流发展之外,甚至在影响到他们命运的决策中也很难听到他们的声音。

(三)当代公民身份理论的复兴为深化研究提供了有利契机

当今的时代是一个全球化时代,也是一个多元文化时代。在这种背景下,民族国家不得不对全球主义和地方主义的双重压力作出回应。一方面,处理频繁发生的跨国家事件需要超越民族国家的范围;另一方面,在西方民族国家内部,福利制度及政策的实施也滋生了一系列新矛盾,若不改革,已很难找到解决重大而具有创伤性危机

---

① 布赖恩·特纳编:《公民身份与社会理论》,郭忠华、蒋红军译,长春:吉林出版集团有限责任公司,2007 年,第 7—8 页。

的方法。一些批评家说,福利制度的惰性不仅造成经济发展的停滞,还助长了人的依赖性和冷漠感。因此,“福利国家死了”。也正是基于这样的缘由,有人认为,置于民族国家框架内的公民身份模式已不再有效,即使曾经有效也罢[①]。对公民身份问题应该在更高的水平上和更开阔的视域内加以思考。

总体而言,当代公民身份理论的复兴涉及一系列重大的历史进程:(1)有效的民主、民族主义、福利国家的改革以及移民问题,对以往关于个体权利、政治和社会冲突以及对民族国家的理解提出了挑战[②]。(2)20 世纪 80 年代以来,等级制残余被逐渐废除,个体地位已无需在等级制政治秩序中加以确定,在这种情况下,政治渐渐失去其作为一种秩序原则的首要性,但与此同时,试图通过诉诸道德、共同体、民族以及秩序的复兴来重建等级秩序的政治权威又很难成功。于是,公民身份作为一种秩序原则,其吸引力日益增加[③]。

当代公民身份研究的意图在于超越传统公民身份的观念,将公民作为策略性的概念,聚焦于身份认同、参与、赋权、人权和公共利益等议题。公民身份的研究不再局限于过去以国家为中心的政治学,相反,学者应将它置于新的政治社会背景之中。在国家层面,全球化,跨民族关系对原有民族国家形态的冲击;在社群层面,政治社群中日益凸显的多元文化、性别、原住民等问题对民族融合的影响;在社会层面,一种公平正义的制度安排要求人们从“社会包容”与“排斥”的视角对平等、福利、公共政策的重新理解,这一切在很大程度上重构了公共管理诸多方面。面对这些新的变化,学界对公民身份内涵、意义、实践的相关探讨需要一个更加开阔的视野,因为公民身份作为基本理论性概念,无疑成为分析上述三大变化,制定可行对策的新工具。

自 20 世纪 90 年代以来,公民身份研究的发展取得极大的突破。

---

① 尼克·史蒂文森编:《文化与公民身份》,陈志杰译,潘华凌校,长春:吉林出版集团有限责任公司,2007 年,第 67 页。

② van Gunsteren, H. R. (1998). *A Theory of Citizenship: Organizing Plurality in Contemporary Democracies*. Boulder, Colorado: Westview Press. pp. 1-3.

③ Ibid.

在理论层面,有关公民身份基本观念的思考主要集中这些问题:谁是公民,谁不是公民?什么是公民身份,它可能包括哪些方面?换言之,这些研究旨在反思公民身份既有的内容,重新挖掘公民身份在空间上被排斥、在时间上被遗忘的部分。因此,近来公民身份文献中出现了越来越丰富的形容词来描述公民身份:生态的,全球的,世界的,生活的,亲密的,性的,后殖民主义的,多元文化的,跨国的,跨民族的等。这些新的观念推进了公民身份的经验研究,即在日常生活中公民身份是如何被体验、被规定的。在实践层面,它涉及移民、宗教、教育、军事、原住民、生态政治、社会正义、国家监管、驱逐出境等各个方面。在所有相关理论探讨和经验研究的背后隐含着这一问题:为什么要研究公民身份?

这个问题的答案充满了争议。然而有一点可以肯定,历史上长期存在的排斥、社会不平等、等级制问题无不与公民身份密切相关。已有不少文献从公民身份的视角揭露并思考如何解决这些问题。如在欧洲,有学者批评公民身份的概念是由欧洲血统延伸而来的,具有排斥性。事实上,在欧洲、北美等发达国家,公民身份观往往建立在视域狭隘的世界观之上,发达国家的公民身份是保留给少数人的特权。对于大多数移民而言,他们只能通过发动社会运动的方式争取西方公民身份的利益。尽管这些移民运动或许在一定程度上动摇了"政治社会"的统治结构,但这些人却是以非公民的身份抗争,被排斥在公民社会和宪政框架之外①。

20 世纪 90 年代,公民身份研究开始成为一门显学,尽管还不是一个正式的制度化的学科分支,但它作为一个事实上存在的重大课题已跻身于人文和社会科学之林。从公民权利(civil right)、原住民权利、妇女权利、同性恋者的性权利,到动物权利、语言权利、残疾者权利,在过去的几十年中,我们看到,对于包容和归属的一系列新要求在西方国家纷纷出现,并汇成了一股巨大的潮流。米切尔·伊格纳惕夫(Michael Ignatieff)将这一潮流形象地称之为"权利革命"。一

---

① Nyers, P. (2007). "Introduction: why citizenship studies", *Citizenship studies*, 11(1), pp.1-4.

系列重大的社会问题都以权利的语言表达出来。进而,不仅公民的权利被重新定义,而且,就连成为一个公民意味着什么以及公民能够拥有何种权利也成为探讨的问题。换言之,“标示公民身份的三个基本维度:即外延(包容和排斥的法则与规范)、内涵(权利和责任)和深度(强或弱),都经过了重新定义和改造”①。

（四）推进关于公民身份问题的认识需要引入政治哲学视野

当代公民身份理论的复兴也是公民身份理论自身的一种逻辑演进。在西方,关于公民身份的理解一直存在两种传统理论模式,即共和主义的传统理论模式和自由主义的传统理论模式。鉴于它们在公共生活优先还是私人生活优先等问题上很难达成一致,所以,调和二者立场的唯一办法就是转换视角,从理想化的理论争论转换到更加温和的现实妥协。在某种意义上,罗尔斯后期政治自由主义哲学所提出的公共理性的公民身份,就是这样一种转换的开始。正如格申·沙弗(Gershon Shafir)所言:“罗尔斯对自由主义的个人主义的系统修正使得和公民身份相关的议题在当代政治的辩论中处于骄人的地位。他的政治著作不仅推动和促进了人们对公民身份兴趣的复苏,而且还提供了一些分析当代社会进程的理论化语言。罗尔斯的新自由主义理论对大量新的关于公民身份的论辩来说,仍将发挥一种巨大的推动作用。”②威尔·金里卡则认为:“公民身份一方面内在地相关于自由主义的个人权利和资格的理念,另一方面又内在地相关于社群主义的共同体成员资格和忠诚纽带的理念。因此,它就提供了一个可以调停自由主义和社群主义之争的概念。”③

在政治哲学语境中,多元文化主义对自由主义公民观提出了挑战,共和主义、社群主义也对自由主义公民观进行了质疑。前者批评自由主义仅考虑权利的普适性而忽视了少数群体、亚群体等公民身

---

① 恩斯·伊辛、布雷恩·特纳:《公民权研究导论》,恩斯·伊辛、布雷恩·特纳主编:《公民权研究手册》,杭州:浙江人民出版社,2007 年,第 2 页。

② Shafir G. (1998). *The Citizenship Debates, A Reader*. Minneapolis: University of Minnesota Press, pp. 25-27.

③ 威尔·金里卡:《当代政治哲学》(下),刘莘译,上海:上海三联书店,2004 年,第 511-512 页。

份权利的特殊性;后者批评自由主义过分张扬公民所应享有的权利而忽视了公民所应具备或承当的美德、责任及义务。今天,关于公民身份问题的讨论,已经变成自由主义、社群主义、共和主义、多元文化主义等共同参与的复调性的大合唱。这一大合唱固然显示出诸多公民身份理论之间的矛盾分歧,但也正因如此,它又为关于公民身份问题的全方位思考提供了丰富的思想资源。

长期以来,流行的公民观念仅仅把公民身份看作是在某一国家权威之下的一种地位,但在当代条件下,实践和理论的双重演进都对这种观念提出了挑战。一系列新型的政治和社会斗争都纷纷表达了关于承认和扩展公民身份的要求,而且,建基于认同之上的斗争还找到了表达这种要求的新方式,即,关于公民身份的要求不能仅仅理解为对一种法律地位的要求,同时,还应该甚至更应该理解为对政治和社会的承认、对经济再分配的要求。因此,仅仅依据战后各民主国家有关公民身份和义务的诸种理论和实践,已不能充分把握21世纪正在变化中的公民身份。

随着时代的变迁,公民身份的研究涌现了许多全新的领域。公民身份研究专家布莱恩·特纳(B. S. Turner, 1990)将公民美德和民主价值观相联系,并将其置于全球化的视野。塞拉·本哈比(Seyla Benhabib, 2004)从世界主义出发,认为世界主义实际上促进了人民主权。同时她认为民主共和联邦制将在地方、国家和全球层面加强人民主权。这些思考突破了将公民身份简单视为一国之内的法律地位,完全由国家所垄断的现状。露丝·李斯特(Ruth Lister, 2003)从公民身份的包容性和排他性维度切入,寻求一种更为包容的公民身份。李斯特认为,公民身份作为一个"动力性概念",能够成为"被边缘化的群体争取社会正义的工具"[1]。另一些学者则在特定的地域背景下探讨公民身份。热拉尔·德兰蒂(Gerard Delanty, 1997)探讨了欧洲公民身份政治学,并指出它是一个缺乏团结和社会正义的公民身份体制。Aihwa Ong(1999)质疑了领土公民身份的概念,并将公民身份的研究放置于全球流动的当代政治背景中。他指出在大都市

---

① Lister, R. (2003). *Citizenship: feminist perspectives*. New York: NYU Press, p.88.

中,来自全球范围的移民成为了“灵活公民身份”(Flexible citizenship)①,这些人的公民身份所附带的奖励和惩罚取决于他们对城市经济的贡献。什么是未来的公民身份?未来公民身份的研究必须考虑到主权与主体性之间复杂却无法消除的张力,即国家寻求合法权威与个人寻求自我保护之间的张力。公民身份研究在未来将涉及更广泛领域并坚持它的批判性视角。

与国外的研究相比,虽然我国理论界对于“公民身份”②的研究在20世纪80年代就已出现,但是体现国家与公民整体关系的公民身份的研究尚处于起步阶段。这不仅影响到我国政治学理论体系的完整,而且也使得我们对于许多社会问题的解决因缺乏根源性的理论基础而缺少总体性和长远性的规划。理论地位的重要与现实的迫切需求为公民身份的研究提供了强大的动力,也为社会科学研究开辟了广阔的空间。

二、国内外相关研究状况

(一)国外研究进展

公民身份研究所取得的引人注目的进展,最明显地体现在围绕这一领域而发表的学术成果中。尽管公民身份研究是一个年轻的和尚有争议的领域,但近20年来已累积了数以百计的著作和数以千计的论文。加拿大最大的研究图书馆罗巴茨图书馆(Robarts)2001年至2012年提到公民身份的书籍、手稿和报告超过3420部,杂志、期刊等共80多种。在这当中,有1719部将公民身份列入其主题词,它们绝大部分出版于20世纪90年代至今。其中1177部在标题中就有“公民身份”一词,清楚表明它们属于公民身份研究的领域。而在这1177部中, 57部出版于2000年,49部出版于2001年,61部出版于2002年,59部出版于2003年,69部出版于2004年,62部出版于

① Ong, A. (1999). *Flexible citizenship: The cultural logics of transnationality*. Duke University Press.

② 公民权利为“civil right”,区别于公民身份“citizenship”。

2005 年,65 部出版于 2006 年,57 部出版于 2007 年,53 部出版于 2008 年,73 部出版于 2009 年,58 部出版于 2010 年,43 部出版于 2011 年,39 部出版于 2012 年。显而易见,2000 年以来是公民身份研究的著作出版显著增长的时期,并且大体呈现越往后越上升的趋势。将近 50% 的公民身份研究著作都出版于这十年之内,可谓引人注目。

此外,国外研究公民身份的主要期刊有 20 多种,其中以 *Citizenship Study* 最具有代表性。从 1997 年到 2012 年 *Citizenship Study* 期刊论文所提示的主要研究议题和地区的论文数量统计结果(该分类按文章标题和关键词划分),见表(1-1,1-2)。

表 1-1 议题与公民身份

议题与公民身份	篇数	议题与公民身份	篇数
移民(难民)与公民身份	38	公共政策与公民身份	9
原住民(土著)	16	包容/排斥与公民身份	12
公民身份的一般理论	31	地理学(空间)与公民身份	7
全球化与公民身份	15	青年与公民身份	3
性别(性)与公民身份	24	儿童与公民身份	4
生态(绿色)公民身份	4	军事与公民身份	4
公民身份与教育	24	社会公民身份	16
文化与公民身份	27	世界主义公民身份	9
民族(跨民族)与公民身份	22	自由主义与公民身份	17
人权与公民身份	9	共和主义与公民身份	2
责任与公民身份	2	差异公民身份	2
安全防御与公民身份	11	少数族裔(种族)与公民身份	16
残疾人与公民身份	2	宗教与公民身份	7
跨国婚姻与公民身份	8	城市公民身份	10
国家边界与公民身份	8	社会运动与公民身份	5
生物公民身份	1	其他	15
公司公民身份	5		

表 1-2　地区与公民身份

地区与公民身份	篇数	地区与公民身份	篇数
中国香港	6	以色列	2
阿根廷	3	巴勒斯坦	2
韩国	10	非洲	2
德国	13	荷兰	1
黎巴嫩	1	爱尔兰	1
马来西亚	1	亚太地区	1
加拿大	17	法国	2
中国	6	英国	8
喀麦隆	1	比利时	1
拉丁美洲	2	奥地利	1

上述文献统计结果表明，一是在空间方面，有关公民身份的争议广泛存于世界各地，如阿根廷、澳大利亚、比利时、巴西、喀麦隆、加拿大、智利、中国大陆、法国、德国、危地马拉、中国香港、印度尼西亚、匈牙利、以色列、意大利、牙买加、日本、黎巴嫩、马提尼克、墨西哥、尼泊尔、马来西亚、巴基斯坦、巴勒斯坦、菲律宾、俄罗斯、斯洛文尼亚、南非、土耳其、英国、美国等。此外，新的空间和暂时性公民身份的出现与传统的民族国家产生了冲突，这涉及公民身份中的民族文化问题。这些民族文化冲突普遍存在于诸如洛杉矶、柏林、多伦多等大都市，以及亚太、欧洲、非洲、拉丁美洲、北美等地。对于一个主权国家而言，公民身份中最棘手的难题在于，处理全球化背景下公民身份的“空间例外”问题。如何平衡公民身份的“空间例外”和国家主权控制下的公民身份？解决这一问题，不仅需要在制度和宪法的层面思考公民身份，更要将公民身份视作一种实践。因为事实证明，公民身份通常将人按种族、民族、性别和地理进行划分。从社会实践的角度出发，公民身份不仅仅意味着国家授予的法律地位，它还是一种身份认同，对作为主体的人的承认。相对于法律地位而言，后者可被描述为“政治”实践。作为实践的公民身份，涉及对诸多基本政治问题的协调：如单一与多元，内部与外部，一致与差异，自我与他者，空间与

时间等。这些关系互相竞争,在不断被重新解释和表达的过程中,许多利益相关方都介入其中。在此意义上,公民身份成为了一个棱镜,通过它来透视政治。

二是在议题方面,公民身份的研究超出了民族国家范畴,公民身份的内容越来越多元化。伴随着20世纪90年代以来,西方学界开展女权主义研究、同性恋研究、原住民研究、非洲研究、移民社会研究、后殖民研究、种族和民族研究、都市研究、侨民研究、环境研究等等的学者与日俱增,他们探讨和表达了各种各样的公民身份概念,包括女性公民身份(Dean, 1996; Mouffe, 1992; Prokhovnik, 1998; Yuval-Davis, 1997; Lister, 2003a, 2003b; Sim and Gavanas, 2000; Narayan, 1997)、性公民身份(Lister, 2002; Richardson, 1998, 2000; Weeks, 1998)、亲密关系公民身份(Plummer, 2001; 2003)、包容公民身份(Kabeer, 2005; Lister, 2007)、贫民公民身份(Burns, 1999; Fimister, 2001; Lister, 1990; Townsend, 1979; Dean and Melrose, 1999; Walker, 1995; Beresford et al, 1999;)、残疾公民身份(Barton, 1993a; Barton, 1993b; Barnes and Mercer, 1997, 1999, 2003; Marks, 2001; Morris, 2005)、生态公民身份(Barry, 1999, 2006; Bell, 2005; Christoff, 1996; Dobson, 2003; Dobson and Bell, 2006; Hayward, 1995, 1998, 2000, 2006; Smith, 2005)、差异公民身份(Werbnerand Yuval-Davis, 1999; Young, 1989, 1995; 2002, 2011)、多元文化公民身份(Kymlicka, 1995, 2001, 2007; Taylor, 1992、Pakulski, 1997; Isin, 1999, 2000; Waldron, 1992)、世界公民身份(Hutchings, 1999; Linklater, 2002; Miller, 1999; Turner, 2000)、全球公民身份(Falk, 1994, 2000; Held, 1998; Delanty, 1997, 2000; Dowerand Williams, 2002; Dower, 2003; Muetzelfeldt and Smith, 2002; Vandenberg, 2000)、超民族和超国家公民身份(Dobson, 2006; Hoffman, 2004; Ong, 1999; Soyal, 1994; Tambini, 2001),以及民族、种族、移民公民身份(Habermas, 1994; Castles and Davidson, 2000; Brubaker, 1992; Cesarani and Fulbrook, 1996)、青年公民身份(Lister, et al, 2003, 布莱克曼和弗朗士, 2007)、儿童公民身份(Stasiulis, 2002; Cohen, 2005; Moosa-Mitha, 2005)等。这些研究不仅在很大程度上改变了学

术生态，而且对西方国家的政治改革和政策实践产生了重要影响。

三是在研究领域，当代西方公民身份研究横跨人文社会科学的多个学科，研究方法既有规范研究也有经验研究。综合来看，西方学界关于公民身份的理论研究，大致可以划分为三个学科领域，即政治学、法学和社会学。根据现有的外文文献显示，以 Citizenship 为主题的书，其中九百多部与政治学相关，两百多部与社会学相关，两百多部与法学相关。公民身份是一个受到广泛讨论且争议很强的概念，以至于任何对它的定义的尝试，都有可能受到挑战。"由于公民身份在不同的语境中（例如政治的、法律的、哲学的、社会学的）并且以不同的方式被使用，这导致几乎不可能得到一个普遍认同的定义"①。

1. 社会学对公民身份理论的影响

社会学对公民身份的理解不同于政治学和法学。它首先强调，应把公民身份置于鲜活的社会实践过程之中来考察，而不应将它看作是一个抽象的权利和义务体系。在历史上，公民身份随政治斗争的结果而发生变化，因此，"实践"概念有助于我们理解公民身份建构的动力。这是一个有别于法学和政治学的社会学分析视角。其次，公民身份的定义与有关不平等、权力分化和社会阶级的讨论密切相关，因为公民身份不可避免地与社会中资源分配的不平等问题联系在一起。作为这种定义的结果，整个公民身份理论就必须谈到以下几个议题：(a)社会权利与义务的内容；(b)这种权利和义务的类型与形式；(c)导致形成这些实践的各种社会力量；(d)各种各样的制度安排，它们导致利益在不同社会部门之间的分配②。社会学的定义强调的是谁有资格成为民族国家的公民？公民身份代表了一种地位，即个人在民族国家内的社会成员资格，以及与此相对应的一整套权利和义务总体结构。它还涉及公民和国家、个人和群体之间的广泛的社会关系和社会实践。正如威廉·A·盖尔斯敦形象地指出的：

---

① 彼得·德怀尔：《理解社会公民身份：政策与实践的主题与视角》，岳经纶、蒋晓阳译，北京：北京大学出版社，2011 年，第 3 页。

② 布赖恩·特纳编：《公民身份与社会理论》，郭忠华、蒋红军译，长春：吉林出版集团有限责任公司，2007 年，第 3 页。

"公民身份是大家分享和大家接受的一包好处和负担"①。黑文斯(M. Havens)在下定义时说:"别的人也可能服从国家的权威,甚至可能要为国效忠,可是公民有义务、权利、责任和特权,而没有公民身份的人却仅在较小程度上得以分享或者根本分享不到"②。黑文斯说明了某些人虽生活于一国之内,却并无法获得公民身份。他认为"公民身份是官方对个人被接纳入政治体系的确认"③。

社会学领域中最有影响力的公民身份理论当属马歇尔的公民身份与阶级思想。1949 年,在剑桥大学的年度讲座上,英国著名社会学家 T · H · 马歇尔(Thomas Humphrey Marshall)作了"公民身份与社会阶级"的演讲④。他从英国的社会背景出发,系统阐述了公民身份的演进历史,分析了公民身份的构成要素。马歇尔把公民身份的演化看作一个地域上融合和功能上分化的双重过程,把公民身份的构成看作是由公民权利(civil rights)、政治权利(political rights)和社会权利(social rights)所组成的复合范畴。"这三个部分或三个要素称为公民的要素、政治的要素和社会的要素"⑤。"公民的要素(civil element)"由个人自由所必需的权利组成,"包括人身自由,言论、思想和信仰自由,拥有财产和订立有效契约的权利以及司法权利(right to justice)"⑥;"政治的要素(political element)"是指"公民作为政治权力实体的成员或这个实体的选举者,参与行使政治权力的权利"⑦;"社会的要素(social element)"是指"从某种程度的经济福利与安全到充分享有社会遗产并依据社会通行标准享受文明生活的权

---

① Galston, W. A. (1991). *Liberal purposes: Goods, virtues, and diversity in the liberal state*. Cambridge :Cambridge University Press, p. 250.

② Havens, M. (1991). Citizenship. in *The American Intellectual Encyclopedia*. New York: Grolier, pp. 742-745.

③ Ibid., p. 742.

④ 根据大多数国内学者的习惯,这里用"公民身份"而不用"公民权"。

⑤ 郭忠华、刘训练编:《公民身份与社会阶级》,南京:江苏人民出版社,2007 年,第 7 页。

⑥ 同上。

⑦ 同上书,第 8 页。

利等一系列权利。”[①]除马歇尔以外，蒂特莫斯(R. M. Titmuss)、贝弗里奇(H. W. Beveridge)也分别阐释了公民身份与福利、贫困、社会承诺、救济等问题。

二战结束以来，社会学界对公民身份的研究经历了三次起伏。在20世纪60年代和70年代，主要是在马歇尔的影响之下，一批社会学家从事这方面的研究，其中包括本迪克斯(Reinhard Bendix, 1964)、西摩·马丁·李普塞特(1964)、塔尔科特·帕森斯(1971)、拉尔夫·达伦多夫(1959)等。李普塞特和达伦多夫用公民身份分析了社会冲突。达伦多夫在《现代社会冲突：自由政治随感》一书中指出，应得权利确立了公民的社会身份地位。公民的身份地位，“首先描述了一大堆应得权利。这些应得权利的存在是无条件的。因此，它们既不取决于出身和社会地位，也不取决于某些特定的行为举止方式”[②]。而且，“公民的身份地位是不可转让的。它的根本特征是：它是不可能用什么东西来抵偿的；这里涉及的恰恰不是一种经济上的身份地位”[③]。应得权利除了确立公民身份地位之外，它还确立了与公民身份相关的很多社会机会。达伦多夫指出，应得权利的功能在很多时候类似于“入场券”。“入场券能让大门打开，然而对于那些没有入场券的人来说，大门仍然紧闭着。在这个意义上，应得权利也为人划出界线，也设置藩篱”[④]。与此同时，帕森斯在美国开始研究马歇尔的著作并提出了批评，美国社会学中，公民身份的研究主要体现在解决种族关系、社会正义和民族建构方面，这些尤其体现在帕森斯[⑤]和本迪克斯的著作中[⑥]。二者从民族、种族的角度讨论公民身

---

① 郭忠华、刘训练编：《公民身份与社会阶级》，南京：江苏人民出版社，2007年，第8页。

② 拉尔夫·达伦多夫：《现代社会冲突：自由政治随感》，林荣远译，北京：中国社会科学出版社，2000年，第46页。

③ 同上。

④ 同上书，第25页。

⑤ 见塔尔科特·帕森斯：《社会行动的结构》，张明德、夏遇南、彭刚译，南京：译林出版社，2008年。

⑥ Bendix, R. (1964). National-building and citienship. New York: John Wiley and Sons.

份对民族建构和种族不平等的影响。

在20世纪70年代末和80年代初，社会学领域对公民身份的研究陷于停滞①，但这期间雅诺维茨（Morris Janowitz，1980）、弗里德曼（V. K. Friedman，1981）发表的却是重要的著作。前者系统地探讨了社会学中公民权利与义务关系，后者论述了社会权利的合法性以及西方福利国家理论。

在20世纪80年代和90年代，公民权利与义务又受到重视，许多社会学家如考斯塔·艾斯平·安德森（1990）、吉登斯（1982）、特纳（1986，1990，1993）、莫里斯·罗奇（1987，1992）、托马斯·雅诺斯基（1998）、托马斯·B·巴特莫尔（1992）、迈克尔·曼（1987）、巴特·范·斯廷博根（1994）、巴巴利特（T. M. Barbalet，1988）均有论著。这一时期的研究建立在反思福利制度的基础之上，并对以马歇尔为代表的公民身份思想进行了批判。他们对马歇尔的批评集中在以下几个方面：

其一，批评了马歇尔的分析具有"英国中心主义"和进化论色彩。吉登斯批评了马歇尔的公民身份历史进化论，他指出公民身份权利的发展是被剥夺者努力改善他们命运进行争斗的结果②。

曼把公民身份当作一种为包容阶级冲突而采取的阶级统治策略，指出，自由主义者、改革主义者、君主专制主义者、法西斯主义者以及极权主义者都追求公民身份，并取得一定程度的成功。马歇尔所描述的英国公民身份仅仅是发达工业国家所采用的五种形式中的一种。在解释这五种不同的公民身份时，必须强调统治阶级的作用，统治阶级的权力越大，它的策略就越奏效③。

特纳批评马歇尔、曼等人以经济地位为基础的阶级分析框架，无

---

① 《社会学论著综合索引，1971-1985》（Cumulative Index of Sociology Journals 1971-1985）仅列出四篇有关著述。

② Giddens, A. (1982). Class division, class conflict and citizenship rights in Anthony Giddens. *Profiles and Critiques in Social Theory*. Berkeley: University of California Press, pp. 164-180.

③ Mann, M. (1987). "Ruling Class Strategies and Citizenship", *Sociology*, 21 (3), pp. 339-354.

法解释和平运动、女权主义、绿色运动、动物权利保护等公民发起的新社会运动①。

他还批评了曼将公民身份的产生作为一种国家在其中起主导作用的阶级关系策略，将公民身份发展视为是自上而下的（由政府推动），却忽略了自下而上的（由劳工推动）的社会运动。特纳进一步对公民身份的传统进行了分类。他将公民身份发展分为自上而下和自下而上两种类型，并将公民身份分为积极的、公共的和消极的、私人的两类，分别把两个变量建构成一个坐标图，那就形成了四种类型的公民身份传统。自下而上的积极公民身份属于革命型传统，如法国大革命的。自下而上的消极公民身份属于自由多元主义型传统，如美国的。自上而下的积极公民身份属于消极民主型传统，英国为典型代表。自上而下的消极公民身份属于大众参与的威权主义传统，典型代表为德国的法西斯主义。特纳和曼一样试图建构多元的公民身份模式来取代马歇尔的单一公民身份模式②。

其二，批评了马歇尔的公民身份理论内部各要素之间存在矛盾与冲突。马歇尔将公民权利分为三类，在谈到私营企业劳资方面如集体谈判权、监督权、组织工会的权利、参与谈判的权利、罢工的权利等时，他将其统一称之为“产业公民权”。但是，吉登斯认为产业公民权不过是公民权利的扩展，并指出这两种权利之间存在着紧张的关系。产业权利的获得必须靠工人阶级反对雇主和国家来实现，比如组织工会权利，而公民权利则强化了雇主对工人的控制③。巴巴利特则指出了马歇尔的公民权利与社会权利之间的矛盾。公民权利是一种反对国家的权利，而社会权利则是要求由国家保证支付津贴和救济的权利。在经济衰退时，很可能用税收维持社会权利的需要与资

① Turner, B. S. (1997). “Citizenship studies: a general theory”, *Citizenship Studies*, 1 (1), pp. 5-18.

② Turner, B. S. (1990). “Outline of a Theory of Citizenship”. *Sociology*, 24 (2), pp. 189-217.

③ Giddens, A. (1982). Class division, class conflict and citizenship rights, in Anthony Giddens. *Profiles and Critiques in Social Theory*. Berkeley: University of California Press, pp. 164-180.

本积累的要求发生矛盾，反对社会权利的压力很可能以重新主张公民权利的形式出现[①]。

之后，雅诺斯基借鉴了本迪克斯的公民身份理论，将公民身份划分为四种权利。本迪克斯将公民权利称作“合法的存在状态”、将政治权利称作“合法的行动权利”[②]。前者意味着一个人拥有权利，处于被动状态；后者意味着一个人拥有创造权利的超权利，它是一个主动的过程。权利还可按照公私领域划分，公众领域的权利包括公民权利和政治权利，这些权利在公开的法庭上受到保护，并有助于发展公共法律。私人领域的权利涉及干预个人在家中或工作场所的经济福祉，或者在组织和市场等私有的领域创造权利。因此，对公民身份内部要素重新区分后，公民身份的要素按照对社会的作用进行分类（被动/主动），以及对国家支持的分类（公共/私人），分别为法律权利、社会权利、政治权利、参与权利（见表1-3）[③]。

表1-3 公民身份四要素

权利类型	公共领域	私人领域
被动存在地位或具有权利	（1）法律权利	（2）社会权利
主动行动身份或创造权利	（3）政治权利	（4）参与权利

资料来源：托马斯·雅诺斯基：《公民与文明社会》，柯雄译，沈阳：辽宁教育出版社，2000年，第38页。

20世纪90年代以来，在社会学领域，公民身份研究拓展到了女性公民身份、性别的公民身份、青年公民身份、儿童公民身份、残疾公民身份、全球公民身份、环境公民身份、生态公民身份、超民族公民身份、移民公民身份、文化公民身份等。从以阶级认同为主转向了多重身份认同，根据多重身份认同的不同要求，进一步拓展了公民身份的要素，如作为群体认同的文化要素和全球公民资格。

---

① 巴巴利特：《公民资格》，谈谷铮译，台北：桂冠图书股份有限公司，1991年。

② Bendix, R. (1964). *National-building and Citizenship*. New York: John Wiley and Sons, pp. 78-79.

③ 托马斯·雅诺斯基：《公民与文明社会》，柯雄译，沈阳：辽宁教育出版社，2000年，第38页。

2. 法学对公民身份理论的影响

法学视域中的公民身份尽管也强调成员资格,但它所关注的焦点是个人服从于法律和领导人。法官和陪审团在法庭中决定公民个人的权利和义务,因为权利和义务是由立法或执法行动所确立的。一个典型的法律定义是:“作为一国国民或归化成员之个人,应效忠于该国,而且有资格享受法律的保护和优惠”①。法律上的定义缩小了公民身份的内容,因为它们只保留了公民的被动权利,而不延伸到政治民主和社会民主方面的主动权利。然而,在现代国家,公民不仅拥有基本的自由权,而且拥有参政权利。“公民身份”或多或少地与其他完好界定的概念如“民主”、“参与”、“法治”以及并不确定但却愈来愈重要的“市民社会”相关联。因此,我们有必要对“公民”与“权利”的关系作进一步厘清。在这方面,引入法学理论将有助于我们进一步思考“公民”与“权利”的关系。

在法学理论中,大致可以分为自然法学和广义的实证主义法学。自然法学派②以昭示宇宙和谐秩序的自然法为正义的标准,坚持正义的绝对性,相信真正体现正义的是在人类制定的协议、国家制定的法律之外的存在于人的内心中的自然法,而非由人们的协议产生的规则本身。与自然法学派相对的实证主义法学则强调实在法,即国家制定的法。这派法学的特征是:区别实在法与正义法或理想法,着重分析实在法的结构和概念,认为法与道德无关或至少二者没有必然

---

① Plano, J. (1979). Immigration and citizenship. In*The American Political Dictionary*. New York: Holt, Rinehart and Winston.

② 自然法学派主张有一个实质的法价值存在着,这个法价值乃独立于实定法之外,且作为检定此实定法是否有正当性的标准。自然法学说认为,在自然,特别是在人的自然本性中,存在着一个理性的秩序,这个秩序提供一个独立于人〔国家立法者〕意志之外的客观价值立场,并以此立场去对法律及政治的结构作批判性的评价。自然法的权利,从某种意义上讲就意味着由自然,也就是说由人的本性、社会的本性以及甚至由物的本性中,可演绎出某些法则,这些法则可供给一个整体而言对人类行为举止适切的规定。自然法学派起初的权利观念更多带有“天赋”权利的色彩,人生于自然,人的权利也来自于自然。自然法学派特别重视法律存在的客观基础和价值目标,即人性、理性、正义、自由、平等、秩序,他们对法律的终极价值目标和客观基础的探索,对于认识法的本质和起源有着重要的意义。——参见西方法律思想史研究会:《自然法:古典与现代》,北京:中国法制出版社,2007 年。

的联系①。新自然法理论家如约翰·罗尔斯(2009)、罗纳德·M·德沃金(2008)等人认为除自由权外再无其他权利,在公民权利问题上,他们主张以个人为本位的普遍的自由权如信仰自由、言论自由、合法诉讼程序自由,以及利用法律制度保护其他权利的权利。

然而,实证主义法学却不讨论作为规范性理论的公民权利,因为它并不以人权和自然权利作为主要研究对象,人权往往用作对良知或同情心的呼吁,但不具有法律地位,因此,国家并不支持或促进它们。公民权利的存在则需要先由特定群体提出要求,再由国家使之具有一定法律效力和付诸实施,从而得到确认。因此,哈特(A. L. H. Hart)指出:"在诺齐克看来,最高价值是自由——不受妨碍的个人意志;而在德沃金看来,最高价值是关切与尊重的平等"②。自然法学派从道德的层面,强调以个人为中心的权利观念,而实证主义学派则更加注重权利与社会的关系,权利在社会交往中的作用以及社会对权利的影响等事实。实证主义者如霍菲尔德、哈特等人从现实的角度出发,对权利进行了多样化的分类,拓展了公民权利的范围。韦斯利·纽科姆·霍菲尔德开创性地划分出可以被称之为"权利"的四种法律关系形式。(1)自由权(Privileges or liberties):一个人对任何人(一个特定的人或一般人)都不承担不做某事的义务,例如,一个遭到攻击的人有权利保卫自己。(b)要求权(claim-rights):一个人对其他人或整体意义上的人民富有一种义务——例如,人有不受攻击的权利。(c)支配权(Power):个人可以用它来改变自己与别人之间的法律关系——例如,业主有权在其遗嘱中把自己的财产留给自己选定的继承人。(d):豁免权(immunities):个人的法律地位可以不因其他

---

① 实证主义法学派的基本观点是:法学的研究范围仅限于实然法,至于应然法和道德则是伦理学应该研究的;法是国家主权者的命令,是一个"封闭的逻辑体系"。在法和道德本质联系的问题上主张不符合道德的法不影响法的实在性的观点。由此可以自然推定出恶法亦法的观点,这也是其与自然法学派主要的分歧之一,自然法学派主张恶法非法,从自然法和道德的合理性基础上探讨法的合理性问题。——参见李龙、汪习根、徐亚文:《法理学》,武汉:武汉大学出版社,2011 年。

② Hart, H. L. A. (1979). "Between utility and rights". *Columbia Law Review*. 79(5), pp. 828-846.

人不适用权利而加以改变——例如，业主有权不使自己的财产被国家没收①。

权利可以被划分为自由权、要求权、支配权和豁免权四类，可以在很大程度上解析和澄清公民权利的复杂性。霍菲尔德在对各种能力和资格所进行的法律分析中，提出个人可以在法律之下拥有这些能力和资格。一个人对自由权的行使不需要他人通过承担义务来帮助。相反，要求权则需要他人承担相应的责任，以帮助尊重和保护这一权利。因此，要求权需要合作，受到约束，而自由权则是相对不受约束而开放的。支配权是可以施加于他人的合作性控制权。支配权和豁免权相对立，后者使人免受他人控制，从而又回复到某种特定的人身自由状态。霍菲尔德的权利类型学和马歇尔对于公民权利的分类彼此应和（见表1-4）。

表1-4 公民权利与霍菲尔德权利分类的关系

霍菲尔德的分类	公民权利
1. 自由权：单方面的保护或行动；意指个人可以按它们自己的意愿形式，只要不伤害到他人。 2. 要求权：要求商品或服务的权利，它需要他人承担相应的义务。与自由权不同，要求权需要其他人的积极、支持性的行动。	1. 法律权利：宗教自由，言论自由，合法诉讼程序，以及利用法律体系防护其他权利的一般权利。 2. 社会权利：教育、医疗服务，支持福利和社会保障的现金支付。社会权利依赖于要求权，要求其他人纳税以支持服务和支付。
3. 支配权：合作控制他人或财产的权利。	3. a 政治权利：选举，公民合作性地控制未来的政治行动。通过担任公职，公民以一种直接的方式控制其他公民。 3. b. 参与权利：组织的成员通过参加劳资联席会，帮助确定企业经营方针和政策。有关的利益集团通过参与自治，决定与本地区选民直接相关的政策。
4. 豁免权：免受支配或要求的权利。	4. 法律权利：作为由于以往对权利的剥夺而形成的普遍性原则的一个例外，法律权利也可以指对受损害群体的一种补偿。

资料来源：恩斯·伊辛、布雷恩·特纳主编：《公民身份研究手册》，王小章译，杭州：浙江人民出版社2007年版，第23页。

① 韦斯利·纽科姆·霍菲尔德：《基本法律概念》，张书友编译，北京：中国法制出版社，2009年，第11页。

作为自由权的民权或曰法律权利是相对不受限制的。一个公民可以自由地选择宗教信仰,表达观点,但是自由权也要求相互容忍各人的选择,要求国家对这些选择提供保护。政治和参与权利属于支配权,这是个人和群体必须合作努力方能实施的合作性权利。社会权利属于要求权,直接依赖于其他人为建立失业和公共援助福利金而交付的税金。豁免权是对过去发生的权利侵害的补偿,至少是对以往的不公平或不平衡的负担的部分弥补。因此,豁免权是特殊性的权利。例如,给战时应征入伍的公民在就业和再就业方面以优先权,从劳动法和要求平等待遇的人事规则来看,就是一种豁免权。又如,对于少数民族、妇女等群体在就业方面予以照顾的赞助性行动,也是一种豁免权。但是豁免权违背了公民资格所包含的普遍性目的,因此,只有当它们被利用来实现更大的普遍性目标时,才可视为公民权利。

实证主义法学对公民身份理论的发展具有一定的贡献。它一方面有效地避免了右派过于强调自由权,过于简化现实中复杂的公民权利,他们将权利置于个人基础之上,不重视社会交往。如诺齐克认为,只有个人自由权才是唯一的权利①。支配权和要求权涉及各种社会行动,不属于权利的范畴。另一方面,它回避了"左派"过于强调社会阶级冲突,将一切社会权力交换行为都划归为公民权利,过于泛化公民权利的内容②。因为,实证主义法学对权利的分类可以让人们清楚地辨别哪些公民权利是无条件的,哪些公民权利是要承担义务和有条件限制的。按照实证主义法学的理解,任何权利,即使是自由权也不是完全单方面的神圣不可侵犯,它需要其他人的宽容以及一套复杂的机制,才能得以确立和受到保护。公民权利的确立和保护本质上是对各种竞争的社会利益的平衡。

---

① 罗伯特·诺齐克:《无政府、国家与乌托邦》,何怀宏等译,北京:中国社会科学出版社,1991 年。

② 如吉登斯在马歇尔分类的基础上,提出了经济公民权。也有学者提出分配性权利,或无条件限制的社会权利。

3．政治哲学对公民身份理论的影响

政治哲学视域中的公民身份是一个高度规范性的概念，因此，不同谱系的思想给出的定义的内容存在诸多差别，它们往往各有侧重。但是将这些定义归结起来，它们集中思考的问题主要包括：国家在满足公民需要方面所扮演之正确角色；就义务而言，国家对公民有何期望；每一个体与国家中其他成员的关系如何；以及权利是否是绝对的抑或依赖于产生之义务。回答这些问题往往要将公民身份概念与规范的正义理论和权利理论相联系。如自由主义代表人物罗尔斯①对公共领域与私人领域进行了严格的区分，并从公共理性出发，论证了公共领域中富有正义感和公共理性品格的公民身份。自由主义者强调公民身份中的普遍性公民权利优先于共同体义务，而社群主义者则强调对共同体的义务高于公民权利。公民共和主义者如尤根·哈贝马斯②倾向于倡导积极的公民身份和公民参与，提出了审议民主公民身份和基于商讨、论辩型公民身份。

后现代多元主义代表艾丽斯·杨、埃内斯托·拉克劳和查特尔·墨菲、恩靳·伊辛、金里卡等学者将公民身份置于全球化、多元文化的社会背景中，关注了当今社会中公民身份的群体认同现象，强调了少数群体的公民身份。金里卡③以自由主义为基础，提出了著名的具有后现代和社群意味的“多元文化公民身份”；杨④从批评自由主义普适性公民身份出发，提出了强调差异和多元的“差异公民身份”理论；理查德·达格⑤以自由主义为基础再汲取共和主义的传统，提出了作为培育公民参与能力的新共和主义的公民身份思想；而

① 约翰·罗尔斯：《政治自由主义》，万俊人译，南京：译林出版社，2000 年。

② 尤根·哈贝马斯：《公民身份与民族认同》，巴特·范·斯廷博根编：《公民身份的条件》，郭台辉译，长春：吉林出版集团有限责任公司，2007 年。

③ 威尔·金里卡：《少数的权利：民族主义、多元文化主义和公民》，邓红风译，上海：上海译文出版社，2005 年。

④ Young, I. M. (1989). “Polity and group difference: A critique of the ideal of universal citizenship” *Ethics* 99(2), pp. 250-274. (1990). *Justice and the politics of Difference*. Princeton: Princeton University Press.

⑤ Dagger, R. (1997). *Civic Virtues*. Oxford: Oxford University Press.

丹尼尔·贝尔[1]、迈克尔·桑德尔[2]、阿拉斯代尔·麦金泰尔[3]、迈克尔·沃尔泽[4]等社群主义者在论著中对自由主义的正义理论以及自我观提出了批判。桑德尔指出,自我不能优先于其价值和目的,而这些价值和目的并非是先天形成的,而是由共同体的历史文化所形成的。若想理解公民的本质,就必须考察公民的目的和价值;而要考察公民的目的和价值,那他所在的共同体的历史文化背景是很重要的[5]。在权利方面,社群主义者认为公民所享有的权利必须以承担一定的责任和义务为前提,不存在无条件的权利。社群主义赞成作为共同体成员的公民身份,强调个人对共同体的效忠、公民的团结精神,并且十分重视公民教育问题,期望通过共同历史和文化的教育,营造一种共同的身份认同。沃尔泽则提倡通过社区参与和志愿组织来维系共同体成员间的纽带。后现代主义者墨菲在《领导权与社会主义策略:走向激进的民主政治》一书中,更为激进地指出,"公民身份并不像自由主义所认为的那样——是并列于其他身份中的一种;它也不像市民共和主义(社群主义)所认为的那样——是凌驾于所有其他身份之上的那种支配性的身份。相反,它是关于社会行动者的不同主体地位的一种连接原则,而同时,它又承认各种特殊义务的多元性并保留了对个体自由的尊重。"[6]激进的多元主义模糊了自由主义对公共领域与私人领域的划分,鼓励公民参与到民主社会运动中争夺领导权,强调特殊的公民权利和公民义务。

---

① 丹尼尔·贝尔:《社群主义及其批评者》,李琨译,北京:生活·读书·新知三联书店,2002 年。

② 迈克尔·J·桑德尔:《自由主义与正义的局限》,万俊人等译,南京:译林出版社,2001 年。

③ 阿拉斯代尔·麦金泰尔:《谁之正义? 何种合理性?》,万俊人等译,北京:当代中国出版社,1996 年。

④ 迈克尔·沃尔泽:《正义诸领域——为多元主义与平等一辩》,褚松燕译,南京:译林出版社,2009 年。

⑤ 参见迈克尔·桑德尔:《自由主义与正义的局限》,万俊人等译,南京:译林出版社,2001 年,第四章:正义与善的论述。

⑥ 查特尔·墨菲:《政治的回归》,王恒、臧佩洪译,南京:江苏人民出版社,2001 年,第 90 页。

简而言之,以往那种仅仅把公民身份看作是国家权威之下的一种地位的观念,今天已经过时。在社会-政治实践层面,建立在身份认同基础上的公民身份,(无论这种认同和区分的基础是性别的、种族的、民族的、移民的、生态的、技术的,还是世界主义的),不仅要求拓展关于公民身份的理解,而且找到了拓展这种理解的路径和方式,即,公民身份绝不仅仅局限于一种法律地位,它还实质性地联系着政治和社会的承认、联系着对经济再分配的要求。

综上所述,社会学研究强调公民身份作为一种地位,代表某一国家内部的社会成员资格并涉及一系列广泛的社会关系和实践;法学研究规定了公民与国家之间基本的权利和义务关系;政治哲学研究关注何种公民身份模式最有可能引致正义的社会;然而,需要指出的是这种划分方法并不严密,政治哲学研究无法与社会学、法学完全割裂,相反,政治哲学上的规范研究往往被不同的学科领域所吸纳,或者说不同学科的研究也影响了政治哲学对公民身份的重新思考。

(二) 国内研究进展

随着政治民主化进程的推进,越来越多的人正逐渐将眼光投入到对西方公民身份理论的关注上。目前国内学者对公民问题的研究主要集中在如下几个方面:第一,对公民身份的一般性理论的研究;第二,政治哲学视角中的公民身份;第三,社会学视角的公民身份研究。第四,公民身份的本土化研究。

第一,对公民身份的一般性理论进行研究的学者包括褚松燕、李艳霞、郭忠华、肖滨、郭台辉等。褚松燕(2001,2002,2003,2005,2006)的博士论文《公民资格理论——公民资格的演变及其意义》是国内最早对公民资格进行研究的博士论文。她较早地发表了一系列讨论公民身份理论与内涵的论文如:“公民资格定义的解释模式分析”,“公民资格:西方民主的一种解读视角”,“公民资格内涵辨析”,“论公民资格的构成”。这些文章阐释了公民身份的内涵、构成要素以及西方公民身份理论概况。与褚松燕同时期的研究者李艳霞(2005,2006)也对公民身份内涵进行了辨析,并对西方公民身份的历史脉络进行了梳理。

此后,随着国外译著的大量引入,有关公民身份的研究越来越系统和深入。其中以学者郭忠华(2007,2008,2009,2012),肖滨(2010,2009)为代表。郭忠华出版了《变动社会中的公民身份》、《现代政治中的公民身份》等书,并发表了一系列探究公民身份概念的文章,对国内学界公民身份一般性理论研究作出了贡献。他分析了公民身份的概念、内涵和变迁机制,归纳了马歇尔、迈克尔·曼和布赖恩·特纳提出的三种研究范式,分析了这些范式在研究中国公民身份问题时的局限和不足,并且在借鉴西方研究范式的基础上,结合本国公民身份的发展特点,从发展动力、发展轨迹、层级结构和发展取向的角度提出了研究中国公民身份的四种思路。郭忠华(2008)在介绍西方公民身份理论的基础上,改造了西方的概念分析模式,提出了自己的公民身份分析图式。

其他一些学者进一步跟进了公民身份理论研究。其中,郭台辉(2009)检视了 Citizenship 的内涵,明确了三种界定范畴分别是,"现代国家"、"观念史"和"多元主义",进而提出在汉语语境中主张从个体-公民-共同体的关系框架来理解公民身份。商红日(2008)综合评述了国内公民身份理论研究,并指出了中国公民身份研究的重要性及未来趋向。曹海军(2008)讨论了公民身份本身固有的三对矛盾统一体即二重性,即民族性与世界性、权利性与责任性、私人性与公共性等。

第二,政治哲学视角中的公民身份研究,包括自由主义公民身份、共和主义公民身份、多元文化公民身份与社群主义公民身份等专题。该领域主要研究学者如宋建丽、刘训练、张昌林、常士訚等等。宋建丽(2010)在《公民资格与正义》一书中,阐述了公民资格理论背后所蕴含的不同正义观如社会正义、政治正义和文化正义,并从马克思主义哲学的观点对正义的权利、德性、普遍性与差异性等问题进行了重新的解读,提出以"现实个人"为出发点的多重正义以及各领域正义协调发展才是公民资格的合理正义内涵所在。此外,围绕着公民身份理论背后的政治哲学之争的论文在近来国内学界越来越多。如唐玉(2007)、涂文娟(2010)、吴玉军(2012)、刁瑷辉(2011)、陈毅(2011)、张正瑞(2012)对自由主义、共和主义、社群主义、文化多元主义、后现代主义等公民身份观进行了比较,并试图寻求其分歧的根源与达成共识的可能。

自由主义公民身份的研究学者包括宋建丽、刁瑷辉、刘训练等。宋建丽、冯务中(2008)批判了古典自由主义公民身份所导致的原子式的个人以及对共同体价值的忽视。张昌林(2010)指出了自由主义公民身份的诸多问题,如孤立原子主义与激进个人主义、政治市场化与公民消费者化、弱势民主与温和专制主义等等。刁瑷辉(2011)剖析了自由主义公民身份的内在理路和发展脉络。刘训练(2012)在“自由主义公民身份理论的演进”中介绍了洛克、马歇尔、罗尔斯等自由主义理论家对自由主义的公民身份的贡献以及来自不同方向的批评,并肯定了自由主义公民身份的主流地位。

共和主义公民身份研究的学者包括张昌林、刘训练、高景柱等。张昌林(2008)的博士论文《共和主义公民身份研究》系统地阐释了共和主义公民身份理论。之后张昌林(2008、2010、2012)对共和主义公民身份的问题、出路以及当代价值进行了专门讨论。万健琳(2011)从思想史的角度对共和主义公民身份进行了系统的论述。刘训练(2012)也对共和主义及公民身份理论进行了研究,他对古典共和主义公民身份进行了评述,指出了古代希腊与罗马、早期文艺复兴城市国家以及法国大革命等不同历史时期的共和主义理论家为公民身份理论提供的不同资源,这些资源构成了古典共和主义传统公民观在当代的缺陷。高景柱(2011)评述了共和主义公民身份理论的复兴和局限性。

多元文化公民身份研究学者包括庞金友、宋建丽、常士訚、耿焰、张慧卿等。宋建丽(2007)从公民资格的视角透视了多元文化境遇中的正义伦理;庞金友(2010)分析了当代多元文化主义公民观,强调族群差异的公共性,对于公民与国家的关系方面,主张国家应保障少数族群权利。常士訚(2009,2011)系统地梳理了多元文化主义政治思想,以公民权利与集体权利、文化差异与普遍价值、简单平等和复杂平等切入,分析公民身份与文化身份之间的张力。张慧卿(2012)研究了金里卡的少数族群权利理论,并从权利主体、权利种类、权利实现的制度设计以及国家在保护少数族群权利中所发挥的作用等几个角度剖析金里卡少数族群权利理论的构成要素,指出金里卡少数族群权利的底线,实现“族群内自由”和“族群间平等”。在肯定金里卡少数族群权利理论贡献的基础上,揭示其逻辑困境。耿焰(2011)以加拿大为例系统地研究了少数人的差别性公民身份。

第三,从社会学的视角对公民身份的研究。该研究领域大致有以下内容:从社会排斥和福利的角度探讨社会公民身份,如性别与公民身份,农民、农民工、城市新移民与公民资格,福利与公民资格,民族与公民身份,欧盟与公民身份,全球或世界公民身份等。

性别与公民身份的研究回顾了女性“为权利而斗争”获得公民身份的历史,指出当代公民身份的精神实质是“为承认而斗争”,女性作为被现代公民身份边缘化和排斥的弱势群体,应争取获得承认。该研究根据西方女权主义发展脉络梳理了从两性平等、社会性别到女权主义公民资格理论,以及基于两种女权主义公民身份模式的理论和实践、性别中立和性别分化公民模式,探讨了中国女性获得福利和保障的需要和问题(陈彩云,2002;宋建丽,2008;戴雪红,2011;陶艳兰、风笑天,2012;施雪琴,2009)。

农民、农民工、城市新移民与公民资格的研究以公民资格为理论框架和研究视角,分析了中国农民的公民权的演变。涉及青年农民工主动排斥与被动排斥问题,城市新移民的公民权问题,以及中国当下的新政策和农村新变化对塑造农民公民的影响等(邱利,2010;张春芳,2011;张英洪,2011;苏昕,2012)。

福利与公民资格的研究包括对马歇尔的公民资格理论的述评,从公民资格的视角分析了福利国家的制度模式、治理危机以及后福利国家的社会政策。对社会公民资格权利其局限和遭遇的挑战进行了系统的阐述。该研究还包括一些学者对中国公民社会权利的历史、现状的研究,并就促进和扩展社会权利提出了政策建议,如改革户籍制度和实现基本公共服务均衡化(蒋勤,2003;李艳霞,2004,2005;王元华,2006,2007;郁建兴、楼苏萍,2008)。

民族与公民身份研究涉及两部分:民族国家与公民身份认同,少数民族的多重身份认同。在民族国家与公民身份认同研究领域,有学者总结了公民对民族国家认同的模式。公民对国家的认同遵循两种路径,即公民对国家共同体的认同和对国家政权系统的认同,这是公民身份与国家认同匹配的逻辑基础。围绕公民身份与国家认同之间的关系,存在三种有代表性的观点:维系论、切割论和匹配论。“维系论”在公民身份与文化认同之间建立起单线对应的关系;“匹配论”区分了两种公民身份和两种国家认同,并在它们之间建立起双线匹配的关系;“切割论”则主张彻底割裂公民身份与国家认同之间的关联。而在现实中公民身份与国家认同之间实际上是一种模糊和动态匹配的关系,公民身份与国家认同是一种双向建构的过程(郭忠华,2011;肖滨,2011)。现代民族国家的治理面对多元文化和全球化的双重挑战,实现多元社会的整合与稳定是民族国家必须面对的问题,因此,关于多民族国家的公民身份认同的研究也有不少,如有学者借鉴哈贝马斯倡导的话语政治与商谈民主和他对民族和民族国家的解读,提出以宪法爱国主义来解决民族国家公民身份中所蕴含着的普遍主义与特殊主义之矛盾、共和主义与民族主义之张力。也有从公民教育的角度,提出应对民族国家认同危机的对策研究。(应奇、佘天泽,2012;方渊、魏登尖,2012;莫红梅,2010;朱白薇、孟庆顺,2005)。

受到现代自由主义、国家认同和族群意识的交互影响,当代中国少数民族公民的自我身份认知具有三重性:社会层面的自治个体身份、宪法层面的公民身份、文化层面的少数民族身份。也有学者提出进行少数民族的公民教育,激发少数民族的国家认同感,并保护少数民族的传统文化、历史和地方性知识,探索“中华民族多元一体”的教育体系及其理论。而我国的少数民族教育没有为少数民族文化以制度形式的存在提供足够的空间,民族文化在一些学校教育中的缺失,造成了一些地方民族文化的边缘化。少数民族政治社会化是民族成员与政治系统之间多层面的交互关系,少数民族成员双重身份认同的形成,蕴藏着民族成员渴望参与国家公共生活的兴趣和欲望。少数民族通过多样化的渠道实现政治系统信息内化,并通过管理民族事务、参与国家政治生活建构政治行为能力。这一过程体现了民族自治权与国家公民权的统一,是理解民族“族员”与政治“公民”关系的基础(高永久、张杰,2013;邱守刚,2010;马平,2009;祁进玉,2008,2009;张宝成,2012)。

欧盟与公民身份研究主要关注欧洲公民身份的发展及存在的问题以及对民族国家公民身份的挑战和影响。欧洲公民身份的建立超越了由民族国家定义的传统的政治概念框架。欧盟双重公民身份局面的出现,对民族国家的国籍政策、社会和移民政策提出了诸多挑战。此外,欧洲公民身份面临权利与认同发展的不平衡、对第三国国民的排斥以及缺少统一的司法保护体系等诸多问题。

欧盟的公民身份概念逐渐从文化本质主义走向更具包容性的自由权利观念,并日益发展为学者们所说的后民族公民概念。其中也有人从移民政策来看欧盟公民身份的制度安排,指出在欧盟的移民政策中欧洲公民身份转变成民族主义和种族主义的表达,具有一定的排他性。改善欧盟公民身份制度将是欧盟治理移民问题的重要课题。也有学者从文化的角度分析了欧盟内文化与公民身份的关系(顾悦,2009;李明明,2008;马珂,2007;赵光锐,2008,2007;赵勇,2006;刘慧、肖宪,2004)。

全球与世界公民身份研究一般与人权实践密切相关。20世纪中后期兴起的全球化浪潮,使得公民身份发生了融合、销蚀、扩展等多重变迁,在一个全球化的时代,原本界定国内政治身份的公民概念,又被赋予了某种超越国界的普世含义。近代欧洲主权国家的确立在人权理论与实践上的表现,是把受保障的人权主体从人转化为了公民。其有限性也表现为两个方面:个人无法超越对自身眼前利益的关注而采取一种"世界公民"或"地球公民"的普遍立场,同时个人也无法超越国界真正充分考虑和保障自己的切实利益。民族国家公民身份遮盖了人和封闭了人,最后的结果是使人权的实现不充分。公民与世界公民的双重身份将可期待于在主权国家和超越主权国家的世界公民社会两个层面上推动人权保障,从而有效地缓解上述人权困境(曲相霏,2008;陈钟林、吴伟东,2007;高靖生、庞学铨,2005;刘丹,2006;任东来,2003)。

第四,公民身份的本土化研究。国内学者在介绍西方公民身份理论的基础上,还进一步联系中国历史和基本国情,对中国公民身份理论与实践进行了探索。有的从当代中国政治与社会现状出发探讨中国的公民观、公民权利意识、公民精神、身份认同、公民美德、公民参与等研究(张玉胜,2010;刘伟忠,2009;吴俊,2009;李彬,2007;吴迅荣,2008;周慧蕾,2003;黎玉琴,2006;褚松燕,2007;李艳霞,2007;孔德永,2008;刘须宽,2003)。此外,不乏一些构建中国公民身份的理论探索,如从和谐社会成员身份的角度构建中国公民身份理论(周光辉、彭斌,2006),以一种内化伦理的积极公民身份建构中国公民身份(欧阳景根,2008)。

除了上述分类之外,还有从法律的角度对公民身份的研究。如从宪法的角度对公民身份的解读(刘小妹,2009;马岭,2006),从私法的角度探讨公民身份(童列春、张娜,2010)。国内学者亦对西方公民身份研究进行了大量的翻译介绍工作,其中一些经典译著包括雅诺斯基(2000)的《公民与文明社会》,许纪霖(2004,2006)主编的《共和、社群与公民》,《公共性与公民观》,伊辛、特纳(2007)主编的《公民权研究手册》,德里克·希特(2007)的《何谓公民身份》,尼克·史蒂文森(2007)的《文化与公民身份》,巴特·范·斯廷博根(2007)的《公民身份的条件》,布莱恩·特纳(2007)的《公民身份与社会理论》,应奇、刘训练(2007)主编的《公民身份与社会阶级》,露丝·里斯特(2010)《公民身份:女权主义的视角》,德怀尔(2010)《理解社会公民身份》,莫里斯·罗奇(2010)《重新思考公民身份》,希特(2010)《公民身份:世界史、政治学与教育学中的公民理想》等等。在中国,除了大陆学者的研究成果之外,台湾的公民身份研究文献也十分丰富,其中较为著名的学者包括蔡英文、萧高彦、江宜桦、林火旺等。

就目前国内文献来看,尽管在近十年间公民身份研究成果的数量飞速增长,但研究质量仍有待提升。首先,一般性理论研究以翻译和介绍传统西方公民身份研究范式为主,但介绍当代公民身份理论研究最新进展的译著、专著及论文尚不多见。其次,从政治哲学层面研究公民身份的学者,多从思想史的角度梳理公民身份观的变迁,较少结合当代政治语境中的公共政策和国家治理实践,深入剖析公民身份理论的内部分歧和矛盾,以建构一种立足于当代的公民身份政治哲学。再次,公民身份在社会学领域的研究在中国已经备受关注,研究议题也越来越广,但该领域的文献对公民身份理论背后的哲学维度的把握较为欠缺,文献多为描述和评论性质,用多样化社会科学方法分析和解释公民身份政策实践的文献尚不多见。最后，在公民身份的本土化研究中，多数文献从中国文化传统、政治体制、历史和现状等因素出发，进行建构中国公民身份理论的初步探索。但是，对公民身份实践的本土化研究尚不多见，或者中国公民身份理论的实证性文献较为欠缺。公民身份的本土化研究是非常有价值的领域，它能够证明一种从西方移植而来或是本土学者建构的理论是否经得起检验，在公民身份理论中哪些部分具有普适性价值，哪些部分还存在着特殊性和差异性。

综上所述，“公民身份”是人文社科领域中十分重要且复杂的研究议题，它渗透到哲学、政治学、社会学、法学、公共政策等多个分支学科。本书将立足于当代公民身份面临的问题，结合当代主流政治哲学思潮，深入剖析复杂的当代公民身份理论内部充满争议性的政治哲学分歧，以及达成共识的理论努力。

三、核心概念的译法与研究谱系

（一）关于 Citizenship 的译法

Citizenship 无论作为一个核心概念还是理论范式，相对国内学界而言属于新兴的名词。与其相对应的翻译多达十余种，主要可以归纳为以下三类：

（1）“公民”、“公民权”、“公民权利”；例如威尔·金里卡的著作 *Politics in the Vernacular: Nationalism, multiculturalism and citizenship* 的中文书名是《少数的权利：民族主义、多元文化主义和公民》，但在此书的内容中则不时用“公民身份”、“公民地位”来代替公民的译法；托马斯·亚诺斯基的 *Citizenship and Civil Society* 译名是《公民与文明社会》，但在内容中，译者更多使用“公民身份”和“公民权利”。朱迪丝·史珂拉的 *American Citizenship* 的译名是《美国公民权》，但译者在书中则交替使用“公民”、“公民身份”、“公民品德”的表述；恩勒·艾辛与布赖恩·特纳主编的 *The Handbook of Citizenship Studies* 的译名是《公民权研究手册》，译者们在书中基本上统一使用“公民权”作为对应的汉语的表达。但需要指出公民权译法的两个缺点，其一,由于国际上将 Civil Right 译为公民权利,这容易造成读者阅读时将公民权(citizenship)理解为公民权利(civil right)。其二,按公民权的译法,难以对 citizenship right 作出更准确的翻译。如果公民权在英文中对应的词为 citizenship,那么 citizenship right 这一英文词将很难通过中文表达清楚。

(2)“公民性”、“公民责任”、“公民责权”、“公民制度”;这种表述传递的信息量比“公民权”和“公民权利”更丰富或者说凸显出 citizenship 一词的其他方面的内涵。但是这种译法仍然有以偏概全的问题。

(3)“公民资格”、“公民身份”。这是中文学术界占主流的译法。但值得注意的是,在台湾和香港地区采取了统一的“公民资格”译法。在大陆地区较早研究该议题的学者,如褚松燕、宋建丽则采取了“公民资格”的译法,刘莘译威尔·金里卡的《当代政治哲学》、哈贝马斯《事实与规范之间——关于法律与民主法治国的商谈理论》的附录时,都采用了公民资格的译法。而郭忠华、刘训练、郭台辉等学者采用了“公民身份”的译法。公民资格的译法更容易使人产生“权利和义务”的联想,公民身份的译法则会让人想起“认同和共同体”。实际上,Citizenship 一词总是会包含着这两个方面,它既是个人的权利和义务,也是族群的身份认同,这两种译法各自强调了 Citizenship 的不同方面。在中文中,也许应该根据上下文的语境,对 Citizenship 一词的翻译作出灵活的处理。因此,本书不愿判断究竟何种译法更为准确,更不愿提出新的译法。考虑到中文读者的习惯与中国的文化传统,一般情况下采用“公民身份”,但在具体语境中也会使用“公民资格”。

(二)公民身份研究谱系

1. 公民身份研究的四种取向

克里斯蒂安·乔帕克认为公民身份的研究沿着从“地位”到“权利”再到“认同”的脉络一步一步地演进。从地位到社会权利,从社会权利到少数权利,从少数权利到身份认同。同时这三者不应该被简单地割裂,而应该联系起来(Joppke,2007)。

(1)作为身份地位的公民身份。公民身份始于对一特定民族-

国家的成员身份的确定,这意味着要确立一种“资格”或“身份”,或者说,要确定在一个特定疆域内所有的居民中谁将被看作是公民而赋有特定的权利。按照自由主义的普遍主义逻辑,每个人都具有平等个人权利。因此,公民身份作为地位应该向每一个人开放。然而,从历史的角度看,这一资格最初只属于一个有限的精英群体(如雅典的精英、英格兰的贵族),后来才发展扩大而包括了更多的人(如先进工业化国家的80%—90%的居民)。在此过程中,公民身份的范围不断地拓展,不仅打破了经济条件的限制,而且突破性别、民族、种族等限制。国家内部原先那些非公民(如受到贬损的民族、种族、性别、阶级或残障者群体等)慢慢地取得了权利,获得了成员资格;另一方面,从外部看,则是那些外来移民以某种方式获准进入该国,并进而被接受为或归化为该国公民①。

(2) 作为权利和义务的公民身份。作为权利义务体系的公民身份被赋予了国家一种约束与责任,通常以法律形式来表现。对于福利国家的公民而言,公民身份所包含的权利意义重大,尤其是社会权利涉及对一国资源的再分配。福利国家对享有社会权利的公民资格具有严格的条件限制,通过排斥的方式将福利体系建立在同质性很高的社会基础之上。因而,在日益多元化社会中,来自不同群体的诉求迫使公民身份的权利进一步拓展,如包括反歧视的权利和多元文化的权利。除了基本的自由权之外,公民在享有社会权利的同时也需要承担相应的责任和义务。

(3) 作为身份认同的公民身份。由于反歧视权利与身份认同的出现,这使得公民身份的获得不再受到种族、少数族裔、文化、性别因素的限制,这在一定程度上对公民身份的同一性认同带来了挑战,对国家的整合带来许多困难。因此,有些国家开始反思过于开放性的公民地位,反思全球化时代是否走得太远,以至于消解了国家的任何排他性,逐渐成为容纳所有人的一个地理空间(Hirst 和 Thompson,

---

① 托马斯·雅诺斯基、布雷恩·格兰:《政治公民权:权利的根基》,恩靳·伊辛、布雷恩·特纳主编:《公民权研究手册》,杭州:王小章译,浙江人民出版社,2007年,第17—18页。

1992)。然而,国家对公民身份认同的再民族化努力将受到平等和反歧视的规范要求的约束。因此,在全球化时代,公民身份认同已经无法退回到之前的民族化老路,相反,学者们应该在更加普适性的语境中寻求公民身份认同的新出路(Joppke,2007)。

(4)作为美德的公民身份。除了乔帕克提到的上述三类,公民身份研究还有一个更为悠久的研究传统——“美德”,它最早可以追溯到亚里士多德。作为美德的公民身份大体来说分为两部分:品质和参与。亚里士多德认为一名品质好的公民应该献身于城邦,全心全意、充满效率地通过其思想和行动来奉献于公共福祉。此外,亚里士多德提到好公民应当在公民生活中轮流当统治者和被统治者。公民不应该对政治冷漠,他必须积极参与到公共生活中去。这一传统此后由西塞罗继承,经马基雅维利、卢梭、黑格尔、托克维尔不断发展演变,在当代由阿伦特复兴。此种意义的公民身份,起源于古希腊时期的共和主义公民身份,经由马基雅维里、卢梭、托克维尔等人的共和主义传统而流传至今,是与当代权利型公民身份并行的公民身份传统。古典共和意义的公民身份,即是指一个具有参与人民的自我治理过程的政治权利的人,包括投票的权利、选举权利、担任公职的权利,担任陪审员的权利,以及政治辩论的权利等等。

公民身份研究的四种取向实际上与其背后隐含着四种哲学思潮之争密切相关,笔者将第一种取向归纳为作为权利的公民身份,与之对应的是自由主义思想。自由意志自由主义更强调公民的法律和政治权利,平等主义的自由主义更强调公民的社会权利。权利取向的核心观念是个人本位,强调个人优先于国家,权利优先于义务,否认凌驾于个人权利之上的群体权利的正当性。第二种取向是作为责任的公民身份,与之相对应的是社群主义思想。尽管社群主义内部充满分歧,但是他们一致认为,共同体和共同善高于个人和自我利益,美好的社会是通过相互支持和群体行动而建立起来的,而不是由原子式的选择和个人自由确立的。社会义务通常要优先于个人权利。因此,享受福利权利的机会应当以接受公民义务和责任为先决条件,公民的责任高于公民权利,他们批评平等主义的自由主义观念破坏了公民秩序的道德基础(Selbourne,1994)。第三种取向是作为美德的公民身份，与之相对应的是共和主义思想。新共和主义批判地继承了古典共和主义思想，强调通过积极的民主参与以实现公民美德。新共和主义承认了个人权利相对于群体权利的优先性，在面对由此带来的无法达成社会共识的自由主义困境时，新共和主义主张，一种普适性的沟通程序即是共识，公民以宽容和公平的方式参与各种社群的论坛。第四种取向是作为认同的公民身份，与之相对应的是温和的后现代主义。后现代多元主义中包括激进多元主义和文化多元主义，一致强调群体权利高于个人权利，而后现代多元主义的群体身份认同的基础却与社群主义截然不同。后现代多元主义更倾向于摒弃社群主义的“共同善”的道德理想，主张承认社会中多种亚文化的存在，公民们通过群体和文化的权利追求其群体的认同（见表1-5）。

表1-5 公民身份研究的四种取向

公民身份研究取向	哲学思潮	个体与共识	群体	权利与义务	政治制度	观念驱动力
作为身份地位的公民身份	1. 自由主义 洛克、斯密、马歇尔、早期的达尔、哈耶克、弗里德曼、诺齐克、罗尔斯 a. 自由意志自由主义 b. 平等主义的自由主义	公民是自利的，但这是有益的。共识（一致意见）是不太可能的，但也不被排斥。	个人是至高无上的，它们对多种群体的自愿参与是他们的表征。	普遍的个人权利优先于义务和国家。作为起因性范畴的群体权利是不存在的。群体只有从属于个体的权利。	政治党派聚合了各利益群体所表达的明确利益。大多数行动都凡发生在代议制议会中。	公民们追求自我利益，按规则追求幸福，并相互容忍。
作为权利与义务体系的公民身份	2. 社群主义 卢梭、艾左尼（Etzioni）、迪肯（Deacon）、塞尔伯恩（Selbourne）欧德菲尔德（Oldfield）	公民可以被塑造成良善的或曰有德行的公民。共识是非常值得追求的，并且是主要的目标。	共同体及其共同体中的“共同善”比自我利益更重要。	代表“普遍意志”的义务比个人权利更重要。但义务帮助强化和支撑普遍的权利。	国家作为道德实体，有责任强化全体人民义务。在某种程度上，市民社会同样也强化义务。	公民们为共享美好社会而尽责尽力。

续表

公民身份研究取向	哲学思潮	个体与共识	群体	权利与义务	政治制度	观念驱动力
作为美德的公民身份	3. 共和主义 阿伦特、哈贝马斯、达格(dagger)、冈斯特伦(Van Gunsterren)、巴伯 a. 新共和主义 b. 扩展民主论	公民的人性是复杂的,但这并非参与的障碍。共识让位于参与和程序。	人们没有得到充分代表。它们对于群体的参与应按照特定的沟通程序而加以鼓励、支持。群体必须尊重个人的权利。	普遍的权利和义务处于一种复杂的平衡之中。在强化对国家义务方面必须谨慎,但是一些义务是必须的。人们同样必须谨慎对待群体。	国家和市民社会正式地创立了一系列成熟的制度,如审慎的投票制度、镇民大会、劳资联席会、共同决策、警民联席会等。	公民们为确立一个争议的社会而以一种相互宽容和公平的方式参与各种社群议会和讨论。
作为认同的公民身份	4. 温和的后现代多元主义 杨、拉克劳、墨菲、伊辛、托芬格、金里卡 a. 激进多元主义 b. 文化多元主义	公民的认同是复杂的。这基本上排除了实质性的共识。	大型的社会群体不适应那些倾向于在社会运动中寻求其合适表达的后现代个人的利益。	文化和归属群体拥有文化和程序权利。普遍的权利是不存在的,或只在有限的程度上存在。相对于特定的文化和归属群体的群体权利是重要的。	社会运动和传媒是制度变迁的动力。两者都直接与各种群体的精英们有关,这些不同的群体代表各种特殊权利,但忽视义务。	公民们通过群体的或文化的权利而追求其群体认同,或通过社会运动而坚持和获取这种权利。

资料来源:恩靳·伊辛、布雷恩·特纳主编:《公民身份研究手册》,王小章译,杭州:浙江人民出版社2007年版,第25—26页。

2. 公民身份的内涵

(1) 公民身份内涵的变迁。在分析各种权利的演进、内涵和性质的基础上,马歇尔把它们与国家机构和历史发展对应起来,认为,“公民身份”主要出现于18世纪,它所对应的机构主要是法院;“政治权利”主要出现于19世纪,与之相对应的国家机构是国会和地方议会;“社会权利”主要发展于20世纪,与之紧密相连的机构是教育体制和社会公共服务体系。在勾勒公民身份大致轮廓的同时,马歇尔还把它与社会阶级分化联系在一起,考察了公民身份与社会阶级之间的复杂关系和内在张力。可以说,马歇尔不仅正式提出了公民身份的研究课题,而且还初步建立起了公民身份的研究框架。继马歇尔之后,随着民主制度的发展,雅诺斯基进一步细分出了公民的参与权利。在全球化和大型社会日益多元化的影响下,特纳、伊辛等当代公民身份研究专家在前者的基础上发展出以人权为本的多元公民身份权利(如表1-6)。

表1-6 公民身份内涵的发展

时期	成员	共同体	权利	制度
18世纪	市民 (Denizen)	城市国家 (City-State)	法律权利	司法
19世纪	公民 (Citizen)	民族国家 (Nation-State)	政治权利	议会
20世纪中期	社会公民 (Social Citizen)	福利国家 (Welfare-State)	社会权利	社会公共服务
20世纪后期	民主公民 (Democratic Citizen)	民主国家 (Democracy-State)	参与权利	公民社会
20世纪末 21世纪初	人 (Human being)	全球 (Global Government)	人权	世界政府

资料来源:Turner, B. S. (1997) Citizenship studies: a general theory, *Citizenship Studies*, 1(1), pp. 5-18。

(2)当代公民身份内涵与意识形态关系。当代公民身份研究深受意识形态的影响。以诺齐克为代表的自由意志自由主义,从自然权利的角度证明公民身份中的一些基本的法律权利和政治权利,在政治立场上是典型的右派。以罗尔斯为代表的平等主义的自由主义,以及社会民主主义则强调社会权利,支持福利政策,在政治立场上偏左。以艾左尼为代表的社群主义者则强调公民责任,对国家的义务,然而社群主义者在政治立场上却与自由至上主义相似。社群主义反对福利政策,它认为获取社会供给都是有条件的,公民过去所作贡献的大小直接决定了其能否合法获得福利。以赫尔德为代表的参与式民主提倡公民参与,强调下层、妇女及其他受排挤群体,通过公民大会及劳资联合会等各种方式参与协商,以平衡国家以及市民社会中各种群体之间的力量。这种公民深度的民主参与不仅意味着政治民主还包括经济民主，因此，它更加倾向于支持福利政策，在政治立场上偏左。以沃尔泽为代表的公民共和主义不同于依赖于国家的社群主义，也不同于强调个人消极自由的自由主义，它提倡公民的积极自由，通过市民社会来培育为了他人的利益而行动的良善公民的美德。在政治立场上，它承认政治平等，但在福利供给方面，它与社群主义相似，公民对自己、同伴，对整个公民秩序的责任在先，而私人的福利要求在后。以金里卡为代表的多元文化主义和以墨菲为代表的激进多元主义，则共同捍卫作为群体的公民身份认同，如种族的、民族的、性别的等，这些公民群体主张"被承认的"群体权利或文化权利。在政治立场上，强调身份认同的公民理论是继政治民主、经济民主之后的文化民主。因此，政治领域的左右之争以及主导当代政治哲学领域的自由主义与社群主义之争，很大程度上推动了作为一种实践的公民身份概念在内涵与外延上的发展与变化（如表1-7，如图1-1）。

表1-7　当代公民身份内涵与意识形态的关系

法律和政治权利	社会权利	参与权利	责任	美德	身份认同	
自由意志自由主义	平等主义的自由主义、民主社会主义	参与式民主	社群主义	公民共和主义	多元文化主义	激进多元主义
诺齐克	罗尔斯、马歇尔	赫尔德	艾左尼	沃尔泽	金里卡	墨菲

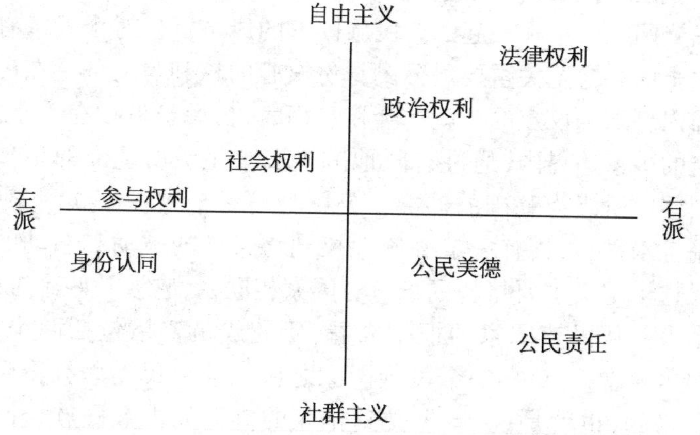

图1-1　公民身份内涵与政治意识形态取向坐标图

当代西方公民身份的完整内涵包括:公民身份的权利和责任、公民身份的美德和能力、公民身份的认同和差异。其中权利和责任层面又分为法律权利和责任、政治权利和责任、社会权利和责任以及参与权利和责任。美德和能力层面包括公民所受的教育、掌握的知识、持有的政治立场以及基本的参与政治生活、讨论公共事务的技能;身份认同和差异层面又可分为少数族群、民族国家、超民族国家和全球或世界主义等差异性和普适性认同(如图1-2)。

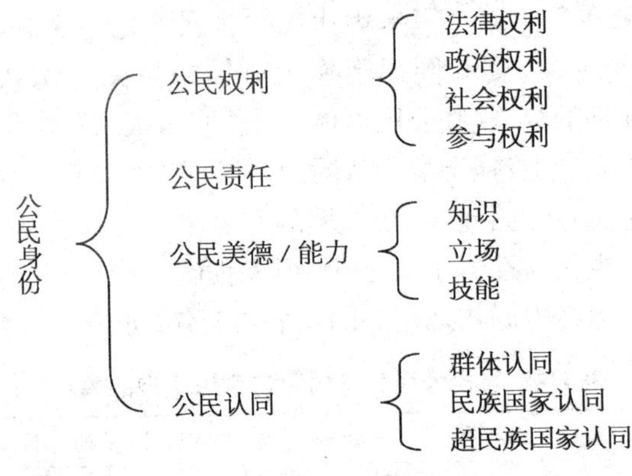

图1-2 公民身份内涵

3. 围绕公民身份的两种分析框架

(1) 国家框架:作为成员资格的公民身份。当代公民身份发展是与民族国家联系在一起的。民族国家的成员资格对个人享有公民身份之全面利益至关重要。公民身份核心的权利与义务是在民族国家边界内筹划和议定的。就社会权利而言,公民身份指在关于国家,在限定的国家边界内,通过有限地减少资本主义所造成的不平等来减轻某些以阶级为基础的冲突。公民身份是个人在民族国家中,在特定平等水平上,具有一定普遍性权利与义务的被动和主动的成员资格。这个定义主要将公民身份与国家相联系,它涉及两个维度:国家与个人。从民族国家的框架来看,研究成员资格包括两个方面。从内部角度看,要考察一个民族国家之中的非公民是怎样得到公民成员资格的,也就是说,原先受到排斥的群体如少数民族、种族、性别、阶级或残疾人等非公民是怎样得到权利，被承认为具有公民身份的。从外部角度来看，要分析从该民族国家之外移民，是怎样获准进入该国，具有该国的公民成员资格以及与其相应的权利和义务的。汤姆·巴特摩尔将公民身份作内外区分，将成员资格称作"实质性公民身份"，将拥有权利称作"正式公民身份"①。

第一，公民身份确定为民族国家的成员资格。从内部来说，这意味着确立一定地理疆域之内的"人格"。第二，公民身份包含着主动和被动的权利和义务。公民身份就是被动的生存权利以及现有的和未来的能影响政治的主动的权利。被动的权利和主动的权利具有很大的区别。主动的权利是民主国家中的公民登上政治和经济的前场。而在仅有被动权利的情况下，一个宽厚的独裁者也可能在他的统治中给人民有限的法律权利，而在收入再分配系统方面却给予人民以广泛的社会权利。第三，公民身份权利是已载入法律而且所有公民行使的普遍的权利，而不是非正式的、未载入法律的或仅供特殊群体行使的权利。某些群体可以提出未载入法律的权利要求，作为公民权利的建议，但是这些权利往往来源于某些亚文化内部的规范，而且是靠社会压力或群体规则实施的，所以他们常常与其他亚文化内部的规范相冲突。公民权利之所以要载入法律，就是为了使之成为普遍的权利而消除这些冲突。第四，公民身份是平等的表述，其权利与义务在一定限度之内保持平衡。这一平等不是完全的，但最通常的情形是相对于社会精英而言，处于从属地位者的权利有所增加②。

托马斯·雅诺斯基、布雷恩·格兰大概是尝试进行一般总结的学者，其《政治公民身份：权利的根基》一文，从政府和国家的视角对公民权利作了理论上的归纳和分类。文章指出："从根本上讲，所有的公民权利都是法律上的和政治性的，因为，公民权利或是由政府决策机构制定、由行政命令颁布的，或是由法律裁决制定颁布并进而强

---

① Marshall, T. H., Bottomore, T. B. (1992). *Citizenship and social class*. London: Pluto Press.

② 参见托马斯·雅诺斯基：《公民与文明社会》，柯雄译，辽宁教育出版社，2000 年。

制执行的。由法律和政治机构所制定的就是'法'(law)——而这也是这些机构的首要职能。"[1]因此，法律权利和政治权利支撑着许多其他的公民权利，在此基础上，雅诺斯基和格兰把公民身份的范围分为法律权利、政治权利、社会权利和参与权利。

法律权利或曰民权主要是程序性权利。在此意义上，创设法制的法律(和政治)权利是基础性的，支撑着其他公民权利。如，获得公共援助和医疗保健的社会权利不属于法律权利，但是，能够利用法院系统的法律权利对于保护这些社会权利来说却可能是必须的。法律权利包括人身安全权利，它们保护公民免于非法监禁、严刑逼供及非法致死，也保护个人隐私不受侵犯，并为对自己身体的控制如堕胎权提供帮助。法律权利也包括一系列重要的程序性的和获得法律代理的权利，比如，对质证人证据的权利，由与自己地位相当者组成的陪审团裁决的权利，当公民无力支付开庭费用时免除诉讼费用的权利等等。法律权利还包括并非完全是程序性的良知和选择自由的权利(良知自由权利，如个人层次上的言论自由、出版自由、宗教信仰自由等；选择自由权利，如职业或专业选择上的不受阻碍、民族或种族认同上的自由选择以及包括婚姻在内的性表达自由等)。

政治权利意味着对于公共领域的参与，它们同样主要是程序性的，因为立法的过程与任何特定权利的实质并不等同，而且，立法还会涉及许多对于公民身份并没有直接影响的法规。政治权利包括公民的投票权和参与政治过程的权利。它们牵涉到选举政治代表、创制新的法律、竞选和担任政治公职的一系列程序。组织的政治权利可包括以合法的途径募集竞选基金、与议员就提案进行磋商、提名政治候选人以及为特定政策进行游说等。最后，政治权利还包括反对权、弱小群体的保护权、抗议和游行示威权、免费获取政府信息(如美国的《信息自由法》)以及进行政治查询的权利等。

社会权利支持公民对于社会地位和经济生活的要求。社会权利大都是个人权利，由三个部分组成，分别是促进能力的权利、机会权

---

① 参见托马斯·雅诺斯基、布雷恩·格兰:《政治公民权:权利的根基》，恩靳·伊辛、布雷恩·特纳主编:《公民权研究手册》，王小章译，浙江人民出版社，2007年，第17页。

利和再分配和补偿权利。促进能力的权利(enabling rights)包括医疗卫生保健、养老金、康复治疗以及家庭或个人咨询服务。机会权利包括从学前教育一直到大学研究生教育的各种形式的教育。再分配和补偿权利是对权利受损者的弥补,包括战伤抚恤、工伤抚恤、扶持劣势者计划、失业补偿以及其他对权利受侵害者的补偿计划(如对二战期间曾被拘留的日裔美国人、曾被关入集中营的德国犹太人的补偿)等。

参与权利是指国家在市场、公共组织以及更私人化的场域中,也即在市民社会和私人领域中确立了一系列权利。这些权利是指个人和群体通过对市场、组织和资本的某种监控措施而得以参与私方决策,包括劳动力市场干预权利、建议/决定权利和资本监控权利。劳动力市场干预权利包括公众参与就业安置、就业再培训、就业机会创造计划。组织参与权利则包括从个体通过共同决策机制和劳资联席会而参与工作决策,一直到社区参与医疗卫生和环境保护决策等等的一系列权利。每一种权利的行使通常都有相应的特定制度化场所:法律权利或曰民权主要在法院中行使;政治权利在投票站、议会和街头示威中使用;社会权利通常在政府机关中发生作用或展开争论;参与权利则主要通过企业的劳资联席会或参与委员会行使。总之,政治民主的本质在于民权和政治权利,而经济民主的核心则在于社会和参与权利(详见表1-8)。

表1-8 理论上的公民权利的范围①

法律权利	政治权利	社会权利	参与权利
1. 人身安全 防范非法拘禁 无严刑逼供 无死刑 堕胎权 隐私权	1. 个人政治权利 投票权 竞选公职权 信息自由权 抗议权	1. 促进能力的权利 医疗卫生保健 养老金 康复治疗 家庭咨询服务	1. 劳动力市场干预权利 劳动力市场信息获取权 就业安置 就业机会创造 免于就业歧视 就业保障

① 恩斯·伊辛、布雷恩·特纳主编:《公民身份研究手册》,王小章译,浙江人民出版社,2007年,第20—21页。

续表

法律权利	政治权利	社会权利	参与权利
2. 司法和程序性权利 法律代理权 免费法律援助 免除诉讼费用的权利 对质证人证据的权利 陪审团裁决的权利 契约权	2. 组织权利 成立政党 组织商业/经济联合会 社会运动/反对权 集会和抗议的群体权利 文化的/少数民族的权利	2. 机会权利 学前教育 初等和中等教育 高等教育 教育咨询服务	2. 建议/决定权利 劳资联席会/协调会集体谈判权 共同决策权(人力资源决策) 民族/当地委员会制度
3. 良知和选择 言论自由 出版自由 宗教信仰自由 选择配偶自由 职业选择权 性别/民族选择权	3. 成员资格权利 移民和定居权 归化入籍权 避难权 文化权利	3. 再分配和补偿的权利 战伤抚恤 工伤抚恤 低收入者权利 失业补偿 侵权补偿	3. 资本监控权利 工薪者基金 中央银行调控 地方技资决策 反托拉斯和资本逃逸法 共同决策权(战略决策)

资料来源:恩斯·伊辛、布雷恩·特纳主编:《公民身份研究手册》,王小章译,浙江人民出版社2007年版,第20—21页。

此外,雅诺斯基还系统地总结了与公民权利相对应的公民义务范围。其中包括法律义务、政治义务、社会义务和参与义务。其中法律义务和政治义务分别包括人际义务、组织责任以及强制及实施方面的义务。

法律义务的人际义务包括:尊重他人自由权、言论自由、信仰自由和财产权;尊重合同法、结社法和平等对待法。组织责任包括:促进普遍福利、尊重个人权利、尊重政府合法制订的法律。强制及实施方面的义务包括:为法律系统出力、协助确保国内治安、尊重并配合警察确保法律权利。

政治义务中人际义务包括投票和参与政治、熟悉公民权并合理行使公民权、尊重民主、不提无理要求。组织责任包括:在政治活动中与其他群体合作、遵守政治方面的法规。强制及实施方面的义务包括:为民主制度的保护及运作出力、服兵役保卫祖国、对破坏公民权利的政府提抗议或将其推翻。

社会义务包括四个部分:健身及防病的责任,创造机会的义务,经济义务以及强制及实施方面的义务。健身及防病的责任包括:接受适当的卫生保健,供养和睦家庭和保持环境安全清洁。创造机会的义务包括:受教育以尽己之所能,从事职业以造福社会和包容社会的多样性。经济义务包括:接受失业救济金者应当找工作,尊重他人的社会权利。强制及实施方面的义务包括:为社会权利出力,志愿参加政府和协会发起的服务以帮助不幸者。

参与义务也包括四个部分:劳动力市场义务、企业/行政机构义务、资本参与义务以及强制及实施方面的义务。其中劳动力市场义务包括:接受服务者有责任积极找工作,雇主有责任与政府和工会合作以提供就业计划。企业/行政机构义务包括:确保本单位内的公平与效率,保护企业竞争信息以及尊重参与过程中的所有群体。资本参与义务包括:保护和促进经济和通过储蓄为资本基金出力。强制及实施方面的义务包括:为相关计划项目出力和投资于国民实业(如表1-9)。

表1-9　理论上的公民义务的范围

法律义务	政治义务	社会义务	参与义务
一、人际义务 1. 尊重他人自由权、言论自由、信仰自由和财产权 2. 尊重合同法、结社法和平等对待法 二、组织责任 1. 促进普遍福利 2. 尊重个人权利 3. 尊重政府合法制订的法律	一、人际义务 1. 投票和参与政治 2. 熟悉公民权并合理行使公民权 3. 尊重民主,不提无理要求 二、组织责任 1. 在政治活动中与其他群体合作 2. 遵守政治方面的法规	一、健身及防病的责任 1. 接受适当的卫生保健 2. 供养和睦家庭 3. 保持环境安全清洁 二、创造机会的义务 1. 受教育以尽己之所能 2. 从事职业以造福社会 3. 包容社会的多样性	一、劳动力市场义务 1. 接受服务者有责任积极找工作 2. 雇主有责任与政府和工会合作以提供就业计划 二、企业/行政机构义务 1. 确保本单位内的公平与效率 2. 保护企业竞争信息 3. 尊重参与过程中的所有群体

续表

法律义务	政治义务	社会义务	参与义务
三、强制及实施方面的义务 1. 为法律系统出力 2. 协助确保国内治安(民兵) 3. 尊重并配合警察确保法律权利	三、强制及实施方面的义务 1. 为民主制度的保护及运作出力 2. 服兵役保卫祖国 3. 对破坏公民权利的政府提抗议或将其推翻	三、经济义务 1. 接受失业救济金者应当找工作 2. 尊重他人的社会权利及转账的需要 四、强制及实施方面的义务 1. 为社会权利出力 2. 志愿参加政府和协会发起的服务以帮助不幸者	三、资本参与义务 1. 保护和促进经济 2. 通过储蓄为资本基金出力 四、强制及实施方面的义务 1. 为相关计划项目出力 2. 投资于国民实业

资料来源:托马斯·雅诺斯基:《公民与文明社会》,柯雄译,沈阳:辽宁教育出版社,2000年,第48—50页。

(2)全球框架:作为人的公民身份。在全球化时代,先进的通信系统、不断成长的世界市场、四处扩散的跨国公司等结合在一起,对迄今为止仍然是界定社会成员资格的国家边界造成了持续了挑战。公民身份与政治共同体存在紧密的联系,然而在新的全球化时代,民族国家框架内的公民身份正发生一系列重要的社会变化,国家公民身份曾经出现过,但现在将成为过去。

当国家边界已经不再清晰的时候,公民身份是否已成为一个多余的概念?全球化似乎对当代公民身份的重要性带来了挑战,因为它模糊了公民身份在全球化时代之所以重要的物理和心理疆界。全球化过程使普遍权利与国家主权之间的张力日益突出,如果要使公民身份适应于全球化时代的需要,人们就必须超越传统的公民身份观念。亚谢明·索伊萨尔认为,在全球化的背景下,人权已经取代了公民身份①。

---

① Soyal, Y. N. (1994). *Limits of citizenship: Migrants and postnational membership in Europe*. Chicago: University of Chicago Press.

马尔科姆·沃特斯为全球化提供了一个简洁的定义："全球化是一个地理环境对社会和政治架构的限制日益消退的过程，是人们对这些消退日益具有清醒认识的过程。"①大前研一认为，全球化形成了一种引导人民走出狭隘国家利益的全球性文化。人民在消费物质产品的同时，也消费文化符号和象征，人们的视野已经超越了国家的边界，依据个人的品味而不是民族认同来作出自己的选择。世界贸易的发展和全球市场的形成，促进了全球消费者世界的出现。跨国公司是全球市场的主要推动者，它们打破自己与民族国家之间的联系。然而，也有学者对全球化持批判态度②。保罗·赫斯特和格雷厄姆·汤普森批判了经济全球化的理念。在他们看来，世界贸易的组织和投资模式仍然主要集中在欧洲、日本和美国，跨国公司仍然主要在由国家所提供的法律、培训、教育、研究和一般基础设施中运作③。与全球化并行存在的是世界的多极化，因为有些地区或多或少整个被排除在由资本积累所带来的好处之外，如非洲、拉丁美洲和东欧地区。这些现象与对全球化持乐观态度的学者相背离。在现实世界中，只有西方国家才能在各个领域的自由贸易中获得好处，而且，在技术改革和版权控制等关涉西方国家巨大利益的商业领域，仍然存在着严格管制。

像多数新自由主义者一样，大前研一的全球文化观念代表了个人主义、市场力量、西方消费品位等自由主义价值的扩展。大前研一对于全球化时代的评论基本没有民主公民身份的地位，他也对民主的价值持高度怀疑态度，并且把市场看作是调节社会和分配资源的最佳方式。弗朗西斯·福山认为，民主的价值与市场的价值高度相关，资本主义与公民身份结合在一起能够为个人自由和政治稳定创

---

① Waters, M. (1995). Globalization. London: Routledge, p. 3.

② Ohmae, K. (1999). *End of the Nation State*: *The rise of regional economies*. New York: Free Press, p. 96.

③ Hirst, P. , Thompson, G. (1996). *Globalization in question*: *The international economy and the possibilities of governance*. 2nd ed. Cambridge: Polity.

造有利条件。福克斯指出了资本主义与公民身份之间存在着巨大的矛盾，在市场价值处于支配地位的地方，公民身份只能获得一种脆弱的地位。他认为，世界经济尽管变得更加国际化，但是难以称得上全球化。在不存在具有约束力的国际体系中，各个国家在竞争着市场份额。世界银行、经合组织、国际货币基金组织尽管试图为世界经济建立某些框架，但这些机构几乎由新自由主义倡导者掌控。活动缺乏管制的跨国公司可以对需要外资和就业机会的贫穷国家进行大肆剥削。把跨国公司引入一个国家，意味着限制民主政治对它们的审查，意味着削减了基本的获得福利的权利、参加工会的权利等。福克斯进一步指出，经济全球化带来了严重的全球性风险，包括移民、传染病、国际犯罪、核武器、生态破坏等，所有这些问题都超越了民族国家的边界。全球风险的发展对国家的角色及其保障公民身份的能力带来了挑战①。

现实主义者假定了国家是维护秩序的唯一合法的实体，秩序与正义在国际关系领域是内在对立的。随着全球风险的强化，这种对立已被证明无法顺应潮流。全球化风险所带来的问题与存在于各个国家之间的全球不平等密切相关。新自由主义所支持的经济全球化加剧了这种不平等、贫困和环境破坏，从而增加了不稳定和战争的可能。这些问题都证明了现实主义者坚持将国内政治与国际政治截然分开的观点，越来越无法适应当今政治社会的现状。传统的国际关系理论习惯于依照国家利益来界定安全的利益，这会掩盖全球风险给世界秩序所带来的隐患。

自联合国在1948年确认和颁布了《世界人权宣言》，规范人权的国际法得到了迅速的扩展。如废除酷刑、反对歧视妇女和儿童、提升移民的权利等，也获得了广泛的国际支持。1993年，171个国家的政府在维也纳世界人权大会上明确提出了人权与发展的关系，认为经济、社会、文化权利是普遍的、不可分割的、相互依存的和彼此联系

---

① Faulk, K. (1999). *Political Sociology*. New York: New York University Press, p. 63.

的。但直到2000年联合国开发计划署出版了《人权和人类发展报告》,人权与人类的发展才逐渐受到人们的关注。阿玛蒂亚·森的《以自由看待发展》从功利主义的角度启发性地阐述自由与发展的关系。狭隘的发展观仅仅局限于GDP、技术变化、收入增长等仅属于工具性的范畴。森改变了狭隘发展观的旧范式,阐述了人的实质自由是发展的最终目的和重要手段。实质自由包括生活免受困苦诸如饥饿、营养不良、可避免的疾病、过早死亡之类,能识字算数、享受政治参与等等的自由,它意味着消除贫困、人身束缚、各种歧视压迫、缺乏法治权利和社会保障的状况①。森的思想对人权与人类发展报告产生了重要影响。关于人权与发展的历史沿革以及联合国近二十年来的全球性会议反映了在全球时代人类发展进程中所面临的风险和问题(如表1-10,表1-11)。

表1-10 人权与发展的历史沿革

1945	联合国宪章:平等、人权、发展
1948	《世界人权宣言》
1966	《国际人权公约》,《公民权利和政治权利国家公约》,《经济、社会文化权利国际公约》
1986	《发展权利宣言》
1993	维也纳人权会议:人权与发展
1995	哥本哈根社会发展高级峰会 权利为基础的发展和儿童权益保护
1997	联合国改革:权利为基础的发展
2000	阿玛蒂亚·森的《以自由看待发展》 联合国开发计划署出版《人权和人类发展报告》

资料来源:根据联合国网站 http://www.un.org/zh/资料整理。

① 参见阿玛蒂亚·森:《以自由看待发展》,任赜、于真译,北京:中国人民大学出版社,2002年。

表 1-11　联合国关于发展议题的全球性会议

事件	年份
儿童 Children	1990，2002
全民教育 Education for All	1990，2000
最不发达国家 Least Developed Countries	1990，2001
毒品问题 Drug problem	1990，1998
食品安全 Food Security	1992，1996
可持续发展 Sustainable Development	1992，2002
人权 Human Rights	1993，2001
人口与发展 Population and Development	1994
小岛屿与发展中国家 Small Island Developing States	1994，2005
减少自然灾害 Natural Disaster Reduction	1994，2005
女性 Women	1995，2005
社会发展 Social Development	1995，2005
人类居住 Human Settlements	1996，2001
青年 Youth	1998
千年峰会 Millennium Summit	2000，2005
艾滋病 HIV/AIDS	2001
为发展筹资 Financing for Development	2002
老龄化 Ageing	2002
内陆发展中国家 Landlocked and Transit Developing Countries	2003
信息社会 Information Society	2003，2005
种族歧视 Racial Discrimination	2001

资料来源：根据联合国网站 http://www.un.org/zh/资料整理。

在欧洲，单个国家发生的非正义事件很可能由超越国家的层级来裁决。全球风险帮助人们形成了共同的利益，使人们意识到人类生存的脆弱性。全球化意味着“在学术和政治领域，有关人权的讨论开始取代有关公民身份的讨论”①。亚谢明·索伊萨尔是提倡人权

① Turner, B. S. (2000). “Liberal citizenship and cosmopolitan virtue”, in A. Vandenburg eds. *Citizenship and democracy in a global era. Basingstoke*: Macmillan, pp. 18-32.

在公民身份中作用的代表性学者之一。在《公民身份的局限》一书中,她提出了一个强有力的观点,“在战后时期,一种新的、更加普遍的公民身份概念已经展示在世人面前,它的组织和正当原则建立在普遍个人身份的基础之上,而不是以国家归属原则作为基础。”①造成这一转变的背景是全球体系的发展,其中包括国际法、联合国组织网络、全球公民社会以及欧盟等地区性治理机构的发展。索伊萨尔认为应该把公民身份权利扩大到包括公民和居民在内,不仅以国籍作为标准,而且还以居住作为额外标准。如将这些权利扩展到外来劳力,这一做法必须超越民族国家的界限。只有如此,才能真正实现自由主义所主张的个人价值一律平等的理念。全球公民身份研究目前尚未形成一致的提法,Gerard Delanty、Nigel Dower、Richard Falk 称其为全球公民身份(global citizenship),Andrew Dobson 称其为超民族公民身份(supranational citizenship),Kimberly Hutchings、Andrew Linklater 则称其为世界主义公民身份(cosmopolitan citizenship)。尽管在这些概念之间还存在许多不同之处,但是它们都一致要求超越作为成员资格的民族国家公民身份,关心作为人的公民身份。世界主义公民这一观念可以追溯到古希腊的斯多葛派。无论是全球公民身份还是世界主义公民身份,他们都坚持认为在一个日益全球化的世界中全球公民身份不仅是可能的,而且是必要的。其作为一个反映民族国家地缘政治与地缘文化的单一的架构已终止。权利体现在延伸至民族国家法律范围以外的话语中;义务从集中于国家的个人责任的话语转向对自然与后代的双重义务的话语;参与,作为与全球化相连的次国家流动的结果而打开的空间而言,较少集中于国家社会;以及身份现已多元化到这样的程度,公民身份现在必须与对平等的追求,对差异的承认的调解相适应②。关于全球公民身份和世界主义公民身份的主要思想参见表 1-12。

---

① Soyal, Y. N. (1994). *Limits of citizenship: Migrants and postnational membership in Europe*. Chicago: University of Chicago Press, p. 143.

② Delanty, G. (2000). *Citizenship in a global age: Society culture and politics*. Buckingham: Open University Press.

表 1-12　全球框架中的两类公民身份

全球公民身份(Global Citizenship)	世界主义公民身份(Cosmopolitan Citizenship)
理想的公民身份:对全球和平、秩序与良好政府的期望、以确保所有人的幸福为中心点。	国际主义与法律的世界主义:一种民族国家受国际法律支配的国际主义理论,在其中"世界公民"由于他们共同的人性而横跨国家边界流动而不受干扰。
跨国公民身份:典型的国际间流动的世界,地位高的全球工人卷入国际事务与商业中。	全球化:此观点认为民族国家的权力受全球的与地区的政治所挑战。后现代主义思想的兴起,使身份更富流动性,更少受阶级与国家所固定。这导致在民族国家内的文化多元主义。 生态公民身份的发展 全球市民社会的演化,例如反全球化运动(Held, 1995)
环保公民身份:有时候又指生态公民身份,它将福利的争论推向前,考虑诸如森林消失、污染与全球暖化的问题。关心自然资源发展的可持续性,结合对(全球的)贫困、不平等与再分配的更为传统的社会政策的思考。	跨国主义:大都市社区的存在,如,高度流动的公民,诸如劳工移民、难民移民。对跨国主义的学术兴趣经常更为关心难民移民的身份与权利而不是新世界管制。 来源:Delanty(2000)
地区主义公民身份:通常以共同的种族与经济纽带为基础。这种公民身份将公民身份扩展至民族国家以外,但有界定的限制。最好的例子是欧盟公民身份,它将潜在的公民身份扩张,包括所有成员的领域,但对那些边界以外的人则什么也不提供。	
激进主义公民身份:涉及那些在公民社会内的组织中积极从事在全球水平上倡导人权协议相关议程的公民,例如,反全球资本主义运动。	
后民族主义:超国家(欧盟)和次国家(委任)的正式的政府,侵蚀民族国家的统治。有特定利益、身份与文化的国际公民社会的蓬勃发展,超越国家边界,例如,新社会运动、压力群体等等。 来源:Falk(1994)	

资料来源:彼得·德怀尔:《理解社会公民身份:政策与实践的主题与视角》,岳经纶、蒋晓阳译,北京:北京大学出版社,2011 年,第 184 页。

然而,全球和世界主义公民身份目前同样受到许多学者的质疑。在人权话语中,福利与社会权利被看作是以附加的义务为条件的。在国家层次上,发展中国家的公民在接受全球化带来的机会的同时还有可能承担全球化的潜在风险,富裕的国家不可能主动地认识到他们有责任保护世界上贫穷公民免于全球资本主义所产生的不安全(Dean,2004)。因此,民族国家在未来依然是公民身份进入实质性社会权利最重要的领域。但是,全球公民身份制度也逐渐开始发挥作用,公民们加入充满活力的全球公民社会如绿色和平组织。此外,联合国的各种机构也在全球范围内提供紧急救援及援建民主制度。在法律和学术领域,国际人权律师与政治理论家,如戴维·赫尔德,正从事在全球水平上规划的新的法律与民主的制度工作。

综上所述,全球框架内作为人的公民身份不同于民族国家内作为成员资格的单一维度公民身份。全球公民身份是一种多重维度的公民身份。在空间上对民族国家公民身份重新定义。在正义领域,公民身份不再是一种抱持人类中心主义说,相反人与自然环境应该和谐共存。也不再以一国之内的阶级、经济地位作为界定公民身份的依据,而是将公民身份的范围扩大到环境、移民、性别、种族、原住民、全球公民社会等多个方面(见图1-3)。

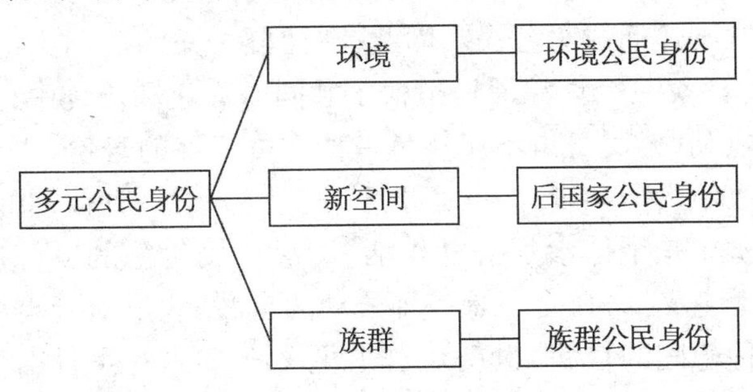

图1-3　多元公民身份的内容

总之,公民身份已不再是一种静态的身份,而是一种动态的身份,公民、资格与其政治体的联系已不再紧密,公民身份的普遍性、差异性,一元性、多重性的矛盾正在突破原来的公民身份的理论框架。在盛行于当代的各种公民身份理论中,公民身份理论家向我们展示了一幅幅生动鲜活、精彩纷呈的理论图景。

四、研究思路与框架

(一) 研究思路

本书的研究设想是在当代政治学语境中对公民身份问题予以多维审视。在公民身份问题上,自由主义强调权利优先于善,以个人为本位,侧重于对公民权利向度的讨论;社群主义强调共同体的价值和善相对于权利的优先性,更加重视公民义务;共和主义强调公共价值和自治,注重公民积极参与的美德和培育公民参与的能力;后现代主义作为一种政治哲学思潮尽管有些界限不明,但其主旨大致在于强调多元和差异,反对自由主义的普遍性公民身份。这四种哲学思潮关于公民身份的论辩聚焦于两大问题。

首先,关于"自我"的不同认识。自由主义的公民主体被视为独立自主的个体,在私人领域里自由地追求其合理利益或善观念。因此,在自由主义的观点中,个人权利优先于善,公民身份只是一种附属物,而不是内在于其自身的价值。社群主义的公民主体是政治共同体的成员,公民的身份由所属的政治共同体赋予,公民由于参与他们的政治共同体而成为公民。因此,在社群主义的观点中,个体是一种"镶嵌的自我",个体深深地植根于共同的文化和传统中,共同的善高于个人权利,公民身份不仅仅是一种成员资格的身份,更意味着对共同体的政治义务和责任①。而共和主义则假设一种德性的自我,认为公民身份正是个体参加公共生活、彰显公民美德的良好途径。对后现代多元主义而言,个体是一种流动的自我,它反对社群主义将个体看作一种稳固的自我,也反对自由主义把个体看作脱离了具体社会背景的完全理性、自主的自我。与社群主义关于个体的假设不同,后现代多元主义认为个体的认同是随着环境的流变而不断变化的;它亦反对自由主义过于抽象的个体假设,强调个体之间存在着认同

---

① Shafir, G. (1998). "Introduction: The Evolving Tradition of Citizenship", in G. Shafir: *The Citizenship Debates: A Reader*. Minneapolis: University of Minne, pp. 10-11.

差异。因此，在后现代多元主义那里，公民身份是一种差异性的身份认同。激进的后现代公民身份和社群主义公民身份强调集体权利，而自由主义公民身份和共和主义公民身份强调个体权利；前者的公民特征通过身份来标明，后者的公民特征通过权利被确认。就政治体来说，这一阶段基本上各派都在民族国家范围内阐发自己的观点，但把它看作是联合体还是共同体上，各派还存在着分歧。

其次，关于"善"观念的不同理解。自由主义主张"并存的善"观念，而且这种善的观念被划归到私人领域之争，个体在私人领域可以是基督徒或者是佛教徒，然而，在公共领域所有的个体作为公民应当具有公共理性，在理性的指导下互相合作。社群主义主张"共同的善"，而且这种善是进入到公共领域之中的，公民身份应当以体现和维系共同善为旨归。共和主义强调的是一种"公共的善"，这种善观念游走在自由主义式"并存的善"和社群主义"共同善"之间。它不否认多元善的可能性，但坚持公共善高于多元善；它也不绝对排斥共同的善，但不承认善的无差别同质性。对共和主义来说，公共的善在很多时候体现为共同参与的公民身份以及权力互相制衡中平衡与和谐的善。后现代主义则持有一种"竞争的善"观念，这种观念首先承认自由主义式的"并存的善"，但是自由主义将并存的善划归到私人领域，在公共领域则有一套正义制度的安排，相反，后现代多元主义认为这些多元的善并不应该相安无事于私人领域，而应该积极地进入到公共领域的讨论中，互相竞争。因此，后现代多元主义公民身份倾向于保护差异公民身份、群体的权利、多元文化的权利等等。

总体而言，关于公民身份的论辩是多维的。在政治社会领域，公民身份的讨论更多的是围绕福利国家这一背景延伸出来的，公民身份逻辑地意味着国家肩负消除贫困、饥饿给予福利供给的责任。在法学-政治学领域，公民身份体现为一套权利和义务体系，因此，该领域的学者们更多地在历史和现实中讨论公民权利与义务的具体范畴。政治哲学领域兴起的对公民身份的讨论，则发生在全球化、多元化背景下，普遍的公民身份理念必然遭受挑战，平等的公民身份和差异的公民身份自然成为辩论的焦点。以金里卡(Kymlicka)为代表的温和多元文化主义者呼吁差异的公民身份，要求改革社会制度以使其能够容忍并接纳多种族群体的文化独特性。激进的多元文化主义者扬和多元正义论者沃尔泽对公民身份多重性的评论触及了当代公民身份论辩的最尖锐的前沿。虽然扬同样赞同差异的公民身份,但不同的是,她并不像金里卡强调文化差异,而是强调被压迫群体权利,她提倡使差异的公民身份制度化以便扩展正义和公平的范围。

此外,在全球化背景下,福克斯(Faulks)和冈斯特伦(Gunsteren)各自发展了一种公民身份的后现代理论。福克斯力图把对多种公民身份理论传统的洞察结合起来,以建构一种丰富的、全面的公民身份理论。他声称只有通过打破公民身份和排斥性的观念(如国家和市场)之间的现代性锁链,公民身份的解放潜能才能够被释放[①]。冈斯特伦则通过对三种早期理论(指公民共和主义、自由主义、社群主义)中某些因素的取舍,提出了一种当代的民主公民身份理论,即新共和主义的公民身份理论。其核心内容是:强调个体是在社会实践中生成的个体,公民身份被设想为在共和国中的一种职责,组织多元化是公民的首要任务,能够胜任此项任务是他们首要的美德。这里的多元化指的是共享一个命运共同体的人们之间的差异[②]。

(二)研究框架

本书的研究对象是当代西方公民身份理论,并分为自由主义公民身份、社群主义公民身份、共和主义公民身份与后现代主义公民身份这样四个具体问题展开论述。所作的研究以西方社会为背景,主要采纳规范分析,着力考察公民身份在政治哲学论争中的内在张力。在具体研究方法上,本书主要采用了比较分析方法,述论涉及自由主义、共和主义、社群主义、后现代主义等代表性公民观,试图通过综合比较,厘清其分歧,探寻其分歧的根源,进而对它们各自的长短及得失努力作出客观和辩证的评价。在文中,笔者以公民权利与义务的关系为经线,以自由主义、共和主义、社群主义、后现代主义的关系为纬线,围绕当代公民身份理论之争,形成本书的主导线索和基本

---

① Faulks, K. (2000). *Citizenship*. London and New York: Routledge, pp.170-171.

② van Gunsteren, H. R. (1998). *A Theory of Citizenship: Organizing Plurality in Contemporary Democracies*. Boulder, Colorado: Westview Press. pp.25-27.

框架。

第一章,绪论。从公民身份理论的研究传统、研究困境以及当代复兴三个方面论证选题的由来及意义;对公民身份理论的国内外相关文献进行分析和评述;最后解释公民身份的内涵,提出了公民身份的两种研究框架,梳理了当代西方学界对公民身份研究的谱系,并对本书的总体框架、主要观点和可能的创新作了扼要说明。

第二章,公民身份的历史嬗变及当代难题。本章较为详细地介绍和分析了西方主流的公民身份研究范式——马歇尔的公民身份理论及其在当下遭遇的挑战。首先指出,马歇尔的公民身份理论是福利国家背景下的产物,它强调公民身份中的权利向度,尤其突出表现为福利的公民社会权利,这一范式深受战后左翼自由主义的影响。重点分析了对马歇尔公民身份理论范式的几种批判,这些批判涉及权利和义务相平衡问题、身份歧视问题以及公民身份的去政治化问题等等。最后考察了一些新兴意识形态,如女权主义、生态主义等等的崛起对主导公民身份范式的冲击。基本结论是,公民身份理论是社会变迁的产物,随时代的变化而不断发展,在新的时代条件下,有必要从政治哲学的视角对公民身份的权利、责任、义务、能力、特殊性、普适性等等进行深入分析,以推进关于公民身份问题的认识和理解。

第三章,权利优先性的辩护:自由主义公民身份。本章主要梳理了自由主义公民身份的历史演进,大致分为三个部分。第一部分论述在洛克以来的古典自由主义时期,自由主义公民身份主要体现为消极的公民权利,意在限制公共权力对个体私人领域的干预。进入新自由主义时期(New Liberalism)以后(第二部分),自由主义公民身份受到功利主义和左翼思想的影响,更加强调公民的社会权利,如福利权利和救济权利等。但福利型社会公民身份很快招致右翼自由主义(Neoliberalism)的抨击和批评,因此围绕公民身份背后的分配的公平性,罗尔斯、德沃金进行了详细阐述,罗尔斯试图通过差别原则来保护最不利者的平等诉求,相对而言他们更加关注少数弱势群体的平等。第三部分中,笔者阐述了政治自由主义公民身份的宽容和理性,每一位公民具有平等的自由权,在日益复杂和价值多元的社会背景下,在中立原则影响下,平等自由权保证了个人在私人领域追求多元价值的自由,公平的机会和差别原则保证了所有公民在公共领域内公开使用公共理性的能力。因此,自由主义要求一群具有公共理性并互相宽容的公民和谐共处。

第四章,美德和参与能力的培养:共和主义的公民身份。本章在历史考察的基础上,将共和主义公民身份区分为两个传统,即古典共和主义传统和新共和主义传统。古典共和主义强调,公民应将私人利益放在一边,而从最有利于共同体公共利益的立场去行动,因此,公民身份不仅有法律的维度,还有美德的维度:对共同善的信奉和对公共事务的积极参与。这一维度同时表明了公民整合及教育的重要性。作为古典共和主义的一种发展,20 世纪后期的新共和主义认可现代性的某些基本事实。在公民身份问题上,它接受自由主义关于普适平等的信念与承诺,以自己的特殊方式融合了社群主义与个体主义等思想要素。新共和主义的公民是自主的、忠诚的、能够明确判断和履行统治与被统治的双重角色。公民身份代表一种平等的政治地位和对共和国的责任,公民身份的承认和运作与能力是联系在一起的。

第五章,共同体成员的资格要求:社群主义公民身份。本章首先分析了社群主义的三种基本理路:强势社群主义、元伦理社群主义和反原子主义的社群主义。强势社群主义批评自由主义的道德中立,将共同体视为最高的善,强调作为共同体成员的公民身份。元伦理社群主义反对自由主义的普世主义承诺,强调公民对共同体文化的认同,拒绝以道德个人主义来构建群体的公民身份概念,而力图将政治共同体建基在一种先在的文化社群上。反原子主义的社群主义批评了自由主义中抽象的个人主义假设,强调公民身份中的公共义务和责任。其次,本章也反思了对社群的理解,指出,随着自由主义和现代性的蔓延,传统意义的强调文化一致性的社群越来越趋于松散,尤其在全球化的影响下,出现了后现代社群,它们是非领土性的、交叉且相互渗透的。在这个意义上,社群(政治共同体)更多地是社会性的,而非文化性的,同时,就其开放性而言也更具世界主义的特征。因而,社群主义公民身份不是封闭的、稳固的、静止的身份认同。

第六章,对差异和多元的认同:后现代多元主义公民身份。本章分为三个部分。第一部分选取扬为代表人物,分析了她的差异性公民身份观。第二部分以金里卡为代表人物,阐述了作为少数族群的公民身份。他以基于个体平等的自由主义公民身份为框架,认为在现实生活中并未解决某些差异群体受歧视的不平等问题,因而仅仅保障个体权利是远远不够的。文化上处于弱势而遭遇到的不公平对待同样值得关注和重视,因此,应该把差异群体的特殊权利也纳入社会正义的考虑范围之内。第三部分选取拉克劳与墨菲为代表人物,阐述了激进多元主义的公民身份观念。激进多元主义认为,只有从多元主义出发才能对"差异"给予确认,对"他者"给予确定。通过界定一个"他们"才能创造一个"我们"。在此基础上,激进多元主义强调公民身份是一种政治身份,一种身份鉴别形式,而不仅仅是指一种法律地位。其思想核心是,努力保留公民身份观念中的平等主义驱力,作为归属于某个政治共同体的一种手段,与此同时,又不至于使其他与权力关系有关的身份认同因素去政治化。

第七章,公民身份理论内部分歧及可能性共识。本章主要从政治哲学的层面解析聚焦于当代公民身份的理论之争,指出,自由主义、社群主义、共和主义、后现代多元主义公民身份理论,对何种"善"和何种"自我"给出了不同的理解。自由主义推崇个人权利,张扬"自主的自我",诉求并存的"善";社群主义立基于"共同体",关切社会的凝聚力,诉求共同的"善";共和主义强调公共性和自我治理的均衡,推崇有德性的积极公民,诉求公共的"善";后现代主义为"少数的权利"作辩护,偏爱多元和差异,诉求竞争的"善"。不过,当代公民身份理论中的争议,虽看起来激烈异常,但却暗含了一个共同点,那就是都指向了公民资格的扩展。此外,四种理论尽管在逻辑上看起来很难兼容,但在现实生活中,它们推崇的公民身份事实上却是互相交织、彼此支援的。多元文化主义使自由主义的公民身份更具有包容性,新共和主义公民身份越来越具有工具性和实践意义,社群主义公民身份所依赖的社群也不再仅仅是静态且封闭的,而是越来越开放和流动的。因此,着眼于未来,对待公民身份问题的正确态度应该是在普遍中把握差异,在差异中追寻共识。

第二章　公民身份的历史嬗变及当代难题

《不列颠百科全书》从权利和义务的角度对公民身份作了一般解释:“公民身份指个人同国家之间的关系,这种关系是,个人应对国家保持忠诚,并因而享有受国家保护的权利。公民身份意味着伴随有责任的自由身份。一国公民具有的某些权利、义务和责任是不赋予或只部分赋予在该国居住的外国人和其他非公民的。一般地说,完全的政治权利,包括选举权和担任公职权,是根据公民身份获得的。公民身份通常应负的责任有忠诚、纳税和服兵役。”①然而,从这个解释中,我们仍看不到公民身份作为一个政治伦理概念的丰富内涵。

尽管公民身份是西方政治文明史上的一项古老的制度,但用几句话来定义公民身份(citizenship)是非常困难的。时至今日,公民身份仍然是一个有着多种含义的词语。在某种意义上,公民身份含义的多重性即体现为学者解释模式的多样性。有学者在梳理了国外公民身份概念后,将其归纳为两大类:一是自洛克以来从权利角度阐释公民身份的自由主义传统。二是从共同体自治和参与方面解释公民身份的公民共和主义传统。自洛克以来,权利型公民身份理论在西方国家长期占据主导地位,在实践上对制度安排及公共政策的制定与执行发生着某种有决定意义的影响。二战之后,马歇尔以扩充公民社会权利清单的方式将这种理论推到了极致。但是,随着一系列新的社会问题的滋生,基于福利国家背景的马歇尔公民身份理论,在新的时代条件下遭遇了多方面的挑战。从未来发展着眼,应超越政治社会学的视域,而从政治哲学的角度对公民身份的权利、责任、义务以及普适性和特殊性等问题进行深刻反思。

---

① 《不列颠百科全书》(第4卷),北京:中国大百科全书出版社1999年版,第236页。

一、公民身份的两大类型

公民身份是一个历史范畴,随着社会条件的变化而变化,因此,有多种关于公民身份的历史概念。作为一项古老的政治叙事,公民身份的主要功能就体现为它是保证政治共同体正当运作的一种制度安排,其背后蕴涵着人类在不同历史阶段与不同的政治共同体框架中诉求自由解放的政治理想。离开相应的历史背景,就无法把握公民身份多重性以及它背后蕴涵着的深刻的思想。

(一) 古希腊的道德型公民身份

古希腊的"公民"一词来源于"城邦"(polis),原意是"属于城邦的人"。归纳起来,就公民与城邦的关系来说,古希腊的公民身份大体表现为归属性与参与性两个特征。

在实践上,古希腊公民身份的归属性主要指公民对城邦的归属意识和城邦对公民的归属要求。古希腊城邦时期公民对城邦的归属起源于由部落向城邦演进过程中部落成员保留下来的以血缘为主的资格认同。血缘部落与外人之间的界限非常严格。这一切在部落和外人之间形成了严格的不可逾越的界限,也无形中使部落成员之间产生了一种归属感。城邦产生之后,血缘为主的认同逐渐消解,个人归属于城邦,城邦公民身份就意味着成为城邦的一分子,而没有公民身份的居民虽然生活于城邦之中,但是他们不属于城邦。外邦人被视为侨民或客民,妇女和奴隶仅属于家庭成员。在古希腊公民的心目中,"公民身份不是拥有什么,而是分享什么,这很像是处于一个家庭成员的地位。"①属于城邦的感觉极为重要,如果被剥夺了公民身份就等于剥夺了一个人的精神生命,是仅次于死刑的严厉惩罚。城邦对公民的归属要求在斯巴达表现得最为明显。斯巴达的公民身份是在战争和恐惧叛乱的背景下发展起来的,"军事共产主义"②的管理模式表现为城邦为公民的生存提供衣食和土地,公民为城邦的安

① 乔治·霍兰·萨拜因:《政治学说史》,刘山译,北京:商务印书馆,1986年,第25页。
② 顾准:《希腊城邦制度》,北京:中国社会科学出版社,1982年,第82页。

全提供鲜血和生命。这种彻底的交换使斯巴达人没有任何对公共利益形成干扰的个人利益取向，拥有充分公民身份的公民享有绝对的社会平等。但是这种平等是由公民身心完全属于城邦才能换取的。在古希腊，一种普遍的现象是“人从来没有被明确认为是某个个人”或是“私生活中的自我”①，“个人以某种方式被国家所吞没，公民被城邦所吞没”②。

古典公民身份的参与性也表现为两个方面，即对城邦事务的政治参与和对城邦的财物分享。在古希腊，公民完全融入城邦，城邦也完全属于公民。公民身份的主要标志就是作为城邦这个公民自治团体的一员，公民享有参与城邦公共事务的政治权利，城邦中一切重大事务必须由公民集体讨论决定。参与城邦事务既是公民的权利，也是公民必须履行的义务。这种义务的履行充满了道德意味，参与公共事务并不是为了换取一己私利，而是为了美德。除了政治权利外，城邦的公民还享有最基本的福利权利，如占有土地和谷物的分配等。

从对古典公民身份的分析中可以看出，在古希腊时期的社会生活中，公共领域和政治领域是合而为一的。道德至上、义务优先是古典公民身份的典型特征。这种特征表现为共同体对其成员负责，共同体成员在共同体中表现出无私奉献、克己自律、纯真虔诚、爱国主义等公民美德。虽然随着城邦的衰落，古典的公民身份观念与实践不能得以完整保留，但共和主义的思想传统并没有消失，它通过马基雅维里的共和思想、卢梭的公意学说得以传承，在当今的政治思潮中仍有体现。

（二）近代以来的权利型公民资格

近代权利型公民资格以自由、平等、权利、利益为典型特征，在公民与国家的关系方面表现为一种契约式的交换关系。可见，近代的权利型公民资格与古希腊的道德型公民身份在理念上存在着巨大的差别，而二者之间的转换过程则产生于欧洲封建时期。

---

① 萨托利：《民主新论》，冯克利、阎克文译，北京：东方出版社，1993 年，第 289 页。

② 邦亚曼·贡斯当：《古代人的自由与现代人的自由》，阎克文、刘满桂译，北京：商务印书馆，1999 年，第 28 页。

在中世纪的西欧,城市的兴起与基督教的二元世界观使人们的世俗生活逐渐出现物化的倾向。随着封建社会末期教会势力的衰落,日益强大的世俗力量不可避免地承担起了塑造新历史条件下公民身份的任务。“真理的彼岸世界消逝以后,历史的任务就是确立此岸世界的真理。”①这期间,西方文明史中的文艺复兴运动奠定了近代公民身份基础。

霍布斯通过对自然状态的假定,认为在自然状态下,每个人都拥有“利用一切可能的办法来保卫我们自己”的“自然权利”。他说:“自然权利,就是每一个人按照自己所愿意的方式运用自己的力量保全自己的天性——也就是保全自己的生命——的自由。”②霍布斯从经验主义出发,提出了人性恶的假设,从人的角度而非神学视角论证了人的自然正当权利。洛克以自由主义的路径解读中世纪神学政治理论家,并从中提炼出至关重要的“个人权利”的观念。约翰·邓恩特别提到洛克的“个人权利”实质上来源于宗教③。对于洛克来说,“市民社会是通过契约和同意的相互依存来修正自然状态中的缺失和困局。”④规范的市民社会“是一个包含所有人的完全自由的状态,人们依循自然法自由地行动或处理自己的财产,不依赖于任何他人的意志。”⑤然而这种自由根源于神学——中世纪基督教传统中的理性和启示。此外,洛克进一步明确,自由的限度(如禁止自杀)和自由的资源都源于神学。“所有的人都由一个全能和无比智慧的主所创造……他们是他的财产”⑥。洛克式的论证是一种神学人类学的视角,他从神学的角度论证了人的自然权利,这种自然权利是天然正当、一种不需经验证明、在本体论意义上的神学的自明。

---

① 《马克思恩格斯选集》(第1卷),北京:人民出版社1995年版,第2页。

② 霍布斯:《利维坦》,黎思复、黎廷弼译,北京:商务印书馆1985年版,第97页。

③ Dunn, J. (1982). *The Political Thought of John Locke* : *An Historical Account of the Argument of the "Two Treatises of Governmnent"*. Cambridge: Cambridge University Press, p. 102.

④ Locke, J. (1960). *Two Treatises of Government*, ed. Peter Laslett. Cambridge: Cambridge University Press, p. 334.

⑤ Ibid., p. 269.

⑥ Ibid., p. 271.

西方出现对公民身份的现代理解与16、17世纪资本主义以及中央集权的民族国家的来临密切相关。在17、18世纪，随着英国、美国和法国革命这样的世界性历史实践的发生，公民身份最终成为一个具有巨大影响力的政治概念。这些革命所宣扬的“自然权利”和“人权”，其“自由、平等、博爱”的理念以及他们试图将现代民族国家的宪法基础建立在人民意志之上的努力，有助于现代西方公民身份概念的建构。不管是捍卫他们对于专制政府的权利，还是对于赋予公民权利和社会权利实质性内容，20世纪的政治史都充满了公民抗争的故事。

二、公民社会权利的凸显

公民身份在现代社会理论中一直不是一个很重要的主题，直到英国社会学家马歇尔在1949年的一些演讲和次年首发的文章中将公民身份放在“公民身份和社会阶级”的经典讨论中。这是关于战后“福利国家”出现的历史和社会根源的一个最早和最有启示意义的研究。马歇尔的演说之所以能带来如此巨大的影响，关键在于他明确提出了古典自由主义孕育已久的“公民身份”概念，并且结合20世纪中期以来西方资本主义国家的社会背景，为这一概念增添了新的内容。

虽然马歇尔的演讲和他在其他地方的研究关注的大部分是英国的经验，但他的参照系潜在地具有普遍性，并且可以广泛地运用到整个西方社会的社会学研究中去。在20世纪60、70年代，本迪克斯和帕森斯运用和发展了马歇尔对于民族主义、民族形成以及对于西方现代化过程的分析。“马歇尔对英国社会政策和社会公民身份的社会民主主义以及蒂特莫斯的集体主义的研究，有助于界定60、70年代社会政策研究。”①

马歇尔提出的现代社会的成员身份是“自由”、“民主”的民族国家中的公民身份，以其领域内运作的工业资本主义体系作为物质基

---

① 莫里斯·罗奇：《重新思考公民身份——现代社会中的福利、意识形态和变迁》，郭中华等译，长春：吉林出版集团有限责任公司，2010年版，第17页。

础,它包含了公民权利[①]、政治权利和社会权利。这种社会公民身份通常被西方学者称为现代公民身份理论的主导范式,它强调的是社会权利的合法性和国家福利供给的责任。一般认为,这些权利包括在教育、健康、住房、收入、就业和消费等方面的一系列最低保障和服务上。这种以福利为基础的社会权利主要受到了二战后新自由主义(New Liberalism)的影响。新自由主义的真正使命是要建立从经济无政府状态过渡到控制和指导有利于社会正义和社会稳定的经济体制。随着社会历史的发展,公民权利的范围也在不断扩大,从最初的公民权利发展到政治权利和社会权利如选举权、受教育权、最低生活保障权等。

马歇尔认为,只有在自由民主的福利国家中,公民身份才能得到最完整的体现。福利国家通过保障所有公民的公民权利、政治权利和社会权利,从而使每一社会成员感到自己是社会的成员,并能够参加和享受社会的共同生活。这一变化实质上是传统自由主义与"左派"相结合的产物,然而福利国家的公民身份在实质上仍然是一种消极的公民身份,它仍然是个人权利至上主义,在公民参与的积极权利方面未作强调。因此,马歇尔的理论受到保守自由主义者(Noeliberalism)的诘难也不足为怪了。

保守自由主义认为,福利国家剥夺了公民的自治和自由,造成公民对"保姆国家"的依赖。在形塑以里根为首的美国政府和以撒切尔为首的英国政府的新右派政策方面,有两位重要的思想家居于首要之列:哈耶克和诺齐克,二人都强调保护公民的消极自由和反对国家权力的重要性。哈耶克证明了"社会主义"是一条"通往奴役之路"[②]。事实证明,国家干预实际上也没有产生所期望的效果。福利支出不仅造成了资源的浪费而且还造就了"依赖性人格",穷人对自己所处的低下地位听天由命,成为对财富和参政毫无热情的个人。国家供给的社会保障使依赖性的公民只关心私利,抛开自尊和责任,

---

① 公民权利,(civil right),也被翻译为民事权利或法律权利。

② 弗雷德里希·奥古斯特·冯·哈耶克:《通往奴役之路》,王明毅等译,北京:中国社会科学出版社,1997 年。

丧失了获得独立的公民所应具备的自我改善的决心。

马歇尔分析英国公民身份的历史经验,但是,他同样试图以具有普遍性的词汇来进行表达,因此其中也包含了关于所有现代西方社会的历史进程。他认为,现代公民身份概念由三个要素的集合体所组成:公民的要素、政治的要素和社会的要素。在历史进程中,我们可以观察到这些要素大致是以前后顺序逐步出现的。因此,具有排他性的简单"公民权利"这种公民身份形式最早出现,然后是更为复杂的政治权利的出现,最后,在福利国家时代,社会公民身份逐步出现并发展完善。如他自己所说,马歇尔对于公民身份三种要素的分析是"受命于(英国的)历史而非顺从于逻辑的展开"①。他认为,"将各自发展的正式阶段归于不同的世纪——公民权利归于18世纪,政治权利归于19世纪,社会权利归于20世纪……是可能的"②。在此基础上,他注意到公民身份的每一个要素都由一整套权利以及一整套使这些权利得以施行并服务于这些权利的制度所组成。

"公民的要素由个人自由所必需的权利组成:包括人身自由、言论、思想和信仰自由,拥有财产和订立有效契约的权利以及司法权利。最后这项权利不同于其他类型的权利,因为它通过一定的法律程序,并以人人平等的方式确定和保护所有人的权利。这就表明,与公民权利最直接相关的机构是法院。政治的要素,我指的是公民作为政治权力实体的成员或这个实体的选举者,参与行使政治权力的权利。与其相对应的机构是国会和地方议会。社会的要素,指的是从某种程度的经济福利与安全到充分享有社会遗产并依据社会通行标准享受文明生活的权利等一系列权利。与这一要素紧密相连的机构是教育体制和社会公共服务体系。"③

对于马歇尔而言,普遍意义的公民身份涉及成员身份地位的平等和参与社会能力的平等。通过讨论社会不平等,特别是在发展过

---

① Marshall, T. H. (1963). Citizenship and Social Class in his *Sociologyatthe Cross Roads*. London: Heinemann, p. 73.

② Ibid., p. 76.

③ Ibid., p. 74.

程中当代资本主义经济运行所产生的阶级问题,马歇尔勾勒了公民身份的进化理论。马歇尔认为平等的公民身份意味着国家为公民提供机会的平等,但他不赞同平等的公民资格是完全的平等。因为社会权利和福利国家必须通过繁荣的、有效运行的和不断增长的经济所产生的税收收入得到"支付"。因此,马歇尔的公民身份除了主张权利之外,还附带着一些附加的义务。福利供给的税收来源必须以通过工人和工会义不容辞地承担"产业公民身份"的义务为前提。比如,在官方或者非官方的游行和罢工中,他们不能够中断生产的义务①。但是,如果暂时不考虑附加义务,马歇尔的公民身份理论几乎只有权利的发展而无义务的履行。比如,在一本著作中,他对以传统为基础的前现代社会与以公民身份为基础的现代社会进行了比较,从中观察到"古老的道德强调义务多过权利,在近来则恰恰相反。正是政体和经济的性质催化了这种转变"②。

在马歇尔的研究基础上,我们可以从中推导出以下各种关于公民身份的社会学原则。有关公民身份的社会学概念需要对以下三组问题提供回答:第一,公民所在的共同体是什么样的?第二,公民身份的社会结构背景是什么?第三,公民身份是如何形成的?它如今如何变化,今后会怎样?这三组问题有助于区分现代各种公民身份观,特别是区分马歇尔的主导社会公民身份理论和当代对它的一些主要挑战。

针对上述三组问题,马歇尔主导的社会学研究范式可以作出以下三个方面的回应:一是关于共同体问题。马歇尔指出,公民身份包括三类权利,即公民权利、政治权利和社会权利。公民所在的共同体是与这三项权利相对应的三个领域,即以国家为单位的法律制度、议会民主和福利政策。公民权利和政治权利保证了公民的基本自由权利并且没有多少义务要求,社会权利却伴随着一定的义务和限制条件,它保证了所有公民有参与社会合作的能力。社会权利是公民权

① Roche, M. (1987). "Citizenship, Social Theory and Social Change", *Theory and Society*, 16(3), pp. 369-399.

② Marshall, T. H. (1981). *The Right to Welfare*, London: Heinemann, p. 175.

利和政治权利的延续和补充。二是公民身份的结构性背景。在马歇尔看来,工业资本主义是公民身份的主要背景,社会权利对于抵抗以阶级为基础的不平等来说是必要的。不过,在一个自由社会,以绩效为基础的不平等一直是无法消除的,国家在这种社会只能寻求保证机会的平等而不可能做到分配结果的平等。福利国家和社会公民身份的原则与资本主义之间不可避免地具有张力,但这种张力是可控的。三是公民身份的历史性。马歇尔认为,公民身份的历史是在民族国家民主化与工业资本主义发展之间的长期的增长、形成和融合过程。福利国家的成长倾向于"开化"资本主义①。

马歇尔的"公民身份与社会阶级"的讨论抓住了英国战后福利国家主义的精神实质,表达了普遍意义上的公民身份思想,也清楚地表达了社会公民身份观念。在他的公民身份理论中,主要是以民族国家单位、自由民主制度为背景,更多地强调公民应享有的权利而不是义务的履行。关于公民身份的发展,他则以直线的社会进步观来看待公民身份的历史变迁。他所提出的社会公民身份的思想主要是为了应对工业资本主义国家内部的阶级不平等,国家在福利供给中起着主导的作用。

三、福利国家的政策实践及其面临的困境

在20世纪后期,由于社会问题的复杂性和新变化已经超出了战后福利国家社会公民身份的假设,因此福利国家模式以及公民社会权利遭遇了许多批评。过去关于公民身份以及作为其中一部分的社会公民身份理论都是建立在民族国家和工业化的基础之上的。然而,这种假设已经被当代资本主义社会的"后国家"和"后工业化"趋势所推翻;另一方面,在战后西方社会催生的主流政治意识形态新自由主义(New Liberalism)逐渐遭到各方批评和挑战。蕴含了独立公民、人权、责任等新的政治话语的文化激进主义和保守主义已经越来

① 该部分的具体分析可参见莫里斯·罗奇:《重新思考公民身份——现代社会中的福利、意识形态和变迁》,郭中华等译,长春:吉林出版集团有限责任公司,2010年。

越受到关注。对于西方福利和福利国家主导范式的制度和理论反思已经持续了几十年。如英国撒切尔夫人以及美国里根总统的政府改革运动,他们倡导管理主义的政府管理模式,试图将市场竞争机制引入政府公共服务的供给,即在福利领域用市场替代国家。尽管如此,其在当代西方福利国家作为一种主导范式仍然占据主流地位。

（一）“福利多元主义”的政策实践

福利国家政策背后的理论假设是“福利多元主义”。它是指福利国家和社会公民身份的供给范围涉及相当广泛的政策领域,福利供给的机构和组织是非常多元化的。首先,在福利供给的政策领域,国家在福利方面扮演的角色分为狭义和广义两种。除了狭义的“福利”、“健康”政策领域以外,现代国家其他一系列广泛的职能,客观上都对公民福利产生了重要影响,包括教育、住房、交通、环境、休闲、食物、消费政策,以及经济和就业政策①。其次,在福利供给的机构和组织方面,除了国家,现代社会一系列非国家的子系统也提供“福利”物品和服务。这些子系统包括:(1)志愿组织;(2)家庭;(3)市场。在20世纪中后期的现代西方社会,社会公民身份典型的社会背景包括:广义的国家福利供给体系和多元化的“公民社会”福利供给体系。福利国家的主张一般将国家视为福利供给的主导力量,公民社会福利体系为补充。但“左派”对公民社会的作用作出了负面的评价,如社会民主主义和社会自由主义的立场。他们的经济学和经济政策概念深受凯恩斯的影响,一方面反对集权社会主义和计划经济,另一方面又反对自由放任的资本主义经济。

威廉·贝弗里奇(Beveridge,1960)和理查德·蒂特莫斯(Titmuss,1970)两人分别是社会自由主义和社会民主主义的主要代表人物。他们都支持劳动和消费者市场的存在,市场由国家监管并由国家根据社会正义的原则进行调控。他们都接受“自由民主主义”和“混合经济”的理念,这意味着他们都支持“福利多元主义”的政策实践。

---

① Townsend, P. (1975). *Sociology and Social Policy*. London: Penguin, p. 78.

贝弗里奇的两个主要报告《自由社会中充分就业》[1]和《志愿行为》[2]完整地描绘了他所设想的现代英国福利组织体系。两篇报告都认为国家和公民社会各自都能发挥其福利功能，并具有形成积极和功能互补性关系的潜力，这体现了贝弗里奇"福利多元主义"或者"福利的社会分工"观念。

遵循凯恩斯的观点，贝弗里奇相信现代国家的权力，认为国家权力可以调节和处理各种市场积累性需求，能够在保持充分就业情况下，调节经济和稳定经济。除此之外，他还主张通过推动劳动力市场的有效运行来削减区域不平等的政策[3]。因此，贝弗里奇对待社会政策和福利国家的基本思想是，发挥国家权力在劳动力市场和消费者市场的调控作用来生产和分配福利，与此同时，他十分倡导志愿行为、团结互助和博爱的美德和制度。贝弗里奇提供了一幅国家支配和协调国家和非国家福利供给之间"福利分工"的图景，表达了一种从政治或道德角度进行福利供给的"社会自由主义"立场。

蒂特莫斯也支持国家主导的福利供给，但他也承认非国家福利部门的存在，如志愿组织和 NGO 的作用，并且认为国家福利的存在应该是增强而不是削弱志愿部门。然而，贝弗里奇和蒂特莫斯在国家与志愿部门之间的关系上存在分歧。第一，贝弗里奇认为志愿部门与市场之间不存在任何问题。第二，他相信，只要公共部门能够自我约束，它就能够促进非公共部门而不会试图完全吞并它们（比如，国家组织的社会保险政策与私人保险的关系，国家就业政策与资本主义劳动市场的关系。）[4]这两种观念意味着对资本主义市场的潜在福利作用持积极的看法。

然而，蒂特莫斯完全反对这种观点。他认为，健康服务领域的私

---

① Beveridge, W. H. (1960). *Full Employment in a Free Society*. (2ndedn) London: Allen and Unwin.

② Beveridge, W. H. (1948). Voluntary Action. London: Allen and Unwin.

③ Beveridge, W. H. (1960). *Full Employment in a Free Society*. (2ndedn) London: Allen and Unwin, pp. 124-125.

④ 莫里斯·罗奇:《重新思考公民身份——现代社会中的福利、意识形态和变迁》，郭中华等译，长春:吉林出版集团有限责任公司，2010 年版，第 26 页。

人市场侵蚀了公民利他精神和博爱的美德。以医疗服务领域中的血液保障供应问题为例，英国的血液捐献体系建立在税收为基础的国有化健康服务的基础上，与此相比，美国以市场为基础的健康服务背景下的血液出售体系就较为逊色[①]。对于贝弗里奇的第二种观点，蒂特莫斯认为，对国家体系之外的私人健康和退休保险的容忍，导致了福利供给中的不平等。特别是，国家不应该通过对公司和个人提供税收优惠的财政政策来鼓励私人职业健康和养老金计划。在健康、福利的制度和政策方面，国家的财政政策更多地与人人平等的精神要求相一致。蒂特莫斯提出的这些批判随后为一代英国社会政策批评家和新马克思主义政治经济学家所发展。社会政策批评者们放大了现代国家以各种不同的形式、在不同领域中容忍甚至鼓励以市场和阶级为基础的福利不平等[②]。新马克思主义认为，不平等以及国家在其中所扮演的角色是国内资本主义经济再生产的功能性需要。

无论是贝弗里奇的“社会自由主义”抑或蒂特莫斯的民主社会主义，他们都承认了国家-公民社会福利多元主义存在的合理性，以及保留某些多元主义的必需性。他们也承认国家需要在直接的福利供给中和管理非国家领域的福利供给中起到主导作用[③]。

（二）福利国家面临的困境

现代西方福利国家需要许多与民族国家相关联的政治、经济和文化条件。首先，应存在一个有效的现代民族国家，包括民主制度、法律制度、有效的政府管理、税收和警察体系。其次，福利国家依赖于一个成功的资本主义经济的存在，以提供转移支付和其他公共支出的税收基础等[④]。战后福利国家所依赖的资本主义经济包括：(1)全国性组织。涉及以民族国家为基础的货币和银行系统、贸易领域、金融信息系统和所有其他全国性市场存在所必需的社会和物质基础。(2)工业化。涉及高度机械化但同时具有劳动密集型的批量

① Titmuss, R. (1970). *The Gift Relationship*. London: Allen and Unwin, p. 57.

② Townsend, P. (1975). *Sociology and Social Policy*. London: Penguin, p. 110.

③ 参见莫里斯·罗奇:《重新思考公民身份——现代社会中的福利、意识形态和变迁》，郭中华等译，长春：吉林出版集团有限责任公司，2010年版，第27页。

④ 同上书，第38页。

生产系统;(3)政治上的可控性,对凯恩斯循环宏观经济政策作出回应。在这些假设看来,国家福利开支的税收基础可以由"充分就业"政策所创造和支持[①]。最后,福利国家依赖于一个共同的文化背景。包括共同语言和历史传统,广泛分布的电子通讯系统;共同的社会文化,教育和价值体系。这些由中央政府或联邦政府来提供或者受到它们的支持。

与共同的文化以及传统最相关的单位应该是家庭,它与福利存在着最直接的联系。在以男性作为养家糊口和女性作为家庭主妇的工业资本主义社会,一个标准的劳动性别分工和家庭体系经济经历了许多代的演化。这种家庭体系从很多方面起到了支持福利国家的作用。作为福利的一个直接提供者,家庭减轻了国家和纳税人实际操作上和经济上庞大的福利服务责任。因此,福利国家的存在和成功潜在地依赖于现代民族国家的资本主义经济体系和与此相对应的社会文化,特别是以女性为家庭主妇的家庭结构。

到20世纪70年代后期,由于贫困的持续发展及其他一些原因,左右两派的社会政策分析家都开始关注到底从何种程度上来说福利国家是"失败"的[②]。"左派"倾向于要求更大规模的福利国家开支及其快速增长,而右派则要求缩小规模,以及"削减"国家开支,或者至少是"不再增长"。

右派的建议来源于对资本主义经济具有创造福利的作用的信仰,起源于这种福利分配对公民社会和国家福利来说都至关重要的信念。在新右派的分析中,贫困从一定程度来说是不稳固的、衰退的和失败的资本主义经济的产物,而福利国家大规模的公共开支反过来部分地对这些经济问题负责。这是美国、英国和其他地方"纳税人反抗"的主旨之一,并导致了20世纪80年代新右派的上台。新右派批评了公共和福利开支的无限扩大损害了经济发展和资本主义的国民经济,加重了通货膨胀,干扰了企业家和劳动激励机制、劳动生产率和投资。国家无节制的福利支出引发了社会危机,包括国家部门

---

① Lekachman, R. (1969). *The Age of Keynes*. London: Penguin, p.89.

② Townsend, P. (1979). *Poverty in the United Kingdom*. London: Penguin, p.97.

及其在整个国家功能系统中所扮演角色的合法性危机和“危机管理的危机”①。

根据各种不同的分析,国家为了福利和公共开支从经济中汲取税收的持续增长,导致国家的主要功能紊乱和整个系统瓦解的危险。在当代,西方国家的税收汲取不管相对于历史而言还是从绝对数量上而言都是很高的,并且从长期来说还是不断增长的。随着长期超负荷和福利国家政治经济系统的瓦解,福利国家持续和不受限制的增长存在着极大的风险。

除了福利国家自身的困境之外,福利国家赖以存在的整个社会背景,在20世纪末期发生了很大的变化。这些变化影响着三个主要的社会系统,即经济、民族国家和文化,以及他们之间的相互关系。这些系统正在发生转变和重构,它们既存的相互关系也正在瓦解。

首先,关于工业资本主义经济的假设逐渐被“后工业革命”的社会背景假设所取代。后工业、高科技、高劳动生产率经济为凯恩斯的经济政策提供“充分就业”的结构性激励和结构性能力比传统劳动密集型工业经济要少和小得多。经济全球化宣告了国家经济主权的终结。民族国家拥有用凯恩斯式的或者其他的手段管理经济的时代已经走向终结。目前随着中国经济改革开放的成功,中国也越来越参与到全球经济并在其中起到了越来越重要的作用,这对中国国内的经济主权不能不说是一大挑战。

其次,关于民族国家的假设。后工业经济发展使民族国家发展到一个新的阶段,在这个阶段,许多政治是在“后国家”的层面和领域展开的。曼指出:与民族国家发展的任何历史时期相比,全球资本主义经济催生了更多真正的国际主义,弱化了民族国家之间的分裂②。世界资本主义经济秩序存在于世界区域的范围之内,体现出多极化的特征,如在欧洲出现了欧共体。类似地,成熟工业国家和新兴工业国家产生的生态问题也在国家之上和之下的层面累积,从全球到

① Mishra, R. (1984). *The Welfare State in Crisis*. London: Harvester/Wheatsheaf, p. 68.

② Mann, M. (1990). “Empires without Ends”, in Michael Mann (ed.) *The Rise and Decline of the Nation State*. Oxford: Blackwell, p. 11.

地方。

环境和生态问题越来越在全球一体的范围内得到持续地监控和有效地监管,有些政治制度建设和重构必将侵犯到国家主权。因而,它会影响建立在民族国家基础上的社会公民身份理论,全球公民身份的研究框架应该受到越来越多的关注。福利国家是否会逐渐转变为多层次福利治理仍然是一个关于后工业和后国家社会变迁及其对于社会公民身份含义所具有的重大而复杂的问题。

再次,关于共同文化的假设。现代社会的传统和共同文化,正在被当代各种多元文化和新的社会结构所消解。在现代社会中,特别是对于家庭而言,其已经不再像从前那样稳固。在女权运动的影响下,传统的以男人养家糊口的家庭模式也逐渐被瓦解。另一方面,文化激进主义提出了多元文化主义的合法性和重要性,直接鼓励了各种形式的种族、民族主义和群体主义的兴盛。替代性的和多样性的家庭形式已经开始发展,这对民族国家内部共同文化的传输等造成了无法估量的影响[①]。

关于福利国家的社会背景假设已经发生了重大变化,因而以马歇尔为代表的现代社会公民身份已受到诸多新的批评,等待社会公民身份的未来亦显得相当模糊。有鉴于此,我们需要认真反思公民身份的政治和实践的意义。

四、公民身份问题的当代理论反思

(一)权利-义务之间的平衡

福利国家的政策过于强调公民的社会权利,而关于福利政策中个人义务的因素往往没有得到明确阐释。在这样的背景下,马歇尔注意到"每一项应得的权利必然涉及给予的职责"[②]。可以说,福利

---

① 该部分的具体分析详见莫里斯·罗奇:《重新思考公民身份——现代社会中的福利、意识形态和变迁》,郭中华等译,长春:吉林出版集团有限责任公司,2010 年版,第 41—42 页。

② Marshall, T. H. (1981). *The Right to Welfare*. London: Heinemann, p.92.

国家主导范式下的公民观是一种权利主导型的社会公民身份概念。尽管马歇尔、贝弗里奇也提出了关于公民社会义务的设想，诸如马歇尔对工会的责任、维持工作纪律的责任以及负责任并审慎地使用罢工权的责任；以及贝弗里奇所希望的志愿行动和互助提供国家体系之外的社会保险；蒂特莫斯所相信的培育公民之间的利他主义精神和互助友爱等等。但是，它们并没有消解战后福利国家所提供的权利主导型社会公民身份模式。

福利国家这种相对片面的公民身份概念造成了公民身份的权利与义务之间的失衡，因此，容易使公民逐渐丧失参与公共领域的道德品质，更多地将注意力局限于个人生活，逐渐演变为“公民唯私主义综合症”[①]。人的道德行为涉及选择并且独立的个体能够进行选择。在道德行为中，人们彼此互惠，产生利他主义；在道德体验中，权利与义务之间互相依存，无论在逻辑上还是在实际生活中都存在着密切联系。福利国家的出现可以说是为了推进以权利为基础而相对缺少义务和互惠的公民身份观念，并导致自由以及仰赖这种权利的人们的道德自主性下降的风险[②]。这是福利国家和以马歇尔为代表的公民身份理论从战后最初发端开始就不可避免地在原则上和实际中都招致的风险。近年来，新右派批判了福利国家造就了消极、自私对福利产生依赖的人，称其为“去道德化”的风险和公民和公民共同体的“失范”[③]。

（二）歧视的问题

福利国家社会公民身份基本观念的第二大问题是，它倾向于将公民区分为不同类型。在社会政策和福利国家中，出于各种需要，公民被国家划为不同的等级。从这种意义上而言，福利国家产生了“二等公民”并将公民身份中内在的不平等合法化。

福利国家对公民进行了许多社会分类，如职业、阶级、年龄、残疾

---

① 张凤阳：《共和传统的历史叙事》，《中国社会科学》，2008 年第 4 期。

② 参见迈克尔·沃尔泽：《正义诸领域：为多元主义与平等一辩》，诸松燕译，南京：凤凰出版传媒集团，译林出版社，2009 年。

③ 参见莫里斯·罗奇：《重新思考公民身份——现代社会中的福利、意识形态和变迁》，郭中华等译，长春：吉林出版集团有限责任公司，2010 年版，第 29 页。

和种族等。其中最明显的可能是在性别问题上，福利国家本质上以父权主义的立场对待妇女。这是20世纪70年代以来激发女权主义对社会政策和福利国家进行批判的主要原因之一。

人们强调家庭作为现代社会非国家福利服务供给组成部门的重要性。在福利和保健服务的讨论中，“家庭”在通常情况下是指妇女、儿童、病人、老年人的护理者及相关工作者。在前文中，笔者分析了贝弗里奇、马歇尔和蒂特莫斯对福利国家与以公民社会为主的福利政策的立场。尽管他们都承认多元主义的福利政策，但是他们却将家庭排斥在福利国家和公民社会福利之外，将妇女视为家庭的照顾者，男人视为工作者。

蒂特莫斯将国家福利服务、财政福利和职业福利等集体供给的各种体系限定在集体系统，而将家庭假定为是私人而非集体的系统①。在贝弗里奇三个主要的报告中，他直接地表达了妇女和家庭在福利国家供给中的不平等地位。在他1942年的《社会保险计划》中，作为家庭主妇的妇女较之于作为雇员的男性被区别对待。与男性不同，她们不是国家保险的缴纳者，尽管她们也享有婚姻补助，怀孕、分居和孀居以及获得儿童膳食费和津贴等新权利，但是，所有这些供给都建立在父亲对国家保险缴纳的基础上，同时还建立在丈夫在劳动市场中获得的收入提供妇女住所的前提下②。这种假设男性作为“养家糊口的人”和妇女作为“母亲”和“主妇”的劳动性别分工，同样清晰地体现在贝弗里奇1944年所著的《充分就业报告》中。在1949年《志愿行为报告》中，贝弗里奇选择将“妇女工作”和家庭排除在外的做法，而将志愿行为定义为“在每个公民家庭之外的福利行为”③，妇女被认为是通过合作性“同行公会”运动成功地实现了对于公民身份的要求④。除了家庭之外，“购物时妇女的领域”⑤也进一步被忽

① Titmuss, R. (1963). *Essays on the Welfare State*. London: Allen and Unwin.

② Beveridge, W. H. (1942). *Social Insurance and Allied Services*. London: HMSO, p. 15, p. 30, pp. 48-53.

③ Beveridge, W. H. (1948). *Voluntary Action*. London: Allen and Unwin, p. 8.

④ Ibid., p. 112.

⑤ Ibid., p. 111.

视，事实上“妇女在一定程度上是消费者商品分配的辅助劳动力”①。

上述这些观点揭示了社会公民身份在性别方面的不平等性，当然这种二等公民不仅仅体现在性别上，还体现在种族、阶级等其他方面。

（三）侵蚀民主公民身份

以马歇尔所述为代表的社会权利与公民权利和政治权利之间的关系，存在着一定的紧张关系，社会公民身份和福利国家的发展在一定程度上会侵蚀民主公民身份。马歇尔等人将福利国家简单地看作是公民身份进化过程中的一个阶段，将社会权利看作是与公民权利和政治权利截然不同而又一脉相承和互为补充的部分。公民身份原本是指政治共同体中成员所享有的法律和政治地位，它包含了法律权利、政治权利以及相应的义务。然而“在实际中，福利国家是通过专家和官僚机构来服务于其‘顾客’的福利权利。福利国家的专家和官僚可以对他们的顾客行使相当大的权力和权威，公民的民主政治地位及权利可能在国家运作社会权利的过程中受到侵犯。”②去政治化、去道德化的个体不可能将自己看作是完全公民身份所包含的公民权利、政治权利、公民认同、公民地位的可靠承载者。如果将社会公民身份与‘福利国家’观念捆绑得太紧，必然会滋生出更加消极的个人主义和依赖人格。

马歇尔最先提出了社会公民身份的基本表述，他不仅把它看作是权利主导型公民身份，而且把它与公民权利和政治权利区分开来，将其看作是一种历史性的和制度性的独特公民身份。他提出，“虽然福利、民主、资本主义共存在于一个或多或少‘复合’的体系中，但是，‘福利’与它们截然不同并潜在地相互冲突。”③与民主和资本主义不同，“虽然‘福利’对于官僚和专家裁量权的依赖使得它具有独特的权威主义和教化维度，但是，它需要并寻求动员利他主义和价值共

① Beveridge, W. H. (1948). *Voluntary Action*. London: Allen and Unwin, p. 222.

② Johnson, T. (1972). *Professions and Power*. London: Macmillan, p. 49.

③ Marshall, T. H. (1981). *The Right to Welfare*. London: Heinemann, p. 90.

识。”[①]马歇尔将他对于公民身份概念的使用范围局限于民主的特性之中,没有将它作为福利和福利国家的特性。因此,他观察到,“民主代表了公民权利的平等”[②]。然而,福利的条件限制却需要对公民加以区别对待,进而使各种形式的不平等合法化。因此,马歇尔认为,“找不到将人作为市场的价值(资本主义的价值)、作为公民的价值(民主的价值)和作为自己的价值(福利的价值)一视同仁的途径”[③]。

针对社会公民身份的困境,马歇尔倾向于切断福利与民主和公民身份的联系。在1965年于印度的一次演讲中,马歇尔却承认了这种切割所存在的问题,但他认为这种问题只有在非西方或者第三世界经济发展的背景下才会存在。在他看来,这种发展可能为国家计划的手段所推动,包括试图创立福利国家并因而创立社会公民身份的努力。但是,如果这恰好在公民和政治公民身份发展之前发生,马歇尔认为,那么,这可能“阻碍自由的成长”[④]。这个判断同样适用于描述西方国家的福利。比如,在19世纪的德国。在20世纪,它还同样适用于描述法西斯主义和斯大林主义社会的福利,勉强也可以用它来描述西方资本主义国家提供给穷人的福利。

因此,马歇尔主导的社会公民身份忽视了公民身份的政治性维度,它倾向于福利性的社会公民权利。尽管贝弗里奇、马歇尔遵信自由主义,蒂特莫斯则信奉人道的集体主义,但他们认为福利能够独立于公民和政治公民身份。

在本章中,笔者从社会学的视角,简略地回顾了关于福利国家的公民身份理论的产生、发展、自身困境和外来挑战。笔者分析了以马歇尔为代表的公民身份理论的背景——福利国家,概述了福利国家的政策实践和局限性,指出了社会公民身份产生的问题,如不平等、侵蚀民主公民身份。从战后以来一直到20世纪70年代中期,马歇尔的社会公民身份和福利国家从未受到学者批评和反思。正如大

---

① Marshall, T. H. (1981). *The Right to Welfare*. London: Heinemann, p. 90.

② Ibid., p. 92.

③ Ibid., p. 119.

④ Ibid., pp. 169-170.

卫·雷斯曼对于蒂特莫斯著作所作出的批判性评价："蒂特莫斯从未清楚地界定过福利部门的理想范围，他满足于从普通大众的角度来界定社会服务的范围。"[①]对于蒂特莫斯而言，"英国福利国家产生于集体主义的意识；但是，他并没有提供一个因果关系上的严格和准确的福利理论"[②]，却接受了马歇尔的描述："对于福利的目标存在着……高度的共识"[③]。然而，马歇尔主导的公民身份理论却无法回应20世纪80年代兴起的各种意识形态的抨击和结构性挑战。

社会公民身份的主导范式受到来自许多新意识形态的挑战。在20世纪80年代，对社会公民身份和福利国家的主要意识形态的挑战主要来自于右派，特别是新右派。除此之外，新社会运动（国际主义、和平运动、生态主义、女权主义等）对于政治反思和对于人类生活和社会的替代性、未来的现代性能力具有巨大的贡献，并将继续发挥它们的影响力[④]。

社会公民身份理论强调社会权利，它在战后福利国家初创和发展的时期达到高潮。从那以后，权利政治就不断地扩展和丰富了与"人权"相关的各种意识形态和制度。但是，与"权利话语"的现代发展并行不悖，"义务话语"在当代政治和意识形态争论中同样得到了发展。右派和新社会运动对这种义务话语作出了同样的贡献，如女权主义和生态主义。不同于新右派和右翼意识形态所强调的公民的政治义务，大多数新社会运动者对于主要的右派观念和信仰是敌对的，他们反对新右派关于人类自我中心主义论、原子化、竞争性社会以及资本主义的经济观念。新社会运动者试图重新评估和重建"公民社会"对于现代政治和社会生活的影响力。此外，他们还强调人们对于他人的"义务"。这对于我们思考20世纪后期一般而言的公民身份和社会公民身份理论和实践具有重要意义。

---

① Reisman, D. (1977). *Richard Titmuss: Welfare and Society*. London: Heinemann, p. 30.

② Ibid., p. 33.

③ Ibid., p. 30.

④ Scott, A. (1990). *Ideology and the New Social Movements*. London: Unwin Hyman, p. 75.

女权主义和生态主义是推进义务观念的关键政治意识形态和话语。但是女权主义和生态主义却经常用权利话语来表达主张,如女权和生态权利、动物权利等。尽管以权利的形式出现,但是与纯粹主张权利的自由权相比,生态学和女权主义更强调权利所对应的义务成分。而且,在女权主义和生态主义者看来,这些义务也是对于公民社会中其他成员的要求和对于他们自己的要求①。因此,它们所强调的义务不同于社群主义者所指的共同体义务或者国家义务,它们要求将道德和公民身份为基础的权利和义务延伸到相对未知的领域,如家庭、环境和代际之间。这类新的社会运动从道德层面出发,认为主张权利就意味着强调义务。

首先,女权主义主张性别公民身份。女权主义从20世纪60、70年代至今在实践中对福利国家和传统公民身份产生了一定的影响。"女权主义是一个非常成功的社会运动,它极大地改变了妇女的期望和生活,也影响了男性对妇女生活的看法和对待妇女的方式。"②女权主义者们最初关注妇女受压迫的根本决定因素,诸如妇女的受压迫主要是在工作场所还是在家庭之中,在生产领域还是生育领域,在性关系还是母职履行中,是诉诸经济结构还是文化表现等,并从不同的角度着手分析妇女受压迫的原因,如父权制、经济剥削制度或是家庭和工作场所之间的结构关系。女权主义提出了许多女性权利,比如,要求满足基本的福利需求;要求获得国家的帮助和支持以便女性能够与男性有平等的机会。换言之,女权主义要求国家支持平等的公民身份③。然而,女性权利诉求的冲击力往往直接为男性而非国家所感知。女权主义挑战现代社会中的男性,让他们意识到父权秩序的存在和他们支配女性生活并从中受益的各种方式。女权主义推动女性权利事业的前进,对男性形成了挑战,要求他们接受改变自己的义务,以及接受为了尊重女性权利而改变自己与女性交往方式的义

---

① 参见莫里斯·罗奇:《重新思考公民身份——现代社会中的福利、意识形态和变迁》,郭中华等译,长春:吉林出版集团有限责任公司,2010年,第44页。

② 刘霓:《西方女性学》,北京:社会科学文献出版社,2001年。

③ Lister, R. (1990). *The Exclusive Society: Citizenship and the Poor*. London: Child Poverty Action Group, p. 102.

务。女性的权利和男性的义务问题显得非常迫切，尤其在家庭领域，尽管其在诸如就业、教育、休闲公共空间等领域也同样重要。就家庭而言，推动女性权利首要的是要对设计典型劳动社会分工的不公平社会公民身份进行重大而艰难的秩序重组，这种社会分工中，女性专职于家务、照顾儿童和其他护理工作，男性则专职于就业。

现代社会中的男性面临着女性有关承认劳动分工中的平等社会公民身份的要求，女性权利的要求就是男性接受在家务、儿童照顾和其他护理工作方面承担更多义务和负担。男性需要将家庭、护理与就业之间的劳动分工，作为是与其伴侣的共同决定、共同评价，共同改变事情。尊重和文明不仅是公共社会所需的基本义务，而且它们对于家庭私人领域健康而公正地存在也是必需的。女权主义强调一种互为关系型的公民身份，尤其是在家庭关系中，男性和女性之间具有相互尊重的权利，尊重女性是一种道德上的义务。在这个意义上，女权主义挑战男性，要求男性承认他们公民身份中所包含的道德条件。女权主义也对国家形成了挑战，要求国家运用它的强制性权威来保证男性尊重女性的道德义务①。

其次，生态主义认为社会和政治安排应该把生态放在人类自身的前面。其理论基点是反人类中心主义，认为生态危机是人类自然观造成的。生态中心主义是要对人类全面利益要求的维护与自然生态持续性的追求达致统一，是人类更高道德立场上对人与自然关系的审视相处方式。生态中心主义本质上是一种与传统意义上的人类中心主义相对立的思维方法，但却不是一种反人类或超人类的方法，是对待世界方式的伦理学与政治学。因此，生态运动与政治和道德义务联系在一起。

生态主义代表非人类（动物、环境、自然等）捍卫自己的权利，向人类索取它们的权利。因而，自然所拥有的权利暗含了人类的义务。因此，生态主义致力于解决现代国家与社会领域以及个人之间的争斗。具体而言，一方面是人类的需要、欲望和权利，另一方面是我们

---

① 参见莫里斯·罗奇：《重新思考公民身份——现代社会中的福利、意识形态和变迁》，郭中华等译，长春：吉林出版集团有限责任公司，2010年，第46页。

给自己的各种义务,一种通过承认非人类权利而形成的义务。生态主义代表了后代对自然和环境的捍卫。因此,尚未出生的后代被假定同当代人一样有权享有资源丰富、尚未退化和尚未破坏的环境。"后代的权利"意味着将环境"管理者"的义务强加于所有的个人、共同体、组织和国家①。但是后代和自然一样,他们并不能够回报这种义务的履行。这意味着每一代内部关于社会公正以及关于生态和其他形式福利的恰当分配的、明确的或者隐含的观念,必须将代际间的因素容纳进来,这些因素将为后代提供生态福利的一套单方面的义务加诸在当代人身上。

现在西方学界已经有越来越多的文献研究环境公民身份、生态公民身份。生态主义从多个方面挑战了社会公民身份理论。第一,它主张人类义务的重要性。第二,它和女权主义一样,要求人们对传统的福利进行重新定义。福利不仅存在于公共领域和私人领域,还存在于自然环境之中。第三,它拓展了社会公民身份的内涵。生态公民身份可以从民族国家的层次扩展到全球层次,并从全球层次扩展到与地方相关的生态层次;同样它还可以扩展到当代之外,要求我们考虑到对后代的社会性和道德义务、公民义务②。

在本章,笔者阐释了社会公民身份理论,以及它所面临的一些局限和遭受的批判。在当代,福利国家和社会公民身份的实践,以及它们赖以存在的社会背景和共同文化,已经受到了全面的质疑和挑战。从社会学和历史学的角度来理解,社会公民身份和福利国家都是时代产物,它们也随着时间的改变而改变。然而,面对当代公民身份的新变化,除了从社会学角度之外,学者更有必要从政治哲学的角度对公民身份理论进行考察。事实证明,目前在西方学界"公民身份"已经成为继正义理论之后当代政治哲学的主要议题。

从民族国家到全球化,从共同文化到多元文化,从人的权利到生

---

① Porritt, J. (1984). *Seeing Green: the politics of ecology explained*. New York and Oxford: Blackwell, p. 97.

② 参见莫里斯·罗奇:《重新思考公民身份——现代社会中的福利、意识形态和变迁》,郭中华等译,长春:吉林出版集团有限责任公司,2010 年,第 48 页。

态的权利，所有这些新的变化都逐渐渗透到公民身份的理论之中。罗尔斯为了应对日益多元化和全球化的挑战，从完备的自由主义转向了政治自由主义。公民身份不仅是民族国家中的成员资格，它也是群体中的文化成员身份，更是以人的基本境遇为基础的世界主义公民身份或者说全球化公民身份。与其说公民身份的边界突破了民族国家的范围，毋宁说以民族国家为框架的传统自由主义公民身份作为一种普遍主义的公民身份既无法应对国内少数族裔、差异性群体的挑战，此外，作为一种以主权为名的本土化的公民身份亦无法应对全球化和一体化的需求。应该说，政治自由主义在反思传统自由主义公民身份的基础上，提出了新的公民观和思考公民身份的模式。

和自由主义一样，共和主义从古希腊、古罗马式的古典主义形式经由商业社会、资本主义发展以及理性的成长逐渐完成了现代转型，公民美德从城邦式的尚武、爱国和献身式的公民美德转向了关注宽容多元、节制情感、崇尚理性、温文尔雅和博爱精神的与现代商业气质相符的品质。新共和主义公民身份在宪政民主的制度框架内，扩大公民民主参与，提升公民的能力与品质。此外，当代政治哲学的争议中不可忽视的两股力量是社群主义和后现代主义，二者都参与到了公民身份理论的讨论中，并对当代公民身份的新近发展产生了重要影响。

社群主义强调共同体的归属感和共同的善观念，这使得它从文化保守主义的角度接近了文化公民身份，或者从民族主义的角度倾向于爱国主义的共和式公民身份。后现代主义强调差异和多元，它有力地解构了无论是自由主义还是社群主义或者共和主义的静态和本质主义公民身份，在它看来公民身份本质上是在政治斗争和社会运动中形成的，公民身份不可能成为以平等的个体为基础的载体，亦不可能成为一种固化的群体身份认同，相反，公民身份基于不断流动的社会关系，在互相斗争下得到承认权。

不同的政治哲学思潮对公民身份的理解带来了全球学界对公民身份的研究。对于民族国家而言，如何包容少数族裔的公民身份已经成为无法绕过的话题；对于福利国家而言，女性、生态、移民公民身份等多元化公民身份越来越备受关注；对于宗教国家而言，民主公民身份和文化公民身份则是需要全球共同思考的议题;对于威权政体的国家而言,如何从不平等等级身份转型为平等的公民资格是关键的问题所在。公民身份在当代政治哲学视野下,不仅是主权国家的,也是区域性的和世界性的。在接下来的篇幅中,笔者将详细分析自由主义、社群主义、共和主义和后现代主义的思潮对公民身份的讨论。

第三章　权利优先性的辩护：自由主义公民身份

在西方人的想象中，要将权利革命与公民身份彼此分开是不可能的。在18世纪晚期和19世纪早期，这种叙事就像一块没有缝隙的铁板一样地严整。在20世纪的大部分时间里，这种叙事的严整性虽受到质疑，但依然呈现出某种支配性力量。实际上，诸如自由主义、共和主义、社群主义、文化多元主义等观点，不过是以不同的方式讲述着同样的西方叙事罢了。当然，透过复杂的思想之争，我们也期望在今天获得一种关于公民身份的新意象。

"自由主义公民身份"意指对于公民身份的一种独特的构想和制度化，其关注的首要价值是个人自由的最大化。毋庸讳言，不同的自由主义理论家对于自由的性质和必要条件的界定相当不同，而自由主义的公民具有怎样的权利和义务则取决于所采用的是哪一种理论。按照以赛亚·伯林堪称标准的表述，对于自由主义的各种不同的陈述可以按照从"消极自由"观念一直到"积极自由"观念的顺序加以排列。"消极自由"强调的是个体不受干扰和不受国家强制地追求自己的计划的权利；而"积极自由"的各种陈述的共同点，则在于主张国家应该采取积极的行动，来创设或确保个体为过上有尊严的、独立的生活所必需的那些实质性的应享权利（entitlements，如收入、医疗保健、教育等），从而使他们的自由具有实质性的意义。

自由主义理论，无论是关于公民身份的还是别的什么，都始于个体①。坚定的个人主义立场，决定了自由主义对所有其他集合体（包

---

① 彼特·舒克：《自由主义公民权》，恩斯·伊辛、布雷恩·特纳主编：《公民权研究手册》，王小章译，杭州：浙江人民出版社，2007年，第178页。

括国家)抱持审慎的态度。按照自由主义者的看法,个人自由地形成它们自己的主张,实施自己的计划,获得不受国家政治行为和强制权限制地处理他们自己事物的能力,这一切都是人类进步和创造性的一个充沛的源泉。由此,自由主义公民便被交由它们自己的意志去安排,而不太受国家的引导,他们必须自行决定如何去使用其受到宪法保障的自由。在与其同类公民的相处中,他们必须自己对一系列事情拿主意,作决定:思考什么,重视什么,如何处理与其他个人、群体以及国家本身的关系等等。简言之,他们必须自行决定要成为何种公民①。

一、基于个人本位的权利优先性

在古典自由主义时期,公民身份表现为个人自由最大化的诉求,即伯林所言的"消极自由"。系统的自由主义理论最有影响的早期阐述者是约翰·洛克和约翰·斯图亚特·密尔。他们认为,个人是具有理性并为理性所驱动的,借助于理性,他们能够认识并按照神圣的自然法则行动。由此便建构了古典自由主义理论的基本原则:个人自由的首要性,这种个人自由主要被理解为个人的发展和计划不受国家的干预;对思想自由、言论自由、信仰自由的非常广泛的保护;对凌驾于个人之上的国家权力的深深的怀疑、戒备;将国家强制严格限定在那些个人的行动影响到他人的活动领域中;强烈主张支持和保护隐私权、市场和其他私人自行安排决断的形式②。

古典自由主义时期的公民身份是革命暴动与契约主义的权利理论相结合的产物,英国是催生这一传统的助产婆。这也就是说,法国大革命首先建立起公民身份的原则和实践,使之成为社会政治结构的核心特征,英国(在很大程度上包括美国)则在1789年以前的一个半世纪里,为使君主-臣民的关系转变为国家-公民的关系打下了基

① 彼特·舒克:《自由主义公民权》,恩斯·伊辛、布雷恩·特纳主编:《公民权研究手册》,王小章译,杭州:浙江人民出版社,2007年,第179页。

② 同上书,第181—182页。

础。公民具有投票权和法律面前平等的权利。1679年，第一部《人身保护法》在英国获得通过，大致同一年，洛克写作了《政府论》。在该书的下篇，洛克有力地阐述了其自然权利理论，认为每个人都持有三种平等的权利，它们是“保护……生命、自由和财产”的权利①。美国革命者们则将其改编为“生命、财产、安全和反抗压迫”的权利②。这些权利都是天赋的，国家的职责在于确保它们受到保护。随着历史的演进，人之为人的普遍的自然权利逐步发展为国家保障的公民身份权利。古典自由主义将作为“人”和作为“公民”的权利巧妙地结合起来，普遍主义人权与消极公民身份成为古典自由主义最根本的组成部分。

在古典自由主义时期，公民身份的另一种特征——即拥有财产的权利——极端重要。洛克牢固地建立了这一原则。他明确宣布：“政府除了保护财产之外，没有其他目的”③。财产权不仅是一项基本权利，而且还是公民身份，是基本政治权利的必要基础。对于洛克以及那些追随他的自由主义理论家而言，私有财产是个人自由的一个必要条件，同时也是行使自由的一个首要目的。因此，这一必要条件对于自由主义公民身份来说包含了具有核心意义的三个要素：“第一，个体通过投入其中的劳动创造财产并获得对它的所有权；第二，保护财产免受公共的和私人的侵犯是法律和政府的最重要的职能；第三，对财产权的合法使用自然会产生不平等，但这种不平等并不是非正义的。”④另一方面，公民身份权利也存在其更加明确和更加积极的特征。如言论自由、思想自由、法律面前人人平等，无罪推定，陪审团审判等（参阅《人权宣言》第3—11条，《权利法案》第1条和第5—9条）⑤。

---

① 洛克：《政府论》（下篇），叶启芳、瞿菊农译，北京：商务印书馆，1964年，第58页。

② 同上。

③ 同上。

④ 彼特·舒克：《自由主义公民权》，恩靳·伊辛、布雷恩·特纳主编：《公民权研究手册》，王小章译，杭州：浙江人民出版社，2007年，第180页。

⑤ 德里克·希特：《何谓公民身份》，郭中华译，长春：吉林出版集团有限责任公司，2007年，第3页。

从洛克开始直到法国大革命,这一时期的基本理念的汇合,迄今为止仍然提供了一种形塑着我们关于公民身份假定的遗产。首先,作为个体的公民,普遍的个人权利高于一切。个体公民地位的获得并不必然要放弃私人利益的追求。公共领域与私人领域界限分明,个体如果没有参与公共领域的意愿,他也就没有一定要去这样做的义务。在与其他公民的关系上,所有人都是平等的、自治的个体,把国家看作是一个有机体,所有公民都受制于它,国家使所有公民彼此联系在一起。但在古典自由主义国家中的公民并不会因为想到自己所拥有的公民地位时感到骄傲无比。公民身份很大程度上意味着可以更安心地追求私人生活和个人利益,因为这种生活通过纳税和守法的方式而换取国家保护。因此,简言之,“从人的权利中推演出公民的权利,只是对马克思所谓‘孤立的原子式’(isolated monad)的个人做了极少的改编,没有改变其本来含义”①。其次,由于自由主义的公民被假定为对国家只具有非常有限的义务,那么,国家同样被假定不能侵犯公民的权利,这是17世纪晚期自由主义公民身份确立以来的第二大特征。按照洛克的著名比喻,国家之所以对公民有用,在于它扮演了“守夜人”的角色。政府如果逾越了它的权力界限,干预了公民的活动,并对其生活造成损害,或者相反,如果政府没有履行其保护职能,那么,公民就有权从对其私人事物的平静追求中觉醒过来并奋起反击,如同1776年殖民地美国所做的那样。再次,个人在国家无法干涉的私人领域追求个人的财富和幸福。正如马克思所指出的那样,作为人的权利是消极的,允许个人追求其私人的生活,不受作为共同体成员的生活或者公民生活的约束。马克思引用了《人权宣言》的第四条关于“自由就是指一切有权从事一切无害于他人的行为”②。

古典自由主义的公民身份主要关注公民的人身自由、信仰自由、言论自由、财产权利以及获得公平审判的权利等,旨在通过这些权利

---

① 德里克·希特:《何谓公民身份》,郭中华译,长春:吉林出版集团有限责任公司,2007年,第4页。

② 同上书,第2页。

来保证个体拥有平等的做人资格。但是,当国家将某些可能凌驾于个人权利或义务之上的权利或义务赋予作为整体的群体,或者,当国家将个人的权利或义务建基在他们的群体成员资格上,特别是当国家授予他们的成员资格没有经过他们的同意时,在自由主义的思想传统中就出现了深深的紧张①。

二、"差别原则"及其对社会公平问题的回应

在自由主义谱系中,最具行动主义取向的是那些平等主义的观点。这种观点认为,为了确保个人具有同等的尊严、生活可能性和机会,国家或多或少地努力对财富进行转移、调节是正当的。罗尔斯的一部《正义论》表明了自由主义谱系中"最具行动主义的取向"的"平等主义的观点"。罗尔斯的著作标志了自由主义传统内部一个显著的进步,这一点在著作的标题里就已作了揭示。罗尔斯把正义理念推到了自由主义思考的中心,并且复兴了康德而不是边沁或J·S·密尔的道德哲学基础,罗尔斯的正义和权利理念揭示了功利主义伦理学的问题。在英语世界,功利主义思维路径曾经在自由主义里占据主导地位。从正义观念开始——"正义是社会制度的首要美德,如同真理是思想体系之美德"——罗尔斯试图弥补功利主义的缺陷,但并没有放弃"个人"的自由主义视角。相对于古典功利主义所能容忍的程度,罗尔斯的康德路径包括了更多对个人的尊重。

在《正义论》中罗尔斯提出了两条著名的正义原则:

"第一原则:每个人对与其他人所拥有的最广泛的平等基本自由体系相容的类似自由体系都应有一种平等的权利。

第二个原则:社会和经济的不平等应这样安排,使它们

(1) 被合理地期望适合于每一个人的利益;并且

(2) 依系于地位和职务向所有人开放。"②

---

① 彼特·舒克:《自由主义公民权》,恩靳·伊辛、布雷恩·特纳主编:《公民权研究手册》,王小章译,杭州:浙江人民出版社,2007年,第182页。

② 约翰·罗尔斯:《正义论》,何怀宏、何包钢、廖申白译,北京:中国社会科学出版社,2009年,第47页。

罗尔斯认为,这两条原则主要适用于社会的基本结构。它们要支配权利与义务的分派,调节社会和经济利益的分配。这些原则预先假定了,出于正义论的目的,一是确定保障公民平等基本自由的方面,二是规定与确立社会即经济不平等的方面。……即基本自由是一系列的这种自由。其中,重要的有政治上的自由(选举和担任公职的权利)与言论和集会自由;良心自由和思想自由;个人的自由——包括免除心理的压制、身体的被攻击和肢解(个人完整性)的自由;拥有个人财产的权利;以及依照法治的概念不受任意逮捕和没收财产的自由。按照第一个原则,这些自由都应是平等的。第二个原则大致适用于收入和财富的分配,以及对那些利用权威、责任方面的差距的组织机构的设计。虽然财富和收入的分配无需平等,但它必须合乎每个人的利益,同时,权威与负责地位也必须使所有人都能进入。人们通过坚持地位开放而运用第二条原则,同时又在这一条件的约束下,来安排社会的与经济的不平等,以便使每个人都获益。

第一条正义原则优先于第二条原则。“这一次序意味着:对第一个原则所保护的基本平等自由的侵犯不可能因较大的社会经济利益而得到辩护或补偿。这些自由有一个中心的应用范围,在这一范围内,它们只能因与其他的基本自由冲突才受到限制和需作出妥协。既然它们在相互冲突时可能受限,它们的任何一个就都不是绝对的,但无论它们怎样调整以形成一个体系,这一体系却要对所有人是同样的。……而涉及第二原则的财富和收入的分配,权威与负责的地位,必须符合基本的自由和机会的平等。”①

罗尔斯对第二原则的解释分为两个维度“平等地向所有人开放”以及“符合每个人的利益”。其中,“平等开放”分为两种类型:①作为前途向才能开放的平等;②作为公平机会平等的平等。“符合每个人的利益”对应着两种原则:效率原则和差别原则。两种平等类型和两种原则的结合分别得出四种解释体系:平等①与效率原则相结合得出自然的自由平等,平等①与差别原则相结合得出自然的贵族制,

---

① 约翰·罗尔斯:《正义论》,何怀宏、何包钢、廖申白译,北京:中国社会科学出版社,2009年,第48页。

平等②与效率原则相结合得出自由平等，平等②与差别原则相结合得出民主的平等。

在此基础上罗尔斯进一步解释了自然的自由体系中，最初的分配由“前途向才能开放”的安排所调节。它们要求一种形式的机会平等：即所有人都至少由同样的合法权利进入所有有利的社会地位。但由于除了保持必要的背景制度所需要的之外，没有作出努力来保证一种平等的或相近的社会条件，资源的最初分配就总是受到自然和社会偶然因素的强烈影响，如出身、社会条件、天赋与运气。罗尔斯批评这种自然的自由体系道：“它最明显的不正义之处，就是它允许分配的份额受到这些从道德观点看是非常任性专横的因素的不恰当影响。”①

因此，罗尔斯认为应该让那些有着类似能力的人也应当有类似的生活机会，有类似的前景，有类似的手段和资源去达到他们所期望的各种职务和地位。不管他们在社会体系中的最初地位是什么，不管他们生来是属于什么样的收入阶层，是贫穷还是富裕，每个具有相似期望和秉赋的人，都应当有大致平等的教育和成就前景。

在前途对才能开放的主张之外，罗尔斯再加上机会的公平平等原则。这正是他所谓的自由主义体系。这种平等要求“各种地位不仅要在一种形式的意义上开放，而且应使所有人都有一公平的机会达到它们”②。他进一步解释道：“在社会的所有部分，对每个具有相似动机和禀赋的人来说，都应当有大致平等的教育和成就前景。那些具有同样能力和志向的人的期望，不应当受到他们的社会出身的影响。”③按照机会公平平等原则，学校体系都应当设计得有助于拆除阶级之间的藩篱。然而，罗尔斯对这种自由主义体系同样进行了批判，他指出其缺陷道：“即使它完善地排除了社会偶然因素的影响，它还是允许财富和收入分配受能力和天赋的自然分布决定。在背景

---

① 约翰·罗尔斯：《正义论》，何怀宏、何包钢、廖申白译，北京：中国社会科学出版社，2009 年，第 56 页。

② 同上。

③ 同上书，第 56—57 页。

制度允许的范围内,分配的份额是由自然抓阄的结果决定的,而这一结果从道德观点看是任意的。"①罗尔斯提出自然能力发展和取得成果的范围受到各种社会条件和阶级态度的影响,如幸福的家庭和比较幸运的社会环境。

罗尔斯在批判自由主义体系的基础上提出了民主的体系。对民主体系的解释是通过结合机会公平平等的原则与差别原则来达到的。这一原则通过挑选出一种特殊地位消除了效率原则的不确定性。"在假定存在着平等的自由和公平机会所要求的制度结构中,当且仅当境遇较好者的较高期望是作为提高最少获利者的期望计划的一部分发挥作用时,它们才是正义的"②。即:"社会结构并不确立和保障那些状况较好的人的较好前景,除非这样做适合那些较不幸运的人的利益。"③

罗尔斯认为对这一差别原则的运用基于两种情况,"第一种情况是最少获益的那些人的期望的确是最大限度地增加了。对那些状况较好的人的期望的任何改变都不可能改善境遇较差的人的境况。这样的安排我将称之为一个完全正义的方案。第二种情况是所有那些状况较好的人的期望至少对较不幸的那些人的福利有所贡献。亦即,如果他们的期望被降低,最少获益的那些人的前景也要受损。第二种方案是充分正义的,但不是最好的正义安排。"④罗尔斯通过对无差别曲线、社会福利函数、古典功利主义分配函数与差别原则的OP贡献曲线作对比,认为差别原则的OP贡献曲线是相对最优的,"它不再是一个对一定量固定物品分来分去的问题,即使准确的人与人之间的利益比较不可能进行也没什么关系,只要能鉴别出谁是最不利者并确定他的合理偏好,这就足够了。"⑤

罗尔斯认为正义原则与每个参加社会合作的人的相关地位密切

① 约翰·罗尔斯:《正义论》,何怀宏、何包钢、廖申白译,北京:中国社会科学出版社,2009年,第57页。

② 同上。

③ 同上。

④ 同上书,第61页。

⑤ 同上书,第60页。

相关。正义两原则应用于社会的基本结构时,要考虑某些代表的地位,考虑社会体系怎样照顾他们。参与社会合作的人的相关地位为正义原则提供了一个普遍基准。正义的主要问题是社会的基本结构,其理由是它的影响极其深刻和广泛并自生伊始。这一结构在划分社会合作产生的利益时,使某些出发点比另一些出发点更为有利,两个正义原则要调节的正是这些不平等。一旦满足了这两个原则,别的不平等就被允许从人们符合自由联合的原则的自愿行动中产生。这样,各种相关的社会地位可以说就是一些被恰当地概括和聚集的出发点。在选择这些指示着一个普遍基准的地位时,我们遵循的是这样一个观念:两个正义原则试图减轻自然的偶因和社会的幸运的任意影响。

假定每个人主要占据两种相关地位:平等公民的地位和在收入与财富分配中的地位。所以,相关的代表人就是有代表性的公民和代表那些对不平等分配的基本善具有不同期望的人。由于我假定别的地位一般是自愿进入的,我们在判断社会基本结构时就不需要考虑这些地位中的人们的观点,而是要把整个结构调整得适合于那些站在各种出发点上的人们的意愿。应当尽可能地从平等公民的地位来评价社会基本结构。这一地位是由平等自由的原则和机会的公平平等的原则所要求的权利和自由确定的。当这两个原则被满足时,所有人都是平等的公民,也就是说每个人都占据同一地位。

因此,在这个意义上,平等的公民权确定了一个普遍基准。基本自由的裁决问题要参照这一观察点来解决。根据这一原则,我们评价制度要看它们能够在多大程度上有效地保障所有人平等地追求其目标所必需的条件,或能够在多大程度上有效地推进对每个人都同样有利的共同目标,维护公共秩序和安全的合理规则和维护有利于公众健康和卫生的有效措施就在此意义上推进了公共利益。

罗尔斯对最不利者进行了具体的规定。“这个群体就包括那些其家庭与阶级出身是比别人较不利的;其天赋使他们所得甚少;在其生命历程中的运气又较差而使他们更为不幸,而所有这些又是在一个正常范围内基于社会基本善的相关标准。”[1]在现实中肯定对这一最不利者的大致定义需要有各种修正，但它已恰当地表示了与各种偶因的关系是适用于罗尔斯所指的最不利者。正义的首要问题是要关注那些在日常事务中是社会的充分和积极的参与者的人们之间的联系。这样，差别原则就是要用于介入社会合作的公民。如果它不能用于这一情况，它在一般意义上也就失效了。

公平的正义是尽可能地从平等公民的地位和收入与财富的不同水平来评价社会体系。然而，有时可能也需要考虑别的地位。例如，如果存在着建立在确定的自然特征基础上的不平等的基本权利，这些不平等也将挑选出一些相关的地位。由于这些特征不可能改变，它们确定的地位就被算作社会基本结构中的出发点。两性的差别就是这种类型的差别，那些基于种族和文化的差别也是如此。这样，如果男人在基本权利的分配中较为有利，这种不平等就只能被差别原则如此辩护：这种不平等只有在有利于妇女并能为她们接受的情况下才是正当的。类似的限制条件也适用于对等级制度或种族不平等的辩护。这种不平等增加了许多要考虑的相关地位，使两个原则的应用复杂化。因此，在一个正义的社会里，通常只需要考虑较少的相关地位就足够了。

从相关地位的角度作出的判断避免了我们容易在较特殊境况中提出的要求。若每个人根据自己的特定地位出发，差别原则的运用将会陷入无限的争吵和混乱局面。正义两条原则尤其是差别原则实际上就表达了一种通过给予我们的某些利益以特殊的重视来有序地安排我们的利益的想法。

首先，差别原则强调补偿原则但并不等同于补偿原则。补偿原则认为，为了平等地对待所有人，提供真正的同等机会而不是形式平等，社会应该更加偏向于那些天赋和出身较低的人们。持补偿原则观点的人认为，出身和天赋的不平等是应得的，这些不平等就多少应给予某种补偿。遵循这一原则，较大的资源可能要花费在智力较差

---

① 约翰·罗尔斯：《正义论》，何怀宏、何包钢、廖申白译，北京：中国社会科学出版社，2009年，第74页。

而非较高的人们身上。补偿原则并不是提出来作为正义的唯一标准,或者作为社会秩序的唯一目标的。作为一个自明的原则,它要与其他原则相平衡。

另一方面,差别原则有别于补偿原则。差别原则并不是要求社会消除所有不平等,让所有人都事实上在同一起跑线上公平的竞争。相反,差别原则要求我们兼顾效率原则和福利原则,不可偏废。在分配资源方面,以改善最不利者的长远期望为依据,差别原则的运用应该以重视最有利者的方式来补偿最不利者,如果以牺牲最有利者的方式来达到补偿,那么这个差别原则是失败的,甚至是不正义的。所以,差别原则不等同于补偿原则,但它却能够达到补偿的目标而且是双赢的结果。在差别原则的指导下,使整个社会的制度结构不再强调社会效率和精英统治。

差别原则实际上意味着:把天赋的分布看作是在某种意义上的一种共同资产,可以共享由天赋分布的互补性带来的较大社会与经济利益。在天赋上占优者不能仅仅因为他们天分较高而得益,他们只能在改善那些不利者状况的条件下从他们的优势中得利。罗尔斯并不是要消除差别,效率原则使不幸者处于弱势,而福利主义则使幸运者感到不公,因此真正的公平正义实际上是一种双赢。

在承认差别的基础上,不是试图消除它们而是使差别达到和谐状态。因此,罗尔斯认为人们不是必然地要听命于偶然因素的任意支配。在公平的正义中,人们同意相互分享各自命运。他们在设计制度时,只是在有利于共同利益的情况下,利用自然和社会的偶然因素。两个正义原则是一种对待命运中的偶然因素的公平方式;即使在别的方面无疑存在不完善,但满足了这两个原则的制度仍然是正义的。

罗尔斯认为差别原则还表达了一种互惠的观念,他是一个互相有利的原则,虽然初看起来它显然偏爱最少受惠者。“在通常的限制下,社会能够最大化其中一个团体的利益而不是两个,因为我们只能一次最大化一个目标。因此,当较有利者从一种一般的观点观察,他们就将认识到每个人的福利都依靠着一个社会合作体系,没有它,任何人都不可能有一个满意的生活;他们也认识到他们只能在这一体系的条件是合理的情况下期望所有人的自愿合作"①。在这样的社会合作体系中,人们认为通过差别原则已经得到了补偿,而没有人先验地具有对福利分配的要求权。他们放弃最大化是一种加权均值观念,把差别原则看作是调节基本结构的公平基础。"认为有较高天赋能力和使自己优越性格能够发展的人对合作体系有一种权利,使他们能获得更大的利益而不必对他们的利益有所贡献的观点是不正确的。我们并不应得自己在自然天赋的分布中所占的地位,正如我们并不应得我们在社会中的最初出发点一样……因为这种个性在很大程度上依赖于幸运的家庭和早期生活的环境,而对这些条件我们是没有任何权利的。"②

一个社会应当努力避免使那些状况较好者对状况较差者福利的边际贡献是一负数的条件下。它只应当按照贡献曲线的上升部分运行。我们现在可以看到,其中的一个理由是,只有曲线的上升段才能使互利的标准总是得到满足。而且,这只有在自然地满足了社会各种利益的条件下才能被允许。贡献曲线的形状和斜率至少部分地是由先天资质的自然分布决定的,所以它既非正义亦非不正义。但假定我们设想那条斜率为 1 的线代表一种利益完全和谐的理想,它是一条意味着每个人都获得同等利益的贡献曲线。那么,两个正义原则的一致实现倾向于把这条曲线提高到接近于利益的完美和谐的理想。一个社会一旦越过了最大值,它就沿着曲线的下降部分运行,利益的和谐就不复存在,当较有利者有所得时较不利者有所失,反之亦然。这种境况类似于处在一种效率的边缘上。当涉及社会基本结构的正义时,这是颇不可取的。这样,我们应停留在正值的贡献范围之内,亦即要在自然给予我们条件下实现利益和谐的理想,满足互利互惠的标准。

差别原则的另一优点是它提供了对博爱原则的一个解释。与自由、平等相比,博爱观念在民主社会地位比较次要。博爱被认为是体

① 约翰·罗尔斯:《正义论》,何怀宏、何包钢、廖申白译,北京:中国社会科学出版社,2009 年,第 79 页。

② 同上。

现了某种社会评价方面的平等，这种平等表现于各种公共习俗和对奴颜婢膝的鄙弃。博爱无疑含有这些意思，以及一种公民友谊和社会团结的意义，但如此理解就意味着它不表达任何确定的要求。而差别原则看来正相应于博爱的一种自然意义，即相应于这样一个观念：如果不是有助于状况较差者的利益，就不欲占有较大的利益。家庭在其理想观念中是一个拒绝最大限度地增加利益总额之原则的地方。一个家庭的成员通常只希望在能促进家庭其他人的利益时获利。那么按照差别原则行动正好也产生这一结果。那些处境较好者愿意只在一种促进较不利者利益的结构中占有他们的较大利益。

博爱的理想有时被认为是想在一个较大的社会的成员之间建立那种不现实的情感联系纽带。这肯定是它在民主社会中被相对忽视的另一个理由。许多人都感到博爱在政治事务中并没有合适的地位。但如果把它解释为差别原则的要求的联合，它就不是一个不现实的观念了。可以把自由、平等、博爱的传统观念与两个正义原则的民主解释如此联系起来：自由相应于第一原则；平等相应于公平机会的平等联系在一起的第一个原则的平等观念；博爱相应于差别原则。这样我们就为博爱的观念在两个原则的民主解释中确立了一个地位，我们看到它对社会的基本结构提出了一种确定的要求。“差别原则在基本的方面改变了社会的目标，当我们注意到我们在必要时必须考虑自尊这一根本的基本善，注意到一个良序社会是一种诸社会联合的事实，应当为最不利者寻求一种对自我价值的自信，这限制着等级制的形式和正义所允许的不平等的程度”①。减少别人才能的政策一般并不适合于较不利者的利益。相反，如果接受差别原则，较大的能力可作为一种社会的资产用来促进公共利益，但同时也适合于每个有较高的自然资质的人的利益，使他追求一种较好的生活计划。

罗尔斯的正义两原则对我们反思现代公民权利理论具有十分重要的理论意义。他的差别原则明确了公民身份中所应包含的福利成

---

① 约翰·罗尔斯：《正义论》，何怀宏、何包钢、廖申白译，北京：中国社会科学出版社，2009 年，第 82 页。

分,为社会公平问题提供了道德上的论证。对平等主义的自由主义公民身份的讨论,应该在满足了基本的平等的公民权利(法律意义上的)之外,将其放置于一个更为广泛的社会合作体系之中。公民的各项权利和自由需要结合具体的社会情景和有差别的相关社会地位具体地探讨,以彰显个人基本善的"自尊"和作为社会基本善的"正义"。

三、"中立"的国家与"理性"的公民

中立性是当代政治哲学讨论和争论最多的概念之一。中立性原则对论证国家采取干预或行动的理由进行了约束。自由主义假设国家要保持真正的、规范性意义上的中立。中立性原则是由宽容原则发展而来的,而对宽容原则的论证主要由洛克和密尔完成。康德从义务论立场论证了体现中立性原则的"正当优先于善"。对自由主义中立性原则进行最系统论证的当代自由主义哲学家是罗尔斯,在《正义论》、《政治自由主义》、《作为公平正义——正义新论》中,罗尔斯论证了公平正义原则对各种完备性学说保持中立的原因和方法。

按照中立性原则,自由主义国家既不应在各种相互竞争的关于美好社会的想象中作出选择,也不该以其他方式偏向于某些支持特定想象的计划方案。相反,它应该扮演的是一个要克制得多、驯顺得多的角色,其作用只是要方便个人去追求实现他们自己的计划或梦想。但是,正是在自由主义国家应该克制到怎样的程度这个问题上,一直存在着并且至今依然存在着激烈的争论。

罗尔斯在《政治自由主义》中评述了拉兹的中立性:"1、国家将确保所有公民有平等的机会发展他们自由确认的任何善观念。2、国家不得做任何意在祖护或促进任何特殊完备性学说的事情,或者给那些追求某一特殊完备性学说的人以较大支持。3、国家不得做任何使个体更可能接受此一特殊观念而非彼一特殊观念的事情,除非它采取各种步骤来消除或补偿这样做所产生的政策性后果。"①

① 约翰·罗尔斯:《政治自由主义》,万俊人译,南京:译林出版社,2000年,第205页。

在罗尔斯看来,第一条是不能接受的,因为根据他的权利优先性理论只允许人们在公平正义原则允许的范围内追求个人的善。只有公平正义原则才能确保所有公民都有平等的机会自由发展他们的善观念。而对第三条来说,任何的正义理论都会或多或少的对各种完备性学说产生影响,各种完备性学说在正义原则的影响下赢得自己的支持者,想要抵制这种影响完全是徒劳的。

因此,罗尔斯认为,只有第二条才是可以接受的,它完全满足权利优先性的原则,政治的基本结构在这一原则的指导下,不会偏袒任何完备性的学说。在自由主义政治哲学的谱系中,关于国家权力的争议一直存在,立足于(国家作用的)最小化的,是罗伯特·诺齐克所说的"守夜人式的国家",也即认为国家应该将自己的任务严格限定在执行刑法和私法上。更具干预主义倾向、更关心效率的观点则认为,国家也需要提供某些公共物品,对外部事物进行某些调节[①]。

罗尔斯在《正义论》之后的著作中,开始大量使用关于公民一词。在《政治自由主义》的平装本导论中,他指出,"个人被看作是自由而平等的公民,是享受着公民身份之政治权利和政治义务的现代民主社会的政治个人,他与其他政治公民有着一种政治关系"[②]。

所谓平等,是指"公民在最低限度地拥有两种道德能力及其他能力上是平等的,正是这些能力使我们成为正常而充分合作的社会成员"[③]。罗尔斯认为,公民的利益和需要建立在两种道德能力的基础上,也就是正义感的能力和善观念的能力。前者是参与社会合作的能力,后者是发展和追求个人特殊利益的能力,它们分别在公共领域和私人领域中发挥作用。正义感(sense of justice),是指在一个特定社会中个人或集体对于正义的情感,反映了人们在特定时期和地点所实际拥有的道德意识(moral sensibility)。它表达了公民乐于根据公开承认的条款而与其他人一起行动的意愿。罗尔斯在后期更强调

---

① 彼特·舒克:《自由主义公民权》,恩靳·伊辛、布雷恩·特纳主编:《公民权研究手册》,王小章译,杭州:浙江人民出版社,2007年,第191—192页。

② 约翰·罗尔斯:《政治自由主义》,万俊人译,南京:译林出版社,2000年,平装本导论,第32页。

③ 同上。

公民身份中正义感的这种公平合作能力，认为它是理解、运用并根据公共正义观去行动的能力，该正义观明确了社会合作的公平条款。平等的正义感能力思想充分体现了罗尔斯以来平等自由主义试图克服古典自由主义以及福利时代左翼自由主义公民身份的消极性公民人格的缺陷，为寻求积极参与型自由主义公民身份所作的努力。然而，这种积极参与的公民仍然是以个人为起点，与共和主义公民的奉献精神、社群主义公民的共同体义务、多元文化主义公民的群体义务相区别，并且公共领域内正义感能力必须以私人领域善观念能力为前提。

所谓自由，其核心即个体的自主能力（Autonomy）。它包括三层含义：第一，每一位公民在形成、修改和追求各自的善观念上是自由的，这种修改和追求并不会改变他们各自的政治身份，例如，某人由一位虔诚的佛教徒转而信仰基督教的事实，并不会改变他的公民身份，以及他原应享有和承担的政治权利和义务；第二，公民是自己各项主张的自证之源，他们有资格而且应该向自己的政治制度提出要求，正是这一点将他们与其他制度下不自由的社会成员相区别；第三，公民对自己政治目标和政治主张的效果负责，这表现在他们必须承担起相应的政治义务和责任。概而言之，理性的公民身份包含两个方面的假设：有道德正义感和自主能力的个体。

因此，“当某一社会中自由而平等的公民因其诸种合乎理性的宗教学说、哲学学说和道德学说而形成深刻分化时，一个正义而稳定的社会何以可能保持其长治久安？”罗尔斯的方案是，要求这些公民能够拥有一种双重的认同：一种是他们作为私人个体的“非公共认同”（nonpublic identity），另一种是他们作为公民的“公共认同”（public identity）。前者是与某种完备性学说联系在一起的特殊的善的观念，而后者则是一种政治的正义观念。这两者之间的关系是公民认同优先于个人认同，也就是说，人们只能在正义原则的规定之下追求自己的善的观念。个人在非公共领域可以为某一个宗教、哲学和道德主张献身，或对某一团体具有强烈的归属感和忠诚；但他们毕竟能够按照理性的和合理的根据来修正和改变它们，并且，他们的公共认同也不会因为信仰和情感的转变而有所不同，他们仍然具有正义观念所规范的权利和责任。不仅如此,罗尔斯还把马歇尔的公民身份理论向前推进了一大步。

马歇尔毕竟是在 20 世纪 50 年代相对同质化的英国从事著述的,他所考虑的公民分享着共同的社会背景、生活方式和共同的文化;因此,他的理论无法应对罗尔斯所说的"理性多元论的事实",亦即"在现代民主社会里发现的合乎理性的完备性宗教学说、哲学学说和道德学说的多样性,不是一种可以很快消失的纯历史状态,它是民主社会公共文化的一个永久特征"①。罗尔斯的"政治自由主义"可以被看作是为回应多元主义的挑战而发展起来的一种自由主义公民身份理论的典范。

为了提供一种包容多种生活方式的政治秩序,罗尔斯通过原初状态和无知之幕的设计,从公民的身份出发,排除私利,才达成正义共识。因此,公民身份成为罗尔斯证成其社会正义的前提。或者说,罗尔斯通过原初状态的设计,为我们呈现了要想成为现代社会中的合作成员必须满足的最低限度的条件,即理想的合作社会的成员必须是"公民",而非"私人"②。在罗尔斯看来,想要保持一个正义的、多元的社会,我们的政治自我,也就是参与公共政治生活并就公共事务发表言论的自我,就必须类似于原初状态中的立约者。直言之,为了就公共制度和公共规范达成一致的正义共识,就必须超越或远离私人身份。

然而,对私人身份的这种超越和远离,罗尔斯是借助于一种道义论的自我观念来加以表达的,即,由于自我优先于任何的目的和价值,因而可以保证从一种纯粹客观的和中立的立场即"公"的立场而非"私"的立场来选择正义原则。通过强调自我的优先性以及个体选择,罗尔斯事实上是重申了自由主义的理想:个体寻求的善从理想上应该通过个体自我的选择、遵从自我的意愿来获得,而不是通过宗教、国家甚至"大多数"从外部强加。尽管强调拥有权利的"自主的

---

① 约翰·罗尔斯:《政治自由主义》,万俊人译,南京:译林出版社,2000 年,第 37 页。

② 约翰·罗尔斯:《正义论》,何怀宏等译,北京:中国社会科学出版社,1988 年,第 554 页。

个体"具有极大意义,但是,正如社群主义的批判所指出的,仅仅基于权利的自由主义个体主义对个人和社会之关系的解释毕竟是有缺陷的,一定程度上忽略了社群的价值。此外,文化多元主义也批评自由主义公民身份只强调人的自由、平等、理性作为道德人的共同特质,而忽视个别的差异性和特殊性,是一种奠基于个体权利基础之上的普遍的公民身份观念。

因此,罗尔斯所给出的公民理想只是多元背景下人类社会稳定和繁荣的必要条件,而非充分条件。也就是说,从"公"的身份出发,证成大家共同遵守的公共制度或规范,只是多元社会稳定和繁荣的一个必要条件,人们可以提出疑问的是:仅仅靠一种纯粹程序和公共制度的设计就能够自发地形成具有正义品质的公民吗?就能够证成公民之间的友谊关系以及自发培养一种公共精神吗?理论上的"公民"设计如何转化为公民实践呢?

威廉·高尔斯顿指出,负责的公民要求具备四种类型的公民品德:第一,一般品德:勇气、守法、诚信;第二,社会品德,独立、思想开通;第三,经济品德:工作伦理,能约束自我满足,能适应经济和技术变迁;第四,政治品德:能弄清和尊重他人的权利,有提出适度要求的意愿,有能力评价官员的表现,有从事公共讨论的意愿①。这些品德中,尤其是一般品德和经济品德是任何政治秩序中所需要的,不管所涉及的政治社会是大或小,是农业的或是工业的,是民主的或是权威的,是多元的或是单一的。然而,自由主义公民身份则是在大型多元的现代社会中产生的,这使得它异于小型单一的前现代社会所要求的那些公民品德。自由主义公民身份更侧重于与现代多元的自由民主制度相关的品德,这些品德也关涉自由主义政体的基本原则和这种政体的公民的政治角色。这些品德包括:质疑政治权威的能力和愿望、从事与公共政策所涉及事务相关的公共讨论的能力和愿望。这些正是自由主义公民身份中的民主品质,区别于威权体制下的"臣

---

① Galston, W. (1991). *Liberal Porposes: Goods, Virtures, and Duties in the Liberal State*. Cambridge: Cambridge University Press, p. 227.

民"①。

自由主义公民身份首先强调"公共理性"的品德（virtue of "public reason"）。公民必须为自己的政治要求提供理由，而不仅仅是陈述偏好或是进行威胁。此外，这些理由必须是"公共"理由，即这些理由要被不同信仰和文化的人理解和接受。因此，在陈述理由时仅仅依据传统或是某一种原教旨主义的宗教或是学说是不够的。自由主义制度下的公民在为自己的政治要求进行辩护时必须做到明确清晰，以使自己的同胞公民能够理解这些要求，并且同胞公民接受这些要求是因为其不冲突于他们自由而平等的公民地位。其次，自由主义公民身份要求包容和妥协的品格。对于如何确定"公共理由"的标准，并非总是清晰甚至是争议的主要内容。在某些情况下，公共理由会被耗尽。例如关于堕胎问题的争论，当公共理由已经达成"重叠共识"时，更需要公民的包容和妥协。

自由主义的公民身份自诞生之始，便在社会变迁过程中表现出强劲的力量感和扩张性，逐渐扩展到全球每一个角落。自由主义以个人为基础，把公民身份看做对个人权利的保障。从这一前提出发，在公共领域与私人领域之间的关系上，私人领域优先于公共领域，中立的国家只是为了保障个人如何在私人领域更好地追求各自美好的生活，在公共领域，国家同样不能公开地、有意识地支持和鼓励某一种特殊善的生活。理想的好公民不在是基于古典时期的公民美德如勇敢、尚武、献身等等，相反自由主义要求公民在公共领域的行为合乎法律、制度，要求他们具有规则意识，并学会运用公共理性、独立自主和宽容精神。

当然，自由主义公民身份近来不可避免地受到了社群主义、共和主义以及多元文化主义的挑战。尤其对于差异政治来说，自由主义公民身份实质上是以一种普适主义身份代替差异性的、特殊的身份，所有能够合法成为国家公民的个体都享有平等的公民权利，不论他们的阶级、性别、种族以及文化。"自由主义偏好于个人自主的价值，

---

① Galston, W. (1991). *Liberal Porposes: Goods, Virtures, and Duties in the Liberal State*. Cambridge: Cambridge University Press, p. 227.

对共同体心存怀疑，更害怕共同体强制个人承担各种责任，从而违背了个人本身的利益。"①从个人权利出发而又为个人权利所累，导致了一种十分"消极公民的形象"。

现代自由主义时期，尤其是罗尔斯以来的自由主义公民身份，与古典时期最大的转变在于，更强调个人将注意力从私人领域转向公共领域，积极参与到政治领域中，如罗尔斯在后期十分关注公民的正义感能力，以期达成公民间公平正义的社会合作。因而，不难理解，罗尔斯之后，自由主义公民身份的研究纷纷转向"审议民主公民身份"。

亦有学者开始关注自由主义公民身份美德研究，如 Stephen Macedo 在《自由的美德》中指出，自由主义的本质是自由，但并不是所有人都能享有自由，为了实现自由，自由主义要求重视公民美德从而避免对自由的滥用。他列出了自由主义公民美德的清单：从消极的意义上讲，自由主义的公民美德厌恶冷漠和不公正，而"静静的服从、顺从、毫无异议的奉献，以及谦卑，都不能算是自由主义的公民美德"；积极的意义上讲，它要求以下三个方面：节制、宽容和尊重。自由主义公民身份从古典到当代，其外延不断拓展，内涵亦发生了巨大变化。然而，"个人"仍然是其坚实的内核，把公民身份看作是对个人权利的信护，对个人自由的保障。就其本质而言，它是用一种普遍的、公共的身份代替差异性的、特殊的身份，所有能够合法成为国家公民的个体都被假定享有平等的公民身份权利。因而，它不仅受到共和主义的挑战，也受到社群主义、文化多元主义的诟病，面对这些批评和全球化、多元化的社会现状，自由主义公民身份在积极自由征程上的探寻将越来越深远。

① 郭忠华：《公民身份的解释范式与分析走向》，布赖恩·特纳主编：《公民身份与社会理论》，郭中华、蒋红军译，长春：吉林出版集团有限责任公司，2007 年，第 4—5 页。

第四章　共和主义公民身份：对美德和能力的培育

“共和”与“公民”是两个古老而相互缠结的词语——它们是如此古老，以至某些人可能怀疑它们与今天这个21世纪的美好新世界还有什么关联；它们又是如此相互缠结，以至在一些人看来“共和主义公民身份”这一短语简直是累赘重复。共和主义公民身份之所以值得我们关注，并不仅仅是因为这有助于我们理解历史，而且还因为有助于思考21世纪的公民身份[①]。

一、以公民美德为旨归：古典共和的本质要求

“共和国”（‘Republic’）源自拉丁语的*res publica*，即公共的东西、事物、事务或财产，含义是说，一个共和国与下面这样一种国家或社会是不同的，在那种国家或社会中，统治者将所有的事物，包括居住于其中的人民，都看作是他们的财产。在一个共和国中，国家或社会的政府是一种公器，人民自己统治自己。公共性（publicity）是一种开放的、公共的而非私下的或个人的状况。公共性与自我治理因此可以说是共和主义的基本要素[②]。但是，什么才是公共性和自我治理所必需的呢？什么是“公众”（the public），其成员又如何自己治理自己呢？对这些问题不存在一个统一的共和主义回答。正是对公共性和自我治理的信奉，才导致了这种以及其他种种属于共和主义者内

---

① 里查德·达格：《共和主义公民权》，恩斯·伊辛、布雷恩·特纳主编：《公民权研究手册》，王小章译，杭州：浙江人民出版社，2007年，第196页。

② 同上书，第197页。

部的争论。对于共和主义者而言,问题不在于公共性与自我治理是不是好东西,而在于如何才能最好地实现它们[①]。

公共性和自我治理可能是共和主义的基本要素,却并不是共和主义所独有的。但必须指出,就它们都强调公共性和自我治理的重要性而言,乃是因为各种现代政治理论都继承了古典共和主义的遗产[②]。就公共性而言,其含义有两重。首先是,政治作为公共事务必须公开地当众进行。其次是,"公众"不仅仅是指一群人,而且还是一个有其自身的要求和所要考虑的事情的生活方面或领域。尽管公共领域往往与私人的方面或领域不太容易区分,但公共生活将人们拉出其私人世界,并将人们牵引到一起。它激发出人们的天资和才干,进而将他们聚合进入到共同体中——进入到与公众中的其他成员的联系和团结甚至是冲突中。诚如阿伦特所言:"'公共'一词表明了世界本身。……它更多地与人造物品以及人类双手的创造相连,与共同生活在这个人造世界中的人类的事务相连。共同生活在本质上意味着一个物质世界处于共同拥有它的人群之中,就像一张桌子放在那些坐在它周围的人群之中一样。这一世界就像一件中间物品一样,在把人类联系起来的同时,又将其分割开来。"[③]阿伦特把公共性看作是世界本身,而人类生活世界本身是按照公共性机制衍生和发展的[④]。

从公共性出发,共和主义者继而强调法治以及公民美德。在共和主义者看来,公共事务之所以必须当众进行,不仅仅是出于方便的考虑——即可以集中起来当场解决——同时也是为了防止腐败。作为公众的成员,人们必须随时准备克服他们个人的偏好,将他们私人的利益放在一边,而从最有利于公众整体的立场出发去行动。如果

---

① 里查德·达格:《共和主义公民权》,恩斯·伊辛、布雷恩·特纳主编:《公民权研究手册》,王小章译,杭州:浙江人民出版社,2007年,第198页。

② 同上。

③ 汉娜·阿伦特:《人的条件》,竺乾威等译,上海:上海人民出版社,1999年,第40页。

④ 这一点与哈贝马斯的方法论大相径庭。哈贝马斯立足于现代社会,以国家与社会的二元对立为基点,以国家与社会的关系互动为主线,描绘了一个理想范型——介于私人领域与公共权力领域之间的资产阶级公共领域。

公民以这样的方式行动，就表明他们具有公共精神，就展示了其公共的或公民的美德。而如果他们要显示出这种美德，则公众必须受到法治的约束[①]。自我治理和法治之间的联系同样紧密和直接。假如公民要实现自我治理，他们就不能受制于绝对的或专横的统治。因此，如果一个公民要实现自我治理，他或她必须免于来自他人的绝对或专横统治。而要避免这种专横，公民在基本的行为准则方面就必须服从法治——即服从法律的管理而不是人的管理。不过，同时也必须指出，自我治理也要求自我的治理。一个共和主义的公民不是一个任意妄为地、冲动地或鲁莽地行动的人，而是一个按照他或她也参与制定的法律行事的人，这显然又表明了对于法治的需要[②]。

共和主义对于自我治理的承诺一旦与公共性联系在一起，便又导向了一系列共和主义的独特主题，如共和主义的自由概念以及上述的公民美德概念。无疑，自我治理是自由的一种形式。但对于共和主义者而言，这是最重要的形式，因为其他的个人自由形式只有在一个自由的国家中，在法律之下，才能得到保障。自由需要依赖于法律，以便公民能够独立于他人的专横意志。因此，在法治之下维护自由不仅需要对公共事务积极的、具有公共精神的参与，而且还需要适当的政府形式。如果说，混合型的政府体制是共和国的独特形式，那么，公民美德就是它所向往的实质。如果没有愿意为捍卫共和国而抵御外来威胁、愿意积极参与共和国治理的公民，那么，即使是混合型的体制也会失灵。因此，共和国必须致力于桑德尔所说的那种“在公民中间培育自我治理所需要的品行的培养”[③]。为了抵制贪婪、野心、奢侈、怠惰等各种形式的腐败，体制上的预防措施无疑是必需的，但是如果缺乏相当程度的公民美德的话，还不足以维护法治之下的自由。因此，通过教育和其他手段保证始终具有必要的公民美德，是一个有远虑的共和国的首要关切之一。总之，共和主义公民身份不

---

① 里查德·达格：《共和主义公民权》，恩靳·伊辛、布雷恩·特纳主编：《公民权研究手册》，王小章译，杭州：浙江人民出版社，2007 年，第 199 页。

② 同上书，第 200 页。

③ 同上书，第 201 页。

仅具有法律的维度,而且还具有伦理的维度:作为一个共同体的成员,公民除了拥有法律权利和义务之外,还要求对共同善的信奉和对公共事务的积极参与,也就是说要求公民美德;此外,它还具有整合和教育的维度。这是它不同于自由主义公民身份的地方。

按照现代学者的考证,“virtue”(美德,或译德性、德行)这一概念来自于希腊文 aerte(亦可译为 excellence,卓越),指具有某方面能力、特长;在拉丁文中,virtus 与 vir(男子气概的、刚勇)同源。可见,这个概念并不一定对应于汉语中具有强烈伦理内涵的美德、善行。同时,这个概念往往与事物的目的和功能联系在一起;因此,人只有适当地展现、完成其功能,才能表现出其德性。既然“virtue”是与某种角色的表现或某种技能的展示联系在一起的,那么,公民美德就可以理解为与公民这一角色以及共同善这一目标联系的德性①。

在古典共和思想上,倚重美德还是倚重制度一直是争论的焦点。孟德斯鸠称美德是共和政体的原则。在古代,共和政府的首要特征是美德。美德的重要性来自公共性。早期的共和主义常靠弘扬美德来鼓吹共和,靠号召民众献身祖国来维持共和。在孟德斯鸠看来,“品德,在共和国里,是很简单的东西。就是爱共和国。它是一种感情;而不是知识的产物”②。按照孟德斯鸠以降的定义,公民美德包含两个方面的内容,一个涉及公民义务、公民责任,美德就是主动承担公共义务的意愿和行动;另外一个涉及共同善、公共利益,美德就是将公共利益置于私人利益之上的意愿和行动。在古典共和主义传统中,公民美德的对立面是“腐化”,后者反映了人类的一种自然倾向:一旦共同体的要求与我们自己的眼前利益发生冲突时,我们往往取后者而弃前者。“腐化”包括懈怠和损害两种形式,并且既适用于统治者、官员,也适用于普通公民③。从共和主义的立场看,公民身份既有一个法律的维度,也有一个道德的维度。在共和主义看来,公民

① 参见天津师范大学刘训练博士论文:《公民与共和——当代西方共和主义研究》(2006 年),第 138 页。

② 孟德斯鸠:《论法的精神》(上册),张雁深译,北京:商务印书馆,1963 年,第41 页。

③ 参见天津师范大学刘训练博士论文:《公民与共和——当代西方共和主义研究》(2006 年),第 138 页。

身份是一种精神气质(ethos)——一种生活的方式。换句话说，公民身份可能关系到一种法律地位，这种法律地位授予公民各种特权和豁免权，但是，公民身份必定不止于此。"真正的"或"正确的"公民身份要求对于公共利益的责任承诺和对于公共事务的积极参与。也就是说，它要求公民美德①。

简言之，公民身份有一个道德的维度，是因为在公民身份的概念中存在着一些衡量评判的标准——共和主义的标准，它们提供了一种关于怎样才算好公民的理念，强调的是公民身份的公共性质。这种公共性质从两个方面显示出来。首先，按照这种评判标准，好公民是一个具有公共精神的人，他将共同体的利益置于个人利益之前。他会认识到，公民身份既是一种权利，同样也是一种责任，一个好的公民在受到吁请时会承担起这些责任——从遵守交通法规、尊重他人权利这些日常的要求，一直到纳税、服兵役这些更为繁重的义务。其次，显示出对于公共利益之责任承诺的第二个方面是公民参与。好公民在受到吁请时固然会承担公共责任，如在受邀担任陪审员时，但是他们不会总是被动地等待别人发出吁请。相反，他们会主动地参与公共事务。政治是公共事务，而好公民，按照共和主义的观点，将在这一事务中扮演一个见识广博明达、富有公共精神的角色②。对于公共事务的参与既是共和主义公民身份的一个决定性的特征，也是通向共和主义公民身份的一条途径。

公民身份在现代早期依然存续，只不过它已逐渐沉寂。在中世纪时期，城市是一个公民身份非常繁荣昌盛的场所。在成文法典和公共伦理的基础上制定政策和掌握政府权力的人总是一小部分人，而且一般情况下都是男性和拥有财产的人。由成文法典和公共伦理授予他们职权，规范他们的权力。然而，这种自治政府通常存在于一种更大的政治文化背景中，而且这种政治文化通常皆为君主制和等级制。在其中，教会和国家权威横行无忌，并且与宗教相结合，世俗

---

① 里查德·达格：《共和主义公民权》，恩斯·伊辛、布雷恩·特纳主编：《公民权研究手册》，王小章译，杭州：浙江人民出版社，2007年，第202页。

② 同上书，第203—204页。

的权力由宗教的价值而进一步膨胀。因此，即使在共和主义主导下的自治政府中，律师和其他政治思想家却常常把公民与臣民混同在一起。随着巨型领土国家的扩张，从最初的意大利开始遍及其他越来越多的地方之后，君主制与共和主义自治政府的结合变得愈来愈常见、越来越容易，也更加合法化。

因此，在文艺复兴时期之后的几个世纪里，公民身份实际上被中央集权的国家及与相关的政治结构所压制，乃至几乎消失殆尽。在这些中央集权的国家中，公民都变为臣民。至于"公民"已经退却到律师和历史学家们的图书馆中去了，在那里静静地保存着，直到最终复兴。不过，这种漫长的沉寂并不等于完全消失。在这些年代里，公民身份仍然存续。随着欧洲人的生活本身发生了变化，并变得更加丰富，公民身份最终也丰富了其含义和内容。

在古代和中世纪里，公民身份既是一个抽象的概念，又是一种现实。亚里士多德和西塞罗的观念分别在雅典和佛罗伦萨付诸实践。然而，直到民主革命时期，公民身份才再一次成为西方世界有着重要历史意义的一种制度。在这个时候，公民身份的普及反映了发生在大西洋世界的巨大变化。在这些变化中，其中之一就是幅员辽阔的领土国家的增长。当政治理论家们思考公民身份的时候，他们往往是在公民与这种君主政体的关系意义上使用这个词。第二种变化则与第一种变化相关，它表现为一种世界经济逐渐地形成。诸如在英格兰、法兰西以及荷兰等地，商业财富急剧增加。当然，在这些变化出现之前，肇始于意大利的文艺复兴运动就已经促动了沉寂已久的共和主义公民身份。在15世纪早期，意大利产生了"公民人文主义"，马基雅维利赋予其最初的力量，而在一百年之后，它开始初显轮廓和锋芒毕露。在历史中行进的与其说是学者那种不愠不火的理想图式，毋宁说是对一种事实的愤怒呐喊。正如马基雅维利界定了一种包括纪律、灵魂、坚韧以及军事力量的公民身份，但这恰恰是遭到中世纪拒绝和抛弃的思想。

二、商业社会与“腐败”:共和传统的现代转型

在18世纪的西方,商业已经日益成为一种在政治生活中十分有影响力的事物。1688年英国的宪政革命为英国的商业发展打下了政治基础,1707年苏格兰与英格兰的正式合并也使得苏格兰开始了迅速地从传统农业社会向现代商业社会的转换。自17世纪开始,商业已经在政治生活中发生了越来越重要的作用,商业在古典共和主义思想视野中往往与“腐败”相连,被看成古典美德的敌人。古典共和主义者认为商业的发展“腐化”了自由社会和所必需的公民美德,他们认为出路在于复兴古代共和主义的公民美德及共和政治方案。商业社会的辩护者则认为商业的发展是一种社会进步的力量,不但不会腐化社会,而且还促进了现代政治文明的发展。古典共和主义的理想公民是一种以献身公共利益,将公共利益置于私人利益之上的积极公民,这种公民理想特别要求公民具有爱国主义和尚武精神。

共和派的古典作家一方面用“美德”来解释古典共和国的创立与辉煌,另一方面也用“奢侈”的传入来解释古典共和国的灭亡。西塞罗将罗马共和国的创立归结为罗马共和国的几位开创者——罗慕路斯、努马等的伟大美德。而萨鲁斯特认为奢侈的传入是罗马共和国衰落的主要原因,他写道:“为了赢得他带到亚细亚去的军队的忠诚,他竟然违反我们祖宗的惯例,允许他们过骄奢淫逸的生活,放松了纪律对他们的约束。在温柔乡一般的、可以纵欲的国土上所过的无所事事的日子很快便使他的士兵的好战精神萎靡下来了。”①苏拉的行为导致了罗马公民质朴美德和公共精神的丧失:“一旦财富开始受到人们的尊敬,并且当光荣、军事统帅权和政权随之也受到尊敬的时候,德行便开始失去其光彩。”②

近代以卢梭和弗格森为代表的古典共和主义者对商业社会的发

---

① 撒路斯特乌斯:《喀提林阴谋:朱古达战争》,王以涛、崔录因译,北京:商务印书馆1995年,第101—102页。

② 同上。

展进行了批评。卢梭认为,古代的斯巴达和罗马等共和国的公民拥有着质朴的美德,他们在政治生活中将公共利益放在个人利益之上,为了共同体的自由不惜牺牲个人的财产甚至生命,古代共和国的伟大来自于对商业的蔑视,因为商业会瓦解公民的尚武精神①。卢梭认为,古代社会比现代社会更加合理,科学与艺术在现代的发明不但不会使社会完善,反而是恶化人类道德的罪魁祸首。在他看来,理性的发明只是使人类更加精于计算而变得狡猾;艺术的发展会使人类变得虚荣而失去了纯朴的美德;商业的发展作为诱导人类自私的力量则更是一种彻底的腐化。因而,卢梭主张野蛮人与现代人相比更加善良也更为幸福,野蛮人是自由的真正故乡。

弗格森在《文明社会史论》中尽管表达了商业社会的有益作用,如劳动分工会使得人们创造财富的能力大大增强;商业的发展往往伴随着科学与艺术的进步,这使得人们的性情变得温和与人道;商业发展所伴随的奢侈欲望也会刺激人们变得勤劳②。然而他更多地对商业社会持批判的观点,如他认为商业使人们变得冷漠、自私与冷酷无情,会丧失古典社会那种勇敢与尚武精神和献身的勇气,商业发展相伴随的奢侈会使人们腐化堕落,"商业艺术、高度发达的国家很容易走向腐化堕落。因为它们把财富看成是显赫地位的基础,而这种财富又不是靠个人的高尚和美德来维持的。"③弗格森认为美德是一个国家事业的根基,因此他主张为了对抗商业对公民美德的不利影响,应当在现代的商业社会恢复古典共和政治的基本理念。

然而,休谟对古典共和主义公民美德提出了质疑并为商业社会中所能孕育新型美德的可能性作出了辩护。事实上古典共和主义者将西方古典共和国看成是一种美德共和国完全是浪漫化的想象,其一,古代共和国的公民美德是建立在奴隶制基础上的,此外,古代共和国公民的质朴也包含着残忍的成分,他们的战争是极端残酷的,完

---

① Capaldi, N., Livingston, D. (Eds) (1990). *Liberty in Hume's History of England*. Dordrecht: Kluwer Academic, p. 183.

② 弗格森:《文明社会史论》,林本椿,王绍祥译,沈阳:辽宁教育出版社,1999 年,第 216 页。

③ 同上书,第 284 页。

全缺少现代社会所具有的人道主义精神[①]。其二，古典共和主义的“美德政治”观念会使得人们忽视政治制度的建设。古代社会过于强调通过公民自身的美德来维系社会秩序，而在政治制度设计层面远远落后于现代商业社会。其三，在古代共和国，“公民”与奴隶相对应，公民的自由权利是以压迫奴隶阶层为基础的，主人的权力完全不受限制。在现代商业社会条件下，每个人都在一般性法律的保护之下，国家权力受到法律限制，政府权力受到各种力量的制衡。因而“在现代，一个坏的仆人很难找到好的主人，反过来，一个坏的主人也很难找到好的仆人，其间的制约是相互的，是与反映了理智和平等的神圣的客观法则相适应的。”[②]其四，古代共和国的公民美德不符合天然的人性，反而对人性提出了过于苛刻的要求，这种建立在对人的欲望过度压抑基础上的生活方式是难以长久维系的。

休谟在批判古典共和主义公民美德的基础上，提出了私人导向型公民美德，如理性、独立、节制、规则意识等品质；以及公共导向型公民美德，如在社会交往不断扩大的市民社会中所产生的天然怜悯、人道主义精神，这种精神使人们克制私利主动维护公共利益。

现代商业社会的公民美德观念是以“自私而有限的慷慨”为基础的人性观，承认了人性的复杂性。人们追求“私利”的欲望得到承认，允许人们正当地追求自身的利益。通过法律和个人权利，每个人的私利都得到了很好的保护。在被承认拥有合法私人财产的情况下，人们才有权利将自己的财产捐助出来对弱者和公共事业行善。因此，在商业社会，个人追求私利不仅不会造成冷漠和极度自私，反而会培养人们行善的德行。应该说，商业社会的公民美德合乎人的天性，它与古典主义公民美德相比，是一种相对较“稀薄”但适用范围更“广泛”的大共和国的美德[③]。

近代以来苏格兰启蒙运动中关于商业社会和公民美德的争议，随着资本主义理性的进一步成长，市民社会的发展逐渐完成了从古

---

① 休谟：《休谟经济论文选》，陈玮译，北京：商务印书馆，1984 年，第 115 页。

② 同上书，第 97 页。

③ 参见徐志国：《休谟政治思想研究》，南京大学博士论文，2011 年。

典共和主义向现代共和主义的转型。现代共和主义基本认可了自由主义的许多基本理念,如个人权利、宪政国家,并在自由主义框架内提出了注重公民教育和参与政治生活、培养互助和友爱的社团情谊和爱国主义精神。

三、无支配的自由和公共参与能力:新共和主义公民观

自18世纪晚期开始,公民身份的公民共和主义阐释逐步让位于自由主义的解释。无论在广度还是深度上,对于公共生活的参与都没有达到应该有的程度,这一信念在很大程度上促成了近年来对于公民身份和共和主义两者之兴趣的复兴,由此,新共和主义应运而生。新共和主义是古典共和主义的一种发展,它接受了现代性的某些基本事实,其视野不再局限于小范围的同质性共同体。

因此,在公民身份问题上,它接受了自由主义关于普适平等的信念与承诺,并且它同样肯定了公民身份的重要性①。在这种共和主义复兴的不同潮流中,最重要的是通过马基雅维里和他的《论李维的前十书》追溯古代罗马政治思想潮流。他是昆廷·斯金纳的一系列重要的历史研究的主题,而在盎格鲁-美利坚世界中,菲利普·佩迪特是这种潮流的最有抱负的理论家。他们三位一致提倡的共和主义自由理论代表了对于我们的政治思维的无法估量的贡献。

新共和主义事业的核心是菲利普·佩迪特和其他共和主义学者提出的"无支配"的政治自由观念。"无支配的自由"是指,只要我们并未发现自己处于他人的支配之下,屈从于他们的意志并从而受到他们的欲望变化的影响,我们就是自由的。这种观念可以追溯到罗马法,根据罗马法,自由人就是一个与奴隶不同,不会感到自己处于主人控制之下的人。这种自由概念指的是我们置身其中的一种条件,也就是一种我们并不仰人鼻息地生活的条件。因此,它尤其不是指一个个人或共同体对它自身存在形态行使的控制。

---

① 参见天津师范大学刘训练博士论文:《公民与共和——当代西方共和主义研究》2006年,第133页。

无支配的自由观念形成了一种“消极的自由”而不是“积极的自由”的观念①。摆脱主人的支配并不意味着做自己的主人或让自己接受自己的理性的统治。但是,无支配的自由还是从根本上不同于伯林倡导的消极自由的理解。伯林所理解的消极自由是一个行动的领域个人在这个领域内可以做他们想做的事而不会受到他人的干涉。这种定义的缺点在于,它会承认一个人仅仅通过压制他不能满足的欲望就可以增进他的自由。换言之,与判断一个人的消极自由程度有关的障碍应当被理解成对他的可能性的障碍,例如放置在他可以选择的前进道路上的路障。因此,即使另一个人可以干预或者破坏他们的计划(现存的或可能的)而又决定不这样做,人们也必须算是自由的。伯林曾经说,消极自由不会受到专制政体的损害,只要专制者碰巧是仁慈的,而且对他的臣民采取一种纵容的政策。在保住自己的所有政治权力的同时,这种统治者也许会网开一面,听任他的臣民随心所欲地追求实现他们的各种计划②。

佩迪特不认为这种消极自由是一种真正自由的状态。他认为一种更准确地理解是,自由在于免除所有任意的干涉。因为,假定我们生活在一个公正的法律所统治的社会中,我们不可能在我们的事务上免于所有的干涉,国家必定随时准备阻止和惩戒任何违法行为。法治并不是在拿一种支配交换另一种支配,就好像它的效用在于为我们提供了比生活在专制统治或根本没有规则的状态下更大的自由。因此,佩迪特认为当公正法律的权威取代特定个人的意志时,支配就走到了终点。因此,佩迪特认为,无支配的自由至少在两个方面区别于伯林的消极自由。一方面,没有任何实际干涉也可以出现支配。个人的自由可以被他依赖于他人的善意这一简单的事实所剥夺,因为他们干涉我们生活的权力可以如此巨大,以至于即使他们不去行使它,我们发现自己也被迫去预期他们可能的行动,修改我们的

---

① “消极自由”和“积极自由”是伯林在他 1958 年的经典论文《自由的两种概念》中运用的范畴。

② Berlin, I. (1969). *Four Essays on Liberty*. Oxford: Oxford University Press, p. 129:“一个开明的专制者允许他的臣民享有大量个人自由,这是完全可以理解的”。

计划,并讨好他们。另一方面,不是每个干涉行动或干涉的威胁都构成支配。如果公正的法律具有通过制约别人的专断意志使个人获得自由,那么法律对个人行为的影响以及施加的禁令并不意味着个人自由的减少[①]。

伯林认为"法律总是一副'镣铐',即使它保护你,使你免于被比法律更沉重的链条拴住","每一种法律在我看来都剥夺某种自由,虽然它也许是增进另一种自由的手段"[②]。相反,根据共和主义的观念,法律和自由并不是内在对立的。公正的法律使我们摆脱了事物的自然过程可能对我们的支配,因此,法律构成了自由的可能性条件,而不是它的对立面[③]。在这个意义上说,无支配自由意味着服从法律的民主论题。共同体中的任何公民在法律上是自由而平等的,并且拥有平等的商谈和投票的权利。新共和主义从雅典而不是斯巴达那里继承了更多包含了个人自由的传统。它不再是一种将政治参与当作社群主义的至善理想而是达成非支配自由的工具。

新共和主义者常常将批判的矛头指向他们认为有害的两种理论之一,或同时指向两者:一种是自由主义,另一种是将政治化约为市场的倾向。按照桑德尔、苏利文、佩迪特这些批评者的观点,自由主义对于个人权利和自由的强调已导致了公民纽带的松弛,并动摇了自我治理。桑德尔说:"我们(美国)政治生活中的公民的或生成性的(formative)方面在很大程度上已经让位于自由主义,这种自由主义把人看做完全自由独立的自我,不受任何不是他们自己所选择的道德或公民纽带的约束。"[④]正因为如此,才需要一种共和主义的复兴。许多政治科学家和经济学家将政治活动看作是经济活动的一种形式。按照这种观点,在政治活动和公共事务中,公民在本质上是一

---

① 参见菲利普·佩迪特:《共和主义——一种关于自由与政府的理论》,刘训练译,南京:江苏人民出版社,2006年,第17—67页。

② Berlin, I. (1969). *Four Essays on Liberty*. Oxford: Oxford University Press, p. 123.

③ 参见菲利普·佩迪特:《共和主义——一种关于自由与政府的理论》,刘训练译,南京:江苏人民出版社,2006年,第25页。

④ 转引自里查德·达格:《共和主义公民权》,恩斯·伊辛、布雷恩·特纳主编:《公民权研究手册》,王小章译,杭州:浙江人民出版社,2007年,第208页。

个消费者。政党提出候选人和政纲,努力争取赢得选举;明智的、作为消费者的公民进行投票,目的是为了达成对他们最有利的交易。

针对这种将政治化约为市场的倾向,在复兴共和主义者看来,对于公民身份和政治的这种思考方式显然远离了共和主义关于公民美德的理念。将公民理解为一个消费者可能捕捉到了公民身份的法律维度,但是却彻底排除了公民身份的道德的、整合的或教育的维度。作为消费者的公民事实上只是一个名义上的公民:"政治交换的市场理论将公民化约为'消费者'或'顾客',这种理论与其说是无道德感的——尽管它们确实也是无道德感的——不如说是浅薄的:无非是一种归谬法。"①

总之,跟其他的复兴一样,对共和主义和公民身份兴趣的复兴产生于这样一种认识,即认为某种有价值的东西正面临着丧失的危险。对于政治稳定和个人自由而言,这种丧失具有严重的后果,因为,按照共和主义的观点,除非你是一个自由的、自我治理的政治共同体中的公民,否则你不可能是一个自由的人。而除非大量的公民(法律意义上的)都成为具有公共精神的公民,采取一种积极的生活,否则这样的政治共同体就无法维持②。由此,共和主义的复兴怀有捍卫公民美德这一价值内核的理论雄心,然而有所不同的是,在不同的思想家那里和不同的语境中,公民美德会被替换为另外一些较为缓和的词汇,比如公共精神、公民性(或译文明性)以及爱国精神等等。

就公民美德的内容而言,新共和主义者就不会像古典共和主义者那样重视荣耀、英雄气概等带有黩武色彩和男性主义的价值,因而也就不怎么强调公民的军事义务。新共和主义者也不会贬低私人领域和私人活动的作用和价值,不会强调种族和社会的同质化,因此,他们也肯定宽容、公正、个人自主等典型的自由主义价值。需要指出的是,在复兴共和主义者看来,公民美德应当成为公民的内在倾向、第二自然,成为他们的"心灵的习性"和自觉行为。

---

① 里查德·达格:《共和主义公民权》,恩靳·伊辛、布雷恩·特纳主编:《公民权研究手册》,王小章译,杭州:浙江人民出版社,2007年,第208页。

② 同上书,第209—210页。

因此,它不可能依靠国家的强制行为来实施。不过,国家(政府)在培养公民的美德方面仍然起着不可替代的作用。就爱国主义而言,共和主义理论家认为热爱祖国是一种激情,是对共和国及其公民的一种仁慈的、富于同情心的热爱。博爱的观念构成了共和主义的爱国主义的核心,因为,在共和国之内,我和我的同胞共享着许多重要的东西:法律、自由、论坛、议事会等。这样的激情存在于平等的公民之中。共和主义与社群主义在爱国主义方面的区别在于,共和主义的爱国首先是一种基于公民身份经验的政治激情,而不是共同的前政治性要素,后者源于出生地、种族、语言、信仰和风俗等[①]。因此,共和主义的爱国主义不是一种纯粹的政治信条,它对发展民主公民身份是有益的。

当代共和主义者在塑造公民美德方面的阐述包括三个方面:一是公民认同与爱国主义,二是公民教育,三是公民社会[②]。"把公民看作是一个有机共同体的组成部分——他是乐队的一个成员,而不是音乐会的独奏者——这种图景仅仅是支持公民共和主义理由的一部分。它的最终理由是要使个体受益。"[③]复兴共和主义者承认,要成为这种形式的公民并不容易。因此,必须通过学校和宗教的教育帮助,使个体在承受公民地位的负担时能持续得到支持。进而言之,这才是更为真实的一点,这种努力所带来的将是难以估量的回报,它不仅使个体生活在一个和谐的社会中,而且使之成为一个更加充实、更加幸福和更加道德化的人。毫无疑问,这是一幅有吸引力的图景,它尽管是由几个世纪以前的点滴贡献所组成,但依然可以像适合亚里士多德、西塞罗、马基雅维里和卢梭所处的时代那样,轻易地适合于我们时代的需要。

新共和主义的公民身份概念包括来自社群主义、共和主义和个

---

① 莫里奇奥·维罗里:《共和主义的复兴及其局限》,应奇、刘训练主编:《公民共和主义》,刘训练译,北京:东方出版社,2006 年,第 146—177 页。

② 参见天津师范大学刘训练博士论文:《公民与共和——当代西方共和主义研究》(2006 年),第 138—139 页。

③ 德里克·希特:《何谓公民身份》,郭忠华译,长春:吉林出版集团有限责任公司,2007 年,第 73 页。

体主义的思想特征的各种要素。首先是社群主义的一些要素。公民是一个公共共同体的一名成员。对于这样的公民来说，这种共同体处于一个中心位置。然而，从个体的观点来看，共同体仅仅只是众多其他共同体中的一个，每个共同体处于一种特殊的位置，具有一种专门的地位和职能。而共和国实际上是一个由公民组成的政治共同体，它的任务是将共和国内各种不同的共同体组织起来。共和国相对于其他共同体而言，其特殊性在于共和国需要对社会中其他各种共同体进行干预。这种干预的形式通常是临时而直接的，但它在最后的诉求却是间接的。国家对共同体干预的主要目的是保护公民的个人自由，公民在各种不同的共同体中可以自由地加入或是退出。

新共和主义的公民身份概念也具有共和的特征。美德对于公民共和国来说并不陌生，但它却不是古典时代的军事美德。毋宁说，"它关注争论、合理性、民主、机会、多元性和谨慎优先地使用暴力。美德这个术语表明，与其说仅仅遵守规则，还不如说需要更多规则。但是这却不可能全部靠规则来安排，这种能力对于公民身份的实现具有本质意义。"①正如一个主持会议的主席并不会打破规则，但可能会缺乏使参与者积极响应的能力。当然，美德不仅意味着能力而且意味着优雅的行为意义上的伦理。这种公民共和国有公共领域的自主伦理，这种伦理不纯粹来源于私人伦理或观点，而且根源于公共领域本身。尽管私人伦理的确起作用，但从来不过起一种调节和间接的作用。

在新共和主义的公民身份概念中的个体地位怎么样呢？公民身份是公共共同体中的一种职责。这意味着，一个公民与普通人或者完整的人并不是一样的。它也意味着要求承认和操练公民身份的各种素质。共和国不但必须为之提供便利，而且必须形成和维持其所需要的资格。在共和国里，公民身份是首要的责任。所谓责任的拥有者首先是公民，他作为公民身份运作的一部分，履行一种专门的职责。个体不是自然给予的，而是社会形成的，共和国把公民的"再生

---

① 巴特·范·斯廷博根：《公民身份的条件》，郭台辉译，长春：吉林出版集团有限责任公司，2007 年，第 55 页。

产”留给既定的共同体。

赫曼·范·冈斯特伦总结了新共和主义公民身份应具有的核心要素包括以下几个方面①：

一是新共和主义的公民是自主的、忠诚的、能够明确判断和履行统治与被统治的双重角色。公民的自主性是共和国保障的，因为公民的明确判断主要出现在能够宽容地对待多元性的完备性学说方面。

二是共和国的组织基于价值多元主义。当共和国的功能需要某些标准的时候，这些必须在公共领域中执行，但这并不表明政府以它制定标准来改造私人领域。

三是对于“公民的再生产”来说，那是指人们构成为自主的个体，是能够明确判断和共享一个公共命运的公共共同体成员，政府必须承担领导作用。在当代多元复杂的社会背景下，公民身份不是产生于社会已储备的成果，它是把多元社会中各种因素连接起来的一种公共责任，即他们在公共领域中的相互交往产生公民身份。公民身份主要是通过其运作和在多元性的组织中加以学习和巩固的。家庭、学校和其他相互关联的场所是重要的领域，但在一个多元社会中，这些明确公民身份并形成公民的地方从不可能是官方指定的场所。

四是公民身份代表一种平等的政治地位。公民身份并不要求社会平等。公民身份的对立面不是不平等而是奴役。从公民身份的视角来看，只要各种不平等不带有奴役的迹象并且不阻碍对公民身份的平等承认，那么是可以接受的。

五是公民身份在共和国中是一种责任。这意味着：公民与完整的和普通的人不是一样的；对公民身份的承认和运作是与能力联系在一起的。

六是公民身份的再生产问题可以出现在所有领域。尤其是在公民领域，公民身份提供一种规范，它增长了个人的见识，培育了个人

① 参见赫曼·范·冈斯特伦：《公民身份的四种概念》，巴特·范·斯廷博根：《公民身份的条件》，郭台辉译，长春：吉林出版集团有限责任公司，2007 年，第 56—57 页。

参与公共生活的能力。

新共和主义公民身份假设了这样一种公民:他们是自主的个体,具有独立判断的能力,并且能够实现自治。这样一种新共和主义的公民身份概念的变体虽然没有用同样的名称,但可以在达仁多夫、欧德菲尔德和巴伯的著作中找到。尽管新共和主义公民身份观存在差异,但也存在普遍的思想特征,即在其他共同体当中公共共同体是一种特殊的共同体,个体的公民身份是公民在共和国之内活动的一种产物。

第五章　对共同体成员的资格要求：社群主义话语中的公民身份

“社群”通常被当作“社会”的对立面，如在滕尼斯的名著《共同体与社会》中；或被当作“国家”的对立面。在后者这里，社群被理解为是根植于某种先于国家政治制度的事物中的，而在前者那里，社群则被理解为是建基在某种比现代社会的联合性秩序更为本质的事物之上的。在许多人看来，社群预设了一种社会本体论，而这种社会本体论，如果加以仔细考察的话，则可发现实际上是一种非社会的范畴，常常是从文化的角度来理解的。因此，政治共同体通常便被看作是根植于某种先在的文化社群中的，因为人们认为，无论是国家还是社会都不能提供持久的规范性纽带[①]。

作为社群主义话语在当前道德和政治哲学中流行的先决条件，很大程度上其是由两本开创性的历史著作造就的——那就是戈登·伍德的《美利坚共和国的创造》和J·G·A·波考克的《马基雅维里时刻》两本书（分别出版于1969年和1975年）[②]。在后来的两本关键性的著作中，阿拉斯代尔·麦金太尔的《德性之后》（1981）和迈克尔·桑德尔的《自由主义与正义的局限》（1982）进一步发展了社群主义。

桑德尔在书中对现代自由主义提出了以下批评：“①‘自由选择的个人图式’是虚假的，②‘如果不参照我们作为公民、作为一种共同生活的参与者的角色，我们就不能构想我们的身份’，③‘政治商谈是

---

① 格拉德·德兰惕：《社群主义与公民权》，恩靳·伊辛、布雷恩·特纳主编：《公民权研究手册》，王小章译，杭州：浙江人民出版社，2007年，第215页。

② 斯蒂芬·加德鲍姆：《法律、政治与社群的主张》，应奇、刘训练主编：《共和的黄昏》，杨立峰译，长春：吉林出版集团有限公司，2007年，第240页。

在一个政治社群的共同意义和传统内部（持续进行的），并不诉诸完全外在于那些意义的某种批判立场'。"①这分别反应了他关于社群的三种立场：(1)反原子主义，作为构成个人认同的一种因果要素的社群。(2)元伦理的社群主义，作为价值之根源的社群。(3)强社群主义，作为一种特殊的实质性价值的社群。

其中约瑟夫·拉兹、查尔斯·泰勒和桑德尔是第一种立场"反原子主义"的代表人物。这一立场关注的是个人相对于他所在社群的本体论关系。社群主义的主张反对将个人视为外在于社会的、完全成形的和自足的个体，只有为了促进自己的预先假定的利益和价值，才会承担社会和政治关系与义务。支持这种原子主义立场的各种版本的主要传统，是那些早期的社会契约理论，如霍布斯式的个人主义，他孕育了理性选择学派和自由至上主义。

第二种是元伦理社群主义。关于元伦理社群主义的论辩关注这一问题："什么是有关道德与政治价值的最有效论证形式？具体的道德与政治价值的维系应该以普遍主义价值来证明其正当性，还是价值本质上是地方性的并且与具体的政治社群、情境和传统相关？元伦理的社群主义主张后一种立场。这种争论已经发展为普遍主义与特殊主义、客观主义与主观主义、基础主义与情境主义、理性主义与历史主义之间的争论。元伦理的社群主义将普遍主义和主观主义视为它的对立面。

元伦理的社群主义可以划分成两个群体，二者对于为什么政治价值尤为不能以普遍主义价值为其提供依据以及为何社群是价值的来源等问题的回应有所不同。第一个群体来自当代认识论的后现代一脉。在当代的道德与政治哲学家中，通常被认为属于这个群体的是像理查德·罗蒂、尤尔根·哈贝马斯这一派的代表。在罗蒂看来，传统认识论总是以确定的基础作为认识的起点，认识就像镜子一样对这一基础作反映，基础就成为了认识的权威和标准。后现代主义认识论在消解传统认识论的基础主义和确定主义之后，代之而起的

---

① 斯蒂芬·加德鲍姆：《法律、政治与社群的主张》，应奇、刘训练主编：《共和的黄昏》，杨立峰译，长春：吉林出版集团有限公司，2007年，第241页。

则是一种约定的、任意的、不断增生和开放的认识论,他们反对认识中的权威主义和终极目标的追求,主张一种多元的、无权威、无定论、无目标的自由主义的认识论。第二个群体表达了政治思想中的一种古老传统。其中代表包括本杰明·巴伯、迈克尔·奥克肖特和迈克尔·沃尔泽。这一群体认为,无论普遍性价值在其他情境中具有什么样的作用,它们在自主的政治领域中并不具有自动生效的权威,这个领域有着它自身的以自治的政治价值要求为基础的独特的有效性标准①。这个传统把政治社群看作是产生约束性政治规范的唯一合法方式。

第三种强社群主义立场。强社群主义的论辩也可以称为政治论辩。在这种论辩中,自由主义与社群主义是分别为两种完全不同类型的实质性政治社会提供根据的理论,这两种政治社会是依据根本不同的联合原则构建起来的。这种社群主义主张一种具体的政治联合形式——政治社群,并且只能通过它才能表达出社群主义的生活方式内在地优于其他生活方式,尤其是优于自由主义的生活方式和它对应的政治联合形式——自由主义国家。近年来在政治哲学领域提出强社群主义的代表人物有麦金太尔、桑德尔、汉娜·阿伦特。

需要指出的是,反原子主义和元伦理的社群主义与现代自由主义中的某些版本是相容的,并捍卫了自由主义的政治价值和制度,甚至反对强势的社群主义的政治价值和制度。

一、作为共同体成员的公民身份

社群主义假设个人是由共同体塑造的,他们将遵循共同体的要求,以确保共同体以及彼此的持续存在。违背共同体的要求将被视为堕落并受内部成员的制约。社群主义的公民身份概念还意味着,存在于其中的个体对共同体赋予其的角色认同。如果没有一个朋友以及类似于家族的共同体,个体就无法意识到认同和角色的稳定性。

---

① Walzer, M. (1981). "Philosophy and Democracy", *Political Theory*, 9(3), pp. 379-399.

具有一种强烈角色的人在变动的环境中是稳定的,不容易被破坏平衡。然而,对大多数人来说,这样的稳定性依赖于持续的存在、具有相似观念和行为的同伴以及共享生活方式的共同体成员。个人自主和理性的判断一般而言依赖于自身,因而容易形成反对共同体的意见。当个体意识到其自主性和理性的有限后,他会越来越依赖并且尊重共同体,并且同时维系其个体性。然而,这种想法往往是不可能的,因为这种观点将共同体的存在视作对于个体的一种权宜之计,或者说这是一种功能主义的立场。这种功能主义的立场将共同体视为一种作为行动和判断的自然且有价值的背景。一个仅仅是权宜之计的共同体不是一个真正意义上的共同体。

作为共同体成员的公民身份在某种意义上源于强势的社群主义思想。这一主张归根结底是一种有关共同善的本质的普遍性主张。正如麦金太尔宣称:"城邦和中世纪的王国被认为是其中的人们一起追求人类善的社群,而不仅仅被认为是提供每个个体追求他或她自己的私人利益的竞技场。"①这是一种有关人类善的主张,一种有关仅仅就作为人而言什么是善的主张。但是,一旦这种本质性的人类目的或功能的概念失去了道德性,它就开始表现为不合情理地把道德判断当作事实陈述,并将它适用于所有人。强社群主义没有宣称这种实质性的善是什么,而是强调这种实质性的善必须在社群之内且必须通过社群来被追求。他们认为社群作为一种价值直接地适用于任何地方。这种看法表达的是对于人类来说一个正确的良善生活观念。

概而言之,强势社群主义提倡一种实质性社群的概念。这类本质主义的社群倾向于将社会视为一种有机体,拒绝把广大范围的私人空间授予个体,这不仅因为法律在一般意义上应该表达社群意义上的道德标准,而且也因为这种空间会损害社群的团结和秩序。强势社群主义设定了一种人类的善,即一种为所有人共有的善,它是固

---

①　Macintyre, A. C. (1984). *After Virtue*. Notre Dame, IN: University of Notre Dame Press, p. 172. 转引自斯蒂芬·加德鲍姆:《法律、政治与社群的主张》,应奇、刘训练主编:《共和的黄昏》,杨立峰译,长春:吉林出版集团有限公司,2007 年,第 248 页。

定的而且是永恒的。正如麦金太尔指出:“存在着一种宇宙秩序,这种秩序为人类生活的整个和谐体系中的每一种美德规定了地位。道德领域中的真理就在于道德判断与这个体系的秩序相一致。”①无论对于个体还是对于个体的社会来说,这种善不是一个选择问题,就目的而言,个体既不是一个自我定义的单位也不是这个单位的一部分。

因此,强社群主义主张人类善的内容是一个有德行的政治社群之中的积极公民身份。并且这种积极的公民身份只能在公共领域内才能实现。这就意味着它不仅不能在唯我论意义上、在与他人隔绝的情况下“独自地”被获得,而且也不能再单纯地通过自己的公民美德而不顾其他公民的美德的意义上被获得。正如麦金太尔所言:“个体是在他或她的特定角色中被确认的,而且是由这种角色构成的,这些角色把个体束缚在社群之中,只有在这种社群之中并且通过它,那些特定的人类善才会被获得。”②

强社群主义将公民视为共同体中的成员。这个概念重点强调作为一个公民意味着归属于一个历史上发展的共同体。个体性来源于此并由此决定。在这个观点中,判断正确的行动是在共同体接受的限度范围内运作的。忠诚以及忠诚的教育对共同体来说,都是至关重要的。

强社群主义公民身份的第一个缺陷是,它忽视了共同体侵犯公民个人权利的可能。在现实生活中,共同体对自由有着臭名昭著的限制。解放往往意味着从共同体的强迫和非正义的奴役中被拯救出来。若这种强社群主义公民身份与强调权利的公民身份相结合,将会造成共同体成员过于看重并不断要求共同体的权利,这一结果是危险的。现代国家提供防止这种危险的保护,它限制并规范了共同体的控制范围,保护个人免于其控制。考虑到这方面,政府强化社群主义前景的努力是最值得怀疑的。

---

① Macintyre, A. C. (1984). *After Virtue*. Notre Dame, IN: University of Notre Dame Press, p. 172. 转引自斯蒂芬·加德鲍姆:《法律、政治与社群的主张》,应奇、刘训练主编:《共和的黄昏》,杨立峰译,长春:吉林出版集团有限公司,2007 年,第 281 页。

② 同上。

强社群主义公民身份的第二个缺陷是，尽管它意识到一个共同体的有用性或必要性，但却不能为维系这样一个共同体提供强有力的有效基础，也不能为归属于此提供基础。因为，现代社会存在着鼓励多元和差异的状况，正如后现代主义所批评的，共同体的边界越来越模糊、错综复杂，尤其是后现代社群，它甚至可以是一个因特网社区。因此，对共同体的界定越来越难以把握，现实中存在多元的共同体，这些共同体又由多元的个体所组成。在这样一个社会里，想当然并有意识地创造和培育共同体是一种内在矛盾。

社群主义认为自主的理性个体必须在社会背景中才能作出判断，但这一观点并不意味着个体就放弃自己独立判断地接受共同体对个体的种种要求，一个共同体即使是必不可少的也是危险的。具讽刺意味的是，国家对共同体总是保持警惕，一方面为其发展提供空间，但也抑制其过度发展。然而，国家作为一个更大意义上的共同体，其干预亚社群的合法性在何处？回答这个问题，社群主义不自觉地走向了共和主义，他们认为公共的共同体——共和国是国家的基础。所以，在一定意义上，共和主义公民身份是社群主义思想的一种特殊变体。一个单一的共同体即是一个公共共同体。勇气、热爱、奉献、军事纪律和治国才能是共和国的美德。服务于公共共同体可以使个体性呈现出来，使个人能在其历史中有意义。这使个体获得公共的幸福。

二、公民身份与文化认同

在经典社会学看来，社群体现了或者说形成于一种共享的地域意识和建基在共识、原生性与和谐之上的文化秩序意识。这种社群概念进而导致了这样一种关于社会和公民身份的观念，即认为社会和公民身份需要稳定的社群资源。于是，对于社群的吁求必然导致与现代自由主义传统的某种对立。在围绕公民身份的争论中，这一点表现得尤其明显。社群主义者认为，公民身份根植于一种从文化上来定义的社群之中；而自由主义者则认为，公民身份建基在个体之上，因而政治共同体是其成员的派生物，而这些成员通常是个体。作为一个政治共同体的成员资格的公民身份究竟是建基在个体之上，还是建基在某种先在的文化或道德社群之上，是这场争论双方阵营的分界线①。

社群主义并非是对古典自由主义的一种反应，而是对一种建基在政治共同体之社会的、公民的、政治的维度上的公民身份概念的反应。社群主义不仅仅停留在民主制国家的公共方面，还主张一种更为深刻的社群观念。也许可以这样说，尽管自由主义已经历了社会民主主义的修正，但是，社群主义又从另一个方向修正了自由主义，从而形成了一种自由社群主义，这种自由社群主义或许可以称为"文化民主主义"②。

强调公民的文化认同这一思想深受元伦理社群主义的影响。元伦理的社群主义反对两种主张，一种认为道德价值从根源上将是个人主义的，另一种认为道德与政治真理在根源上是普遍的和外源的，总是需要有任何渴望正义的社群从外部输入。元伦理的社群主张是：①各种价值得以确定的情境对于它们的有效性来说总是至关重要的。②特别相关的情景是那种具体的、生动的、历史的社群的情境，而不是理想的或者乌托邦式的社群的情境，也不是一般而言整个人类的"社群"的情境。

因此，元伦理的社群主义认为外在的规范性结构由历史上存在的社群的具体社会实践所构成，并且存在于这些实践之中。元伦理的社群指的是为了理解价值的性质和根源而提出的一种概念上的构造和方法，而不是指某种特殊社会类型。元伦理社群不同于一般意义上的社群，元伦理的社群是解释性和对话性的社群，而一般意义上的社群指的是社会学意义上的政治社群。元伦理的社群主义立场的全部要义就是在于否定这一观点：自由主义社会未能确立一种善观念的主张。它表明，尽管已确立的一些特殊的善观念并不必然在内容上是社群的，但规范结构必然是社群的产品。在现代西方社会中，

① 格拉德·德兰惕：《社群主义与公民权》，恩靳·伊辛、布雷恩·特纳主编：《公民权研究手册》，王小章译，杭州：浙江人民出版社，2007 年，第 215—216 页。

② 同上书，第 221 页。

都存在一种在社群意义上形成的广义的个人主义价值的规范结构。这代表着植根于前现代西方社会的社会实践中的善的内容上发生的一种根本变化：从一种以较大共同体为主旨的热烈的公共生活的善，变成现代社群的多元的善，在其中共同体在很大程度上丧失了它的支配地位并退却为一种与家庭、职业、宗教和种族群体等各种自我实现途径相竞争的地位①。哈贝马斯是持该派观点的代表，他把社群视为对话性的社群，并提出了交往伦理学。他认为现代社群内部日益多元的善所导致的文化多元主义问题，对普遍主义价值带来了挑战。为此他提出了宪政爱国主义式的公民身份认同观②。

在元伦理的社群主义者看来，自由主义的群体成员资格概念，尤其是权利概念，过于形式化，忽视了认同的实质性维度，亦即忽视了将一个社群的成员联系在一起的现实纽带，并脱离了社群的具体情景。元伦理的社群主义拒绝以道德个人主义来构建群体的公民身份概念，而力图将政治共同体建基在一种先在的文化社群上。它所倡导的那种集体主义是一种道德集体主义，经济色彩较少，而文化色彩

---

① 强社群主义一贯地批评自由主义的中立性即自由主义拒绝假定任何善观念的优先性，在道德上的虚无性。而元伦理社群主义则不同意这种批评，转而认为自由主义的错误在于它促进了一种康德式的自由主义。康德式的自由主义认为个人自主在所有价值中具有最高价值，而且最能促进自由主义政治制度。

② 与传统的国家认同观念不同，哈贝马斯建构了宪政爱国主义的观念。他认为存在多元文化差异的人类政治共同体不能再靠血缘、族裔和族群认同来维系。在多元化的后民族社会中，重要的不是去回溯式的寻根或寻找与他人同根的感情，政治共识不是建立在某种先验的基础如族群的基础上，而是在公民普遍参与的政治程序上建构起来的。宪法应当是代表经过普遍协商，并且以公开透明的条文作为规范的全体人民的政治共识，宪法应当全面反映国家与人民的价值基础与准则规范。公民国家认同应当立基于宪政民主制度，爱国主义应以保障人权的宪法为依归。而依据此种宪法所塑造的宪政文化（constitutional political culture）是最大可能地博得全民的认同与忠诚的。哈贝马斯提出的宪政爱国主义思想，强调普世主义的内涵，以宪政爱国主义的国家认同观取代传统的民族主义国家认同观。这也引发了许多学者强烈的质疑或批判，怀疑其是否能够产生足够的国家认同力量。扬-维尔纳·米勒认为在民主的普世原则与宪政的特殊规范之间，宪政爱国主义为民主国家公民的政治忠诚提供了一种新的途径：作为一个平等分享空间的政治凝聚体，它认同政治身份归属所存在的种种边界，也意识到政治道德合法的多层次性，同时还面向更为开放的包容、公正和自由。参见扬-维尔纳·米勒：《宪政爱国主义》，邓晓菁译，北京：商务印书馆，2012 年。

较浓。在这方面,这种集体主义有别于社会主义的集体主义观念,社群主义者所追求的价值主要是文化上的,而不是物质上的。

此外,反原子主义的社群主义独特的自我概念引起了争议。通常,自我概念是根据在政治体内的多数派或少数派地位来定义的。但对于社群主义者而言,自我通常具有文化上的特殊性,因此,社群主义可以被认为是捍卫文化特殊主义而反对自由主义的道德普遍主义。社群主义反对自由主义的那种非社会的自我概念。自我不仅是社会地构成的,而且是嵌入于文化脉络之中的。罗尔斯没有认识到,不同的文化群体对于共同的善也许有不同的观念。元伦理的社群主义者认为,公民身份固然关系到对政治共同体的参与,但同时也关系到身份认同的维护,因而通常对于特定的社群而言,公民身份也是特别的。

由此可见,将一种实质性维度引入公民身份的代价,就是对于普遍主义的绝对承诺的丧失,而普遍主义正是自由主义的典型特征。事实上,社群主义可以看作是对于道德普遍主义的一种抨击,后者被认为是一种空洞的形式主义,并具有潜在的霸权性。正如迈克尔·沃尔泽所言:"世界被划分为各种截然不同的道德文化,而且通过尊重这些差异来培育'社群'价值应该成为政治的目标……"①应该指出元伦理社群主义的代表人物沃尔泽所持的立场是尊重各种政治社群之间的文化差异,这与强社群主义强调的普遍主义的共同善,二者存在根本的分歧。

值得注意的是,在泰勒、沃尔泽这些政治哲学家看来,自由主义和社群主义并非是非此即彼、截然对立的关系。尽管他们显然倾向于自由社群主义——要求给文化社群以一种正面的承认,但这种倾向是建基在对于自由主义平等原则的基本承诺之上的。自由社群主义不是一种有关根本性的群体差异的后现代主义理论。自由主义者通过对群体权利的承诺来处理保护少数者群体的问题,在自由主义者看来,对多数或优势文化的保护不是什么问题,因为在很大程度

---

① Dworkin, R. Walzer, M. (1983). Sphere of Justice: An Exchange, *The New York Review of Book*, 30(12), pp. 43-46.

上，这是理所当然的；或者，就像罗尔斯最近所表述的那样，只是一个寻求“重叠共识”的问题，而社群主义者在总体上更关心对多数或优势文化的保护。正是对于调和文化社群和公民身份的关切，使社群主义者得以披上自由主义的外衣。不过，正如鲍曼所指出的那样，自由主义的“差异”观念主张的是个人自由，而社群主义的“差异”则支持限制个人自由的群体权利。在社群主义的话语中，社群的概念指的是得到国家正式承认的优势文化的社群。由于政治共同体是建基在一种先在的文化社群之上的，因此，弱势的和外来的群体若想参与政治共同体，就必须适应这种社群。就此而言，自由社群主义仅仅只是迫使自由主义明确直言：在政治共同体的下面，存在着一种文化社群①。

三、公民身份与公共义务

尽管社群概念的核心观念是将社群理解为是一种内聚性的、原生性的群体，尽管自由社群主义已通过倡导一种给予特殊群体（事实上是从文化上来界定的群体）以承认的政治而在很大程度上修正了自由主义，但是，近期的社群主义在公民身份问题上已形成了一种更具政府性的姿态。这可以看作是自由社群主义对于认同的关怀和公民社群主义对于参与的关怀的一种结合。按照尼库拉斯·罗斯的看法，经由社群而通向政府治理是有可能的：“在社群机制中，会形成某个部门，其动力和能量可以被动员、征用、利用于下面这种新的计划和技术之中：这种新的计划和技术将促进和规范有关自我管理和认同的建构，以及个人伦理和集体忠诚的积极实践。”它表明近年来的政策制定中社群话语的上升②。

社群主义不再仅仅将公共参与局限于狭隘的参与国家政治的范围之内，而是扩展到地方性的社区和自愿性的团体，也就是说，在社

---

① 格拉德·德兰惕：《社群主义与公民权》，恩靳·伊辛、布雷恩·特纳主编：《公民权研究手册》，王小章译，杭州：浙江人民出版社，2007 年，第 222—224 页。

② 同上书，第 226 页。

群主义看来,不论是大至如国家这样的政治社群,还是小至地方性的社区和自愿性团体,每一成员都是群体的一分子,都应该被赋予公民身份。因此,社群主义从形式上更具有自由主义普遍性的特点,但是其强调社群的整体性和共同善优先的观念,却又和公民共和主义一脉相承。因此,正如黑特所言,社群主义抽取出共和主义传统中的共同体感和义务感,省略了共和主义直接的政治参与和对共和国的严苛承诺,从而可视为公民共和主义在当代重新复活的一种表现形态①。

与自由主义相比较,社群主义的当代价值集中体现为对义务感和社群感的强调和重视。而这种价值在自由主义那里是相对薄弱的,自由主义由于着重于对个体权利的强调,一定程度远离了义务感和社群感,忽视了公共责任,导致了如巴伯所说的"虚弱"的民主,即自由主义社会的人们很少有兴趣参与投票甚至讨厌投票;越来越少的人参与公共政治活动,太多的人不支付他们应该支付的,只是想着从公共制度中获得利益和好处,而不考虑为这个公共制度做点什么,不考虑自觉承担对这个公共制度的责任。巴伯将这种情况描绘为"虚弱的民主"。在他看来,"虚弱的民主……既产生不出参与的愉悦,也产生不出公民社团的伙伴关系;既产生不出自治和自己管理自己的持续的政治积极性,也产生不出分享公共善的相互关系的扩大,即相互的商讨、决定和工作。"②这种被巴伯描述为"虚弱"民主的状况,在自由社会中的具体表征就是公共精神的缺失,而这种公共精神的缺失必然导致虚弱的社群感,并对正义社会制度的维系构成威胁。

面对自由主义社会呈现出来的越来越多的病症,社群主义的批判使得我们认识到:在个体的自由和权利与对社群的承诺、义务之间必须要有某种平衡,否则,公民美德就会被自私自利所淹没。一个由自私的个体构成的社会,在其极端的意义上,根本不能称其为社会,也不可能有公民,充其量只能算是相互竞争的、陌生的单子聚集而

---

① Heater, D. (1999). *What is Citizenship*. Cambridge: Polity Press, p. 26.

② Sinopoli, R. C. (1992). *The foundations of American Citizenship and Civic Virtue*. Oxford: Oxford University Press, p. 160.

已,而且,利己主义的竞争会产生压力和愤恨,而这些恰恰是和谐、合作之社群的共和观念所反对的。在和谐、合作的社群当中,个体私利和社群的利益在某种意义上应该是同一的①。事实上,在一个人人自利的社会中,在一个彼此冷漠、互不关心的社会中,在一个没有和谐的友谊关系和稳定的归属感支撑的社会中,个体难以获得真正的幸福。任何时候,个体权利的获得和享有都不能脱离对责任和义务的承担,一个运转和谐有序的社会需要每个个体的投入,而不仅仅是索取。而且,个体通过自觉担负对他人、对社群、对国家的义务,事实上也可以获得更多的报偿:比如个体利益的持久获得,生活在一个和谐的社会,成为一个能够体味更真实的幸福感、具有更高尚道德感的完整的人②。

正如欧德菲尔德(Adrian Oldfield)所分析的,正是在当代多元化背景下,社群主义更显示出其存在的意义。由于现代世界地域的广大,古代城邦意义上的共同体已经不再存在,现代社会的典型特征是多元性,人们生活在由多种社会群体组成的社会当中,人类要想过一种完全意义上的人类生活就必须和某种群体联系,因此,在我们当今多元化的社会当中,恰恰又发现了社群存在的意义。创造社群意义的正是对他人义务的承担,以及由此带来的和谐的社会关系。这种和谐的社会关系由社群成员之间彼此的承诺而产生,这种承诺既包括对共享利益、职位或目的的他人的承诺,也包括对那些由于某种原因而不能寻求他们自己的利益或不能追求他们自己目的的人的承诺。它表现为寻求他人的善同时将它作为自己的善,甚至有时以疏忽自己的善来寻求他人的善。正是这种"和谐"的社会关系创造了社群的意义,也正是这种"和谐"的社会关系创造了公民③。

---

① Heater, D. (1999). *What is Citizenship*. Cambridge: Polity Press, p. 26.

② 参见宋建丽:《当代自由主义和社群主义之争:以公民身份为焦点》,《伦理学研究》,2008年第1期。

③ Oldfield, A. (1998). "Citizenship and Community: Civic Republicanism and the Modern World". In Gershon Shafir (ed.) *The Citizenship Debates*: A Reader. Minneapolis: University of Minne, p. 88;转引自宋建丽:《当代自由主义和社群主义之争:以公民身份为焦点》,《伦理学研究》,2008年第1期。

四、社群主义公民身份:传统抑或现代?

在滕尼斯看来,“社群”指的是有机的、凝聚性的传统世界,而“社会”指的是拥有理性化、理智化和个体化结构的破碎的现代世界。从这种遗产中,人们进而又形成了这样一种社群概念:即强调社会秩序,强调某种建基在共享的文化价值和传统之上的先在的共识。于是最终,社群被认为代表了“统一”,而冲突则表明了它的缺失。即使所强调的不是以文化为基础的社群,通常也存在着这样一种预设,即认为政治和公民身份必须建基在一种先于政治制度的基本的道德秩序之上。作为一种相对于社会的反力,这种对于作为一种本体性和原生性价值的社群的吁求可以说贯穿于整个20世纪。

当代社群主义观念的两个最为明显的根源一直是两种完全不同的观点,它们分别是后现代主义与反现代主义。后现代主义在当代认识论、道德理论和文学理论中都产生了非常大的影响,它本质上是一种方法论的和元伦理的事业,它对以主体为中心和普遍主义思想的支配地位提出了挑战,而这种思想的根源可以追溯到康德。相反,反现代主义是一种实质性观点,它在历史、社会学和政治理论中最有影响。它在共和主义的掩映下已经成为强势社群主义思想中最为突出的一股力量。反原子主义和元伦理社群主义属于后现代主义,他们认为现代西方的个体处于一种社会的、经济的和规范的结构之中,这种结构把自主、选择和道德领域的隐私列入优先地位。

换言之,自由主义社会把个体在各种竞争性善之间进行排序和选择,这本身是有价值的。自由主义社会把决定花费多少时间和精力来致力于公共的和私人的事物留给个体来决定。相反,强社群主义却以一种普遍主义的立场要求全面革新这种自由主义的社会结构。社群主义内部的分歧清楚地向我们展示了两种公民身份,一种是回归传统的反现代主义的公民身份,另一种是面向现代的反普遍主义的公民身份。

社群是公民身份的一个重要基础,公民身份作为政治共同体的成员资格必须依靠某种比政治更为基础的事物。就此而言,社群主义对于自由主义的批判是中肯的，因为，公民身份不止是民主国家中的一种成员资格。社群主义的问题在于，它搁浅于对于一种更为原生性的社群的寻求之中①。社群主义立场的缺失还在于它对民主的忽视，它几乎将公民身份完全看作自我赋权（self-empowering）的。尽管社群主义在许多方面力图使自己与文化的多样性相调适，但在其对志愿主义的关注中，它却解除了国家对社会的责任，而同时却又允许国家出面管理调节社会。可以看到，在不同的社群概念之下，存在着一种基本共同的社群假设，即把社群看作是高度内聚性的、意见一致的，看作是原生性的。必须指出，存在于社群的观念之下的是一种群体的观念。社群主义思想倾向于想当然地认为存在着一种高度内聚性的、稳定的文化群体。社群主义思想似乎有一个基本的倾向，那就是通过一种无视社群的内部分化性质的推理过程，而将社群非政治化。

在充满高度歧义的、可渗透的、纷争的当今世界语境下，简单回归于传统的社群显然不合时宜，这是因为，“现代经济的先决条件已经排除了这样一种回归的可能，但即使有这样的可能，这样一种倒退也是不值得欢迎的，因为传统的社群太具压制性和威权性。这种传统社群通常是同质性的。”②这就需要从社群主义话语关于社群的社会学的、哲学的神话中脱离出来。这种神话从根本上无力领会今日之社群的真正意义：今天，对于社群的吁求不能解释为是寻求一种既已失去的总体，一种道德的或原生性的秩序。

此外，社群主义的政治哲学在其对社群话语的理解上也是有局限的，因为，它所论辩的方面几乎完全受制于下面这两个问题：即如何容纳差异和个人主义的问题。全球时代的后现代社群是高度分裂、充满争执的，而绝非是整体主义的集体；它们的特征更多地表现在审美和沟通的准则中，而不是表现在根植于内聚性的传统世界的道德呼声中。社群已变得更加开放，群体之间的界限并不像社群主

① 格拉德·德兰惕：《社群主义与公民权》，恩靳·伊辛、布雷恩·特纳主编：《公民权研究手册》，王小章译，杭州：浙江人民出版社，2007年，第233页。

② 同上书，第227页。

义思想所想象的那样严整分明。群体是暂时性、非领土性、交叉渗透的。并且,它们是内在分化、流动易变、意见分歧的。它们并不是建基在原生性的或本质主义的范畴之上,而是高度关系性的,也即是从与其他群体的关系中来界定的。由此,这些群体形成的动力同样适用于社群的概念,社群概念不能像在社群主义思想中那样化约为相对固定的范畴。

对于公民身份而言,这意味着与社群的一种自反性关系(reflexive relationship)。政治共同体不能指望一种根本性的文化社群来提供一个本体论的基础。政治共同体不是文化社群的派生物,而是由它自反性地塑造的。在此意义上,社群(政治共同体)更多地是社会性的,而非文化性的,同时,就其开放性而言也更具世界主义的特征。而从这种观点看,沟通对于全球时代的社群来说是最为重要的,它使我们得以理解超越于统一体的社群,领悟差异间的交流[①]。在此意义上,社群主义公民身份所蕴涵的不是向传统的一种乡愁式的回归,而是现代视野里的"看得见风景的房间"。

---

① 格拉德·德兰惕:《社群主义与公民权》,恩靳·伊辛、布雷恩·特纳主编:《公民权研究手册》,王小章译,杭州:浙江人民出版社,2007 年,第 234 页。

第六章　后现代多元主义公民身份：对差异和多元的认同

“作为权利的公民身份”（citizenship-as-rights）——普遍公民身份的传统模式不仅受到共和主义、社群主义的挑战，需要更多地重视公民品德和积极的政治参与，以弥补对权利的集中关注，而且还受到后现代多元主义的诘难，需要更多地重视文化多元性和群体差异的权利，以弥补对共同权利的集中关注。

现代社会被认为具有这样的根本特征——具有深刻的多样性和文化多元性。在过去，这种多样性或多元性往往受到“正常”公民模式的忽略或压制，而所谓的“正常”公民，无非是指身体健康、遵循传统两性关系的白人男子。任何人，只要偏离了这种所谓的正常模式，就会遭到排斥、被边缘化、被迫沉默或者被同化的命运①。尽管有一些后现代理论宣称公民身份已经死亡，但是其他的后现代理论则保留了公民身份和政治的概念，只是对它们进行了修正，使其更倾向于群体权利或特殊权利。在这些理论中，激进多元主义公民理论和明确的文化多元论公民理论都表明了这样一种观念：公民的认同是复杂的，大型的社会群体不适应那些倾向于在社会运动中寻求其合适表达的后现代个人的利益；普遍的权利是不存在的，或只在有限的程度上存在，相对于特定的文化和归属群体的群体权利是重要的；公民们只有通过诉求群体或文化权来实现其群体认同，并通过社会运动才能够坚持和获取这种权利。

① 威尔·金里卡：《当代政治哲学》（下），刘莘译，上海：上海三联书店，2004 年，第 585 页。

一、差异的公民身份

作为“差异”精神的后现代主义,从总体而言,是指对现代性的一种消解和批判意识,是对现代主义启蒙理性解构的试验,这一特征同样鲜明地贯穿于后现代政治学中。“差异”作为一种哲学范畴,早在黑格尔和马克思的辩证法中就已存在。然而在后现代视域中,福柯、德勒兹、德里达等后现代主义学者所使用的“差异”术语,其内涵却是反辩证法的。后现代主义者承认差异性,否认同一性,反对把差异最终归入更高的辩证统一之中。在后现代思潮语境中,“差异政治”是运用差异性原则对当代政治哲学或政治学理论的一种理解方式,其基本内容是:以德里达的“差异”或“延异”、利奥塔的反对“宏大叙事”观等为哲学基础,以多元政治观为基线,反对建构任何类似于“启蒙理性”那样的大一统政治哲学。强调多元的“小叙事”及政治价值向度的多元化、多维化倾向①。后现代主义批评现代主义中如“语言”、“理性”、“真理”、“正义”等语汇带有明显的普遍主义和本质主义倾向,它们建构了同一的、压制差异的无形权力体系,将真实的主体——个人,囚禁于无所不在的权力网格中。这一思潮波及政治领域的具体表现为:批判普遍主义政治,认为自由主义和社群主义中关于“公正”、“平等”、“自由”、“民主”等带有现代性意味的语汇,以牺牲差异、少数和多元化为代价。尽管差异政治论者中并非都是后现代主义的信徒,后现代主义论者并非都主张差异政治,然而差异政治是后现代思潮下的产物,这是毋庸置疑的。尽管差异政治理论形态各异却一致地坚守后现代主义的核心要旨——差异,因而在一定意义上说,差异政治是后现代政治的一种表现形式。差异政治理论的兴起与公民共和主义和自由主义两种传统的公民身份理论陷入困境从而受到多元文化论的挑战和质疑密切相关。多元文化论者认为,只有肯定和正视差异,才能达成实质平等的目的,越来越多的声音要

---

① 任平、王建明、王俊华:《差异政治———后现代政治哲学探析之一》,载《天津社会科学》,2001 年第 3 期。

求自由社会正视差异,因此差异公民身份的主张成为当代另一种值得重视的公民理论。

根据扬的观点,“差异政治”作为一种社会运动,表达着这样的政治诉求:“由于与其相关的文化或结构性社会地位,各种团体处于受压制或弱势的地位。为了同那种轻视团体成员并将其贬低成其他人的支配性模式相对抗,这些运动从其团体角度出发,表达了其对社会成员的独特理解。”[①]差异政治观建立在“差异”的基础上,以对差异和特殊群体的保护和解放程度作为衡量正义的根本标准,因此,差异政治认为“曾根据性别、种族、民族、性状态、年龄、残疾以及社会阶级来定义的进步政治学,可以根据获得解放的被排斥的少数群体大量增加来重新进行定义。”[②]尽管差异政治观尚未形成一个自觉而统一的思想流派,但它们都一致反对马克思主义、自由主义等普遍主义政治“首先认可部分群体在历史上受到压制这一独特视野的合法性和有效性”,并“强调各种压制及其主体地位,反对表面上中立和理性而实际上却排斥或者压制特定受压迫主体的做法”[③]。扬认为,“所谓差异即指各个社会群体固有的特殊性(particularities),也就是说差异是不可被削减以达成统一性或不可被归为单一性的。”[④]扬在其《正义与差异政治》(*Justice and the Politics of Difference*)和《包容与民主》(*Inclusion and Democracy*)中对差异政治理论进行了完整阐述,并分别探讨了正义与差异、包容与民主之间的关系,批判自由主义和社群主义对差异的压制,试图超越自由-社群主义政治二元框架,构建一种新型替代模式——差异政治。扬指出,“在一个大群体中,其内部的子群体往往容易被边缘化、无奈地沉默并被更大的群体排除在

---

① 詹姆斯·博曼、威廉·雷吉:《协商民主:论理性与政治》,陈家刚等译,北京:中央编译出版社,2006 年,第 284 页。

② 约翰·德雷泽克:《协商民主及其超越:自由与批判的视角》,陈家刚等译,北京:中央编译出版社,2006 年,第 49 页。

③ 同上书,第 49—50 页。

④ Young, I. (1986). “The Ideal of Community and the Politics of Difference”, *Social Theory and Practic*, 12(1), p. 4.

外”[①]。因而,差异政治论者认为应该给予各类群体尤其是子群体表达的权利。“政治所诉求的不是普遍原则而是对社会形态具有差异性的理解以及让特殊群体拥有表达的机会。”[②]在当代政治哲学的语境中,把自由主义与文化多元主义政治的冲突提到普遍主义政治和差异政治冲突的高度去加以讨论的是泰勒。在《承认的政治》一文中,泰勒围绕着承认的话语,探究了普遍主义和差异政治的缘起,剖析了两者的内在联系与冲突,并提出了一种温和自由主义(自由社群主义)的化解方式。泰勒指出,普遍主义政治是伴随着从荣誉到尊严的转移而来的,即强调所有公民享有平等的尊严,其内容是权利和资格的平等化,决不允许“一等”公民和“二等”公民的存在。与此相对照的差异政治则是从现代认同概念的发展中产生的。这种政治要求承认个人或群体的独特认同,这种认同正在被占据统治地位或多数人的认同所忽视、掩盖和同化[③]。

按照扬的观点,普遍公民身份指的是权利和地位的平等,这些权利和地位最终决定着在自由民主制的民族国家中的成员资格:“公民身份为每一个人所有,每一个人都是同样的公民。”[④]普遍公民身份是法国大革命和美国革命的产物,它有自己的历史对立面:即封建制度下分等级的、多样的国民地位以及附着于这些地位的特殊主义的权利和义务[⑤]。然而,在扬看来,以个人平等为假设前提的普遍主义公民身份遮蔽了社会中实质性的阶级不平等和少数弱势群体,她批评了罗尔斯的普遍主义公民身份观,提出了差异公民身份的概念。

扬曾经对自由主义公民身份的普遍主义立场进行过分析,从这

---

① Young, I. M. (1986). “The Ideal of Community and the Politics of Difference”, *Social Theory and Practic*, 12(1), p.13.

② Young, I. M. (1990). *Justice and the Politics of Difference*. Princeton: Princeton University Press, p.96.

③ 查尔斯·泰勒:《承认的政治》,董之林、陈燕谷译,汪晖、陈燕谷主编:《文化与公共性》,北京:三联书店,1998 年,第 300—301 页。

④ 宋建丽:《差异公民身份与正义:艾利斯·马瑞恩·扬政治哲学探微》,《妇女研究论丛》,2007 年第 5 期。

⑤ 克里斯蒂安·乔帕克:《多文化公民权》,恩靳·伊辛、布雷恩·特纳主编:《公民权研究手册》,王小章译,杭州:浙江人民出版社,2007 年,第 336 页。

些分析中,我们可以看出她反对自由主义公民身份的基本立场。在她看来,自由主义的普遍主义具有三种含义。

首先,普遍主义的理想形态表现在,所有个体在政治上都能参与决定其本身的生活。显然,这是一种值得期望的目标,而且应当成为所有民主主义者的目标。实现这一理想的障碍主要是资源分配的不平等,如金钱、时间、信息等占有的不平等。但是,不平等的资源分配只是造成问题的部分原因。在扬看来,即使我们在公民中间实现了物质资源的平等分配,自由主义的普遍主义的另外两种含义还是会造成公民身份实践运作不平等的结果。这是因为,自由主义的公民身份观念否认社会差异的存在。在扬看来,“自由主义的普遍主义不仅仅体现在参与平等性上,而且还具有一种高度抽象含义,即认为个体都持有某种‘普遍的观点’”①。公民身份要求个人“把所有来自个人的想法统统抛诸脑后”②。也就是说,公民在行使权利和履行责任的时候,必须一概抛弃个人的身份。普遍主义的第三种含义体现在它的实践含义上。公民或者他们的代表所制定的法律适用于所有人,不考虑社会中存在着不同的需要和不平等。因此,在自由主义社会,决策等机构并不会有效地听取所有的意见表达。自由主义代表的不是不同个体之间的平等,而是平等对于差异的支配:在一种抽象的、难以实现的公民身份的名义下,社会差异被抹杀掉了。

在扬看来,因为个人并不是一种抽象而理性的生物,而是文化和社会结构的产物,因此他们无法实现自由主义公民身份所要求的各种客观目标,而且任何建立在这种抽象的个人观之上的民主制度必定不能满足人们的需要,也不能对他们做出有效的回应。除此之外,扬还认为,自由主义的公民身份还掩盖了各种不平等的权利关系。这种不平等的关系掩盖了这样一种事实,即公民身份是根据特殊社会身份——男性白人——的利益得到界定的,同时也是为了维护他们的利益。这种异常根深蒂固的偏见在历史上与帝国主义和父权主

① Young, I. M. (1989). “Polity and group difference: A critique of the ideal of universal citizenship”, *Ethics* 99(2), p. 274.

② Ibid.

义有着高度的亲和性。在自由主义传统中,公民身份被看作只适合“文明人”。更有甚者,自由主义还是依据客观的理由来建构其公民身份理论的,反对考虑情感和肉体方面的因素。因为自由主义传统把妇女看作是感性和非理性的化身,因此被认为没有能力履行公民身份的责任。因为这些不平等是如此的根深蒂固,以致他们经常在无意识的层面上被一再复制。但是,“因为道德理论倾向于充实出于深思熟虑的行为,并为这种行为找到合理的理由,因此它们通常不去批判那些出自无意但仍然能够造成压制性的社会根源。”①

在扬看来,要理解为什么公民身份会服务于某些人的利益而排斥另一些人的利益,我们还必须有一种更加成熟的权力理论,而不是仅仅从个人意图的角度作出解释。这就是笔者在其他地方所说的权力结构,例如,阶级体系,它体现在自由社会的各种制度中,并且造成了物质和文化方面的不平等。扬则通过提出一种压制类型学来分析这种权力结构。她认为,压制存在着五个维度:剥削、排挤、无能为力、文化帝国主义和暴力。只要体验到其中的一个或者多个维度,就都是压制的受害者②。自由主义的注意力主要集中在个人身上,并且忽视了权力的结构性要素,从而很容易忽略或者误解公民身份不能对所有人都一视同仁的原因。对于许多共和主义思想家来说这同样如此,他们把公民共同体尊奉为公民身份的理想。扬认为:“这种理想的公民共和国……把妇女和其他一些群体当作不同群体而排斥在外,因为这种理想的理性和普遍性完全建立在与情感、特殊性和身体对立的基础之上。”③

扬之所以得出差异公民身份也是在一定程度上基于她对社群的理解。她将群体分为社群、聚合体、联合体三种类型,后两种形式的群体明显是以个体本位为假设前提,认为个体优先于群体。而社群与二者最大区别在于社群优先于个体,它在某种意义上构成了个体。

---

① Young, I. M. (1990). *Justice and the politics of Difference*, Princeton: Princeton University Press, p. 11.

② Ibid., p. 39.

③ Ibid.

因此,现代社会明显是由多种多样的群体所组成的,优越的赋有特权的群体必然对弱势群体形成排斥和压制。为了防止这些边缘或者特殊群体受到压制,应该把差异群体的特殊权利也纳入社会正义的考虑范围之内。这样,公民身份就不能仅仅被看作为是一种普遍主义的形式了,而且需要将特殊群体的利益从普遍主义中区别出来给予特殊的考虑和对待。要增进公民身份,我们就必须认真对待群体身份,因为群体"造就了个人"[①]。而且,社会群体之间是如此的差异迥然,以致如果你不是某一特定群体的成员,就不可能完全理解哪个群体的压制性质。如果想要使公民身份真正具有包容性,那就必须承认,我们还需要有一种承认差异的政治。所谓承认差异的政治,扬的意思是,共同体的决策制定机构必须把群体身份纳入考虑的范围。扬把她所提出的政策建议总结如下:

"民主共和国必须提供某些机制,以便使受到压迫或者处于弱势地位的团体的独特声音和意见得到有效的表达和代表。使这些群体得到充分代表,意味着通过制度的途径和公共资源来支持:①团体成员的自我组织化,使他们实现集体统权(empowerment),并且反思性地理解自己在社会背景下的集体经验和利益;②通过制度化的方式,团体本身可以分析和提出自己的政策方案,同时,决策制定者有责任表明自己已经对团体的观点进行了深思熟虑的思考;③对自己具有直接影响的特定政策,如针对女性的生育权政策,针对保留区印第安人的土地使用政策等,团体拥有否决的权利。"[②]

扬敏锐地区分了她所提出的民主公民身份与古典多元主义之间的区别,后者把民主看作是各压力集团的既定立场之间的妥协过程。按照她的定义,与古典自由主义不同,社会团体并不是由成员的相互利益决定的,相反,是由成员的特定生活方式决定的。扬对于社会团体的界定本质上是一种文化的定义,这点可以从她认为意识形态团体不属于社会团体的界定中看出。后来,她还进一步缩小了可以被

① Young, I. M. (1990). *Justice and the politics of Difference*. Princeton: Princeton University Press, p.45.

② Ibid., p.184.

称作特权社会团体的范围。扬认为,“只有受到压迫或者处于弱势地位的群体”才能享有“特殊代表权”①。在她看来,通过这一原则,将可以避免争取自身权利的团体的急剧增加。

扬的公民身份理论从几个方面与自由主义传统分道扬镳。她批判自由主义公民身份的普遍主义观念,认为它只会导致对少数群体的压制,并且否认它们的差异。只有实行她所谓的以团体权利为基础的“差异化公民身份”,多元社会秩序才能得到维持,也才能不断迈向政治正义。公民身份的内容必须强调群体的权利,而不是个人权利。公民身份的背景不是以同质性共同体作为基础,而是一种赞赏和保护差异——而不是试图超越差异——的社会。最后,我们可以断定,扬所主张的公民身份是一种深厚而非稀薄的公民身份,因为她的理论建立在造就个人的各种身份的基础之上,与自由主义只强调公共领域的公民身份相比,这种公民身份有着更加重要的地位。

扬的差异公民身份理论试图赋予公民身份以实质性的正义,她提出了群体代表权利以实现在政治上的实质性赋权。然而,扬的群体代表权利却也遇到了实质性的困境。因为,扬关于群体的定义过于强调差异性、流动性和异质性,以至于无法确定并划分出一个特殊的群体。她甚至对以文化认同为前提的群体进行了批评,她希望群体认同走出简单身份认同,比如文化认同或阶级认同,她认为无论是自由主义还是社群主义实质上都没有很好地正视差异问题。她称社群主义为本质主义式群体观,即界定群体的路径通过界定在群体内建立严格的内外区隔来固化和冻结社会关系的经验性流动。本质论者将群体视为本质上不同的实体,这明显是有问题的,因为这种观点既否认了群体内部成员之间的差异性,也否定了内部成员与外部成员的共通性。

因此,扬的群体观不同于社群主义式的,她认为群体的认同应该在现实的社会关系的流动中来把握,真正的正义是鼓励真正的差异和多元。然而,如前所述,扬的群体观虽然成功地批判了社群主义式

---

① Young, I. M. (1990). *Justice and the politics of Difference*. Princeton: Princeton University Press, p. 187.

的群体假设,也挑战了自由主义的以个人为本位的普遍主义公民身份,她却难以建构一个差异公民身份并在现实中赋予某个特殊群体以群体代表权,因为我们无法把握和确定不断流动着的差异性群体。

二、少数族群公民身份

与扬不同,金里卡以多元文化为背景提出了少数族群公民身份。然而,重申族群身份并不必然威胁公民身份,族群身份只是一种特殊的公民身份。金里卡首先对民族性群体进行了界定,他援引霍布豪斯的描述:“民族感情是语言、传统、信仰和行为方式的一种混合效用,它既使得特定的人民感到他们是合为一体的,又使得他们感到与世界的其余部分分离开来。自豪和自尊与它息息相关。”①霍布豪斯主张真正的自由只有在更高级的社群中才是可能获得的。换言之,构成民族性有两个基本条件:共同的语言和历史。

不同于社群主义式的文化成员身份,金里卡认为关心特殊的文化、历史和语言的成员身份与自由主义的关心个人自由的价值并不矛盾。他批评了社群主义者对自由主义平等的“抽象的”和“原子主义的”性质的误解和恐惧,以至于把个人的文化成员身份与在特定的社群关系中的植入性或与社群内对社会资源的共享意义混为一谈。在一个正义的框架内,少数族群权利恰恰体现了对不同文化的平等关照,即一种平等的文化权利。平等的文化权利要求少数民族具有一定的群体代表权利和语言权利,它意味着特殊的公民身份并不构成对一般性公民身份的威胁。当然,他认为,如果过度强调族群身份,会出现“族群政治化”现象,导致分离主义。如果授予群体过多的自治权,就对一般性公民身份有所挑战,少数群体权力过大会威胁基本的公民权利,一旦出现滥用自治权现象将会造成群体内部压制和外部排斥,不仅阻止了少数族群参与和融入主流社会,而且容易使族群脱离主流社会。如果只是授予某一族群身份强调的是语言权或族

---

① Hobhouse, L. T. (1996). *Principles of sociology*. London: Routledge/Thoemmes Press, p. 194.

群代表权，对公民身份就不会构成什么挑战。金里卡试图在族群身份与公民身份中寻求一种平衡，使后者合理地“包容”前者，从而缓解两者间的冲突。

与扬相比，他的观点更加牢固地植根于自由主义传统中。但是，与扬一样，他也主张实行差异化公民身份，他主张实行他所提出的“多元文化公民身份”，认为文化不论对于个人的地位还是认同来说都有重要的意义。他指出，自由主义者倾向于把国家和族群的关系等同于国家与宗教的关系。根据这种观点，解决现代社会多元主义现实的最佳方式在于将族群身份与国家分离开来，就像把国家与教会分离开来那样。特殊身份应该严格限制在私人领域，公民身份必须保持公共、普遍和忽视文化差异的性质。但是，这种观点所导致的结果是，“使弱势文化群体遭到主流群体的不公正对待，而且加深了文化上的冲突”①。传统自由主义主张的自然权利无法解决国家内部存在的差异问题。因此，金里卡提出了一种少数群体的权利理论：“在多元主义国家，全面的正义理论必须既包括超越团体资格的普遍权利，也必须包括以不同团体为基础的权利，或者维护弱势文化的‘特殊地位’。”②

必须指出的是，金里卡经常将文化一词与“民族”和“种族”等词交替使用。这说明，它所考虑的团体主要是不同的族群，而不是以性别或者阶级等为基础的团体。当然，他也小心翼翼地说明，他讨论的民族性团体不能从“种族”或者“血统”的角度加以界定③。民族身份的重要性在于它提供了一种文化背景，这种背景形成了个体进行选择时的参照系数。对金里卡来说，“一种选择是否有意义，取决于个体能否进入某种社会文化，取决于它对这种文化的历史和语言的理解程度”④。既然民族文化对公民身份提供的背景具有如此重要的意义，他认为，只要族群成员认为自己的文化非常重要，政治体就应

① Kymlicka, W. (1995). *Multicultural Citizenship*. Oxford: Oxford University Press, p. 5.

② Ibid., p. 6.

③ Ibid., p. 22.

④ Ibid., p. 83.

该予以相应的支持,这一点非常重要。为了实现这一目标,金里卡提出了三种类型的团体权利。

第一,自治的权利,这种权利涉及将国家内部的权利转移给少数民族的方式。它很可能导致某种联邦制政体的建立。第二,多元族群的身份。第三,特殊代表权,它保证少数民族在共同体的政治机构中能够得到代表。自治的权利显然是一种更加广泛的权利,而且与分裂只存在一步之遥。多元族群的权利和特殊代表权则要清楚得多,它们的目标主要是将少数民族整合进政治体中,但这种整合不是通过否定它们的文化差异的方式来实现,相反,而是承认这些差异是多元文化国家社会安定的不可或缺的组成部分。

这种调和差异的主张认识到,自由主义公民身份传统上是"由白人、身体健全的人和基督教信仰者界定的,而且也是为了维护他们的利益"①,认识到公民身份本质上是一个"以团体差异为基础的概念"②。在这个国家决定了公民身份的世界里,个人能否拥有这种地位取决于个人的群体资格状况。金里卡认为,我们应当把这一原则应用到国家内部的不同群体,并且以这种方式来协调不同群体的需要。扬与金里卡的观点尽管有所不同,但他们都得出了相同的结论:公民身份必须建立在社会群体的基础上。公民身份不可能仅仅是一种个人的地位,因为只有在群体文化的背景下,公民身份对个人才会有意义。

关于公民身份的普遍性问题,扬和金里卡无疑提出了重要而困难的问题。两个人都正确地指出了自由主义公民身份的高度抽象性和否定个人的特质。以无血无肉的、原子化的定义来界定公民,只会忽视行使权利和履行责任的障碍。由于高度重视弱势群体的体验,或者像扬那样,注意到了一般的被压迫群体,两者都认识内在于自由主义社会的不平等如何破坏了它对于平等的承诺。如果没有对公民身份的背景这一重要的问题投以足够的注意力,普遍性摧毁社会差

---

① Kymlicka, W. (1995). *Multicultural Citizenship*. Oxford: Oxford University Press, p. 124.

② Ibid., p. 181.

异的危险的确存在，弱势群体的利益就的确有遭到忽视的危险，他们的声音很可能得不到倾听。

“扬和金里卡都认为，应该改变公民身份的内容以应对不平等所带来的挑战，使公民身份既能够包括个体的权利，也能够包括不同群体的权利。他们都没有否定公民身份所具有的内在的解放的潜能。这种否定通常明确见之于后现代主义对于社会生活的论述中，后现代主义尽管经常能够有力地解构公民身份中立性概念背后的假设，但却不能提出解决人类治理问题的必要概念工具。一种更具有建设性的后现代主义体现在，它以自由主义的长处作为基础，并且通过指出和克服实现自由主义承诺过程中的各种障碍，兑现自由主义承诺。因此，扬和金里卡的理论都应当得到赞扬，他们都旨在克服现代性所带来的各种问题。”①

如果说扬作为一个激进的女权主义者和（后）马克思主义者，认为普遍公民身份是一种批判和取代的关系；而对自由主义者——金里卡来说，多元文化公民身份则是对普遍公民身份的一种补充。扬的激进表述谴责普遍公民身份的所谓“普遍”事实上是经过伪装的统治群体的特殊主义。在她的表述中，“压制”是关键性的概念：社会被视为是由“社会群体”构成的，而社会群体要么是统治群体，要么是被压制的群体。关于统治群体（们），除了偶尔提及“白人男性中产阶级”，她没有多说什么。这种省略也许不是偶然的，因为统治者可以在普遍主义的外衣下藏匿他们的群体性。

对扬来说，“差异的公民身份”主要关乎在政治体中的特殊代表权利，它是为那些“被压制的”群体而保留的，在此，对“压制”的定义非常宽泛，从经济剥削一直到文化歧视都包含在内。如果说扬的关键性概念是“压制”，那么，金里卡的关键性概念就是“社会性文化”（societal culture）。个体需要社会性文化作为他进行有意义的选择的背景脉络：没有这种背景脉络，个体就没有自由。金里卡指出，鉴于国家与多数者文化之间不可避免的联系，对种族和文化差异的传统

---

① 基恩·福克斯：《公民身份》，郭忠华译，长春：吉林出版集团有限责任公司，2009年，第75页。

自由主义处理方式是不够的:自由的正义还需要承认和保护少数者群体之文化的专门权利。金里卡独特观点已成为关于少数者权利的自由主义主流理论。在其之后,原先自由主义普遍公民身份的捍卫者与多文化主义和群体权利的支持者之间的对立已失去其基础:多文化公民身份并不是对现存制度的一种激烈批判,相反,是现存制度建立其上的那些自由主义原则本身需要多文化公民身份①。

然而,有学者指出,在理论层面上,试图将少数者群体权利建立在"压制"和"社会性文化"之上的努力都遇到了困难。"压制"这个含糊的概念使整个社会转变成了由各式各样的少数者群体组成的复合物,并处于一种逆向隔离中。"社会性文化"这个概念尽管更加简洁,并且严格地限制了可以合法地要求多文化权利的少数者群体。无论是"激进主义"取向还是自由主义取向,对于在一个一般的以及悖论式的多文化公民身份观念下来论证少数者权利的正当性而言,都是有缺陷的。

在理论上,多文化公民身份是一种包容种族、民族和其他少数者群体的机制,而在实践中,多文化公民身份事实上一直是一些移民社会在不存在独立的创始神话的情况下进行民族缔造的一种变异。以国家为中心的多文化公民身份观念偏离了下面这个目标,即多文化少数者之权利要求的去中心化的包容(decentered accommodation),这种去中心化的包容迄今尚未得到国家正式的认可。鉴于在理论上难以论定多文化公民身份的地位,也鉴于多文化公民身份所试图包容的实践多种多样,并且通常相互冲突,因此多文化公民身份的概念太含糊、太多面,还不能成为社会学和政治学分析的一个有用工具。多文化公民身份概念也与自由主义国家中去族群化的趋势相抵触,在这种趋势下,多数对于少数者群体的文化强迫正在减少,从而少数者权利的问题本身也正在消失②。

---

① 克里斯蒂安·乔帕克:《多文化公民权》,恩靳·伊辛、布雷恩·特纳主编:《公民权研究手册》,王小章译,杭州:浙江人民出版社,2007年,第338页。

② 同上书,第335页。

三、激进多元主义的公民身份

“多元激进民主”是拉克劳和墨菲在1985年出版的代表作《领导权与社会主义的策略》一书中提出并阐述的一种社会主义战略构想。所谓“多元”是指社会主义政治的主体不是哪一个阶级、哪一个组织、哪一个政党，而是多元异质主体的联合，即一种五彩组合的“彩虹联盟(rainbow coalition)”。所谓“激进”，是指政治认同或政治身份的锻造是一个自主的建构过程，它既不是来自于任何形式的先验规定，也不是来自于既定的经验安排，政治主体的自主性展示同时也就是其主体身份的具体生成，并不是说先有个主体，然后才有此主体的自主性，而是说自主性与主体是同步诞生的。“多元激进民主”是后马克思主义在晚期资本主义的政治规划，它既是一种“社会主义革命策略”，又是一种后现代的政治学说，试图建构一种超越自由主义与社群主义的政治哲学。

在对当代政治理论的反思中，墨菲提出，政治不能被局限为一种制度，也不能被设想成仅仅是构成了特定的社会领域或社会阶层。政治内在于所有人，是决定人们存在条件的一个维度。其中最重要的是对抗在社会生活中具有重要的政治建构作用，也就是对敌人与朋友的政治界线进行描绘。墨菲强调对抗与冲突是政治的最重要的本质，最重要的是要认识对抗在政治中的建构作用，“并且不可能存在一个没有对抗的世界，那么需要正视的就是在这些条件下如何可能创立或维持一种多元民主秩序”①。

如何建设这样一种多元民主秩序？墨菲提出了一个非常具有创新性的观点：必须对“敌人”和“对手”作出区分，用“对手”的范畴置换“敌人”的预设，这是建立多元民主秩序的基础。缺失这样的区分就会把对手看成是敌人，这是当代资本主义政治实践中致命的错误。在此意义上，有必要区分“我们”与“他们”。政治共同体是一个构造

---

① 查特尔·墨菲：《政治的回归》，王恒、臧佩洪译，南京：江苏人民出版社，2001年，第5页。

“我们”的话语层面，政治共同体的构造需要一个“共同善”的观念。这种观念认识到，定义任何一个“我们”也就意味着指定了一个“他们”，划定了一个“边界”。于是，关于一个“我们”的定义总是产生于一种多样性与冲突性的语境中。这样一种关于“我们”的政治共同体，既不能像自由主义那样抽空共同体的内涵，也不像社群主义那样使之实体化。一种激进民主观念是把共同善作为一个“正在逝去的点”，一个“意义的视域”，“一个我们不断追寻却永远无法获得的东西。”①墨菲认为，只有从多元主义出发才能对“差异”给予确认，对“他者”给予确定。通过界定一个“他们”才能创造一个“我们”，这是理解诸多对抗是如何出现的条件和关键，也是拉克劳与墨菲在《霸权与社会主义策略：走向一种激进的民主政治》一书中提出的“外在构成性”原则。

由此不难看出，多元激进民主理论力图恢复公民身份的核心地位。他们相信，公民身份作为一种身份认同，在自由主义和马克思主义理论中已被大大削弱甚至取消了，原因是，这两种理论将政治关系仅仅限制在国家或经济的领域，从而将公民身份最终降格为仅仅是无甚意义的挥旗致意。为了拓展公民身份的重要性，激进民主理论提出了这样一种民主概念，即把民主理解为一种生活方式，一种持续不断的承诺，不是对某个社群或国家的承诺，而是对于一种事务活动的承诺，这种事务活动从政治上看是对政治限制的持续不断的挑战②。在墨菲看来，公民身份是一种政治身份，一种身份鉴别形式，而不仅仅是指一种法律地位。它是这样一种形式的政治身份：这种身份由对现代多元民主的政治原则的一种认同构成，即肯定所有人的自由和平等。对自由和平等民主原则的认同，构成了人们的共同的政治身份。虽然人们可能会献身于许多不同的价值，但他们普遍认同于自由平等的民主价值体系，并受其制约。

---

①　查特尔·墨菲：《政治的回归》，王恒、臧佩洪译，南京：江苏人民出版社，2001年，第36页。

②　克莱尔·拉斯莫森、米切尔·布朗：《政治理论和地缘分布中的激进民主公民权》，恩斯·伊辛、布雷恩·特纳主编：《公民权研究手册》，王小章译，杭州：浙江人民出版社，2007年，第238—239页。

激进民主的“公民身份并不像自由主义所认为的那样——是并列于其他身份中的一种;它也不像公民共和主义(社群主义)所认为的那样——是凌驾于所有其他身份之上的那种支配性的身份。相反,它是关于社会行动者的不同主体地位的一种连接原则,而同时,它又承认各种特殊义务的多元性并保留了对个体自由的尊重。”[①]简言而论,后马克思主义的公民身份观念认为,对公民身份的鉴别不是不同群体对善的不同理解,而是不同群体对自由平等的民主政治原则的认同,这种认同建构了政治共同体,公民身份在这一政治共同体中得到界定[②]。

多元激进民主对于公民身份概念的继续信持,同时显示了其与马克思主义信念的一种联系和一种距离。马克思怀疑公民身份的解放潜能,他称公民身份为“政治雄狮的外衣”。在马克思看来,普遍公民身份的危险在于,它将形式上的平等赋予了公民身份,从而在这种形式平等的面具下虚假地承诺平等。为了既保留公民身份的范畴,同时又避免社会关系的非政治化,拉克劳和墨菲既开始了对左翼政治的理论和实践的考察,又重新思考了社会内部的权力坐落与定位。通过赋予社会关系以政治意义,拒绝给任何特殊的地位(position)以特殊的优先性,公民身份便不能界定为是一种置身于与国家或共同体的关系中的固定的身份[③]。

拉克劳与墨菲深受葛兰西思想的影响,他们提出,现代工业社会的反资本主义西方的新社会运动需掌握“领导权”——一种非暴力的文化意识控制手段。因此,拉克劳和墨菲的座右铭是:“回到领导权斗争中去”[④]。墨菲指出,公民身份是政治主体性的核心,她将它定

① 查特尔·墨菲:《政治的回归》,王恒、臧佩洪译,南京:江苏人民出版社,2001 年,第 90 页。

② 付文忠:《对政治自由主义与社群主义之争的超越——解读墨菲的后马克思主义政治哲学思想》,《教学与研究》,2005 年第 3 期。

③ 克莱尔·拉斯莫森、米切尔·布朗:《政治理论和地缘分布中的激进民主公民权》,恩斯·伊辛、布雷恩·特纳主编:《公民权研究手册》,王小章译,杭州:浙江人民出版社,2007 年,第 241 页。

④ 恩斯特·拉克劳、查特尔·墨菲:《领导权与社会主义的策略——走向激进民主政治》,第二版序言,尹树广、鉴传今译,哈尔滨:黑龙江人民出版社,2003 年,第 15 页。

义为是与争取霸权的斗争相关联的政治活动，它可以发生在任何可能的场合，如发生在与国家订立的约定中，对经济的参与中，或形成身份认同的日常实践中。这样，公民身份就从一种身份变为一种活动，或者更精确地说，变为通常被认为与公民身份不相干的一种活动的一个维度。多元激进民主不仅提出了经验的和理论的论断，即认为公民身份是实践性的，必须理解为一种日常的斗争活动，而且还提出了一种规范性的主张。

多元激进民主公民身份的核心，是要努力保留公民身份观念中的平等主义驱力，以作为归属于某个政治共同体的一种手段，与此同时，又不至于使其他与权力关系有关的身份认同因素去政治化或排斥这些因素。马克思担心，通过对一种普遍的政治平等的宣称，公民身份将成为掩盖其他社会不平等形式的一种意识形态烟幕，对此，激进民主理论虽表示同情式的理解，但它坚持认为，只要保持斗争场所的开放，公民身份可以成为一种解放性的身份认同。对于公民身份的普遍化宣称和对于公民身份之内涵的特殊要求之间的平衡，可以成为民主的首要场所。正是公民身份在达成普遍性上的失败，作为在政治斗争实践中出现的对于公民身份范畴的质疑对抗，构成了公民身份的解放性潜能，使得对社会秩序的一切霸权形式进行持续的挑战成为可能。通过将公民身份重新定义为主体形成的场所，激进民主业已成为一种谈论身份认同政治的方式：身份认同政治不仅仅只是一种争取获得公民身份权益的特定斗争，而且是一场通过因时因事而变的、持续不断的斗争而拓展政治领域和公民身份意义的共同运动①。

简言之，通过重新界定和拓展对政治的理解，公民身份被认为是一种与政治身份认同、日常活动、政治共同体相联系的实践。在多元激进民主棱镜的折射下，一系列非常广泛的实践都与围绕着政治意义而展开的持续不断的斗争密切关联着，政治不能限定在某个单一

---

① 克莱尔·拉斯莫森、米切尔·布朗：《政治理论和地缘分布中的激进民主公民权》，恩斯·伊辛、布雷恩·特纳主编：《公民权研究手册》，王小章译，杭州：浙江人民出版社，2007 年，第 251—252 页。

场所。公民身份被理解为是政治领域的斗争，这从理论和经验两个方面拓展了民主的可能性[1]。

① 克莱尔·拉斯莫森、米切尔·布朗：《政治理论和地缘分布中的激进民主公民权》，恩斯·伊辛、布雷恩·特纳主编：《公民权研究手册》，王小章译，杭州：浙江人民出版社，2007年，第256页。

第七章　公民身份理论的内部分歧及共识的达成

自由主义、共和主义、社群主义与后现代多元主义之间既有交锋又不免互相渗透。自由主义如何应对社群主义、后现代多元主义的挑战？共和主义又如何立足当下，将复兴进行到底？近来西方学界中四种主义之间战火硝烟四起，而盛行于20世纪90年代的公民身份理论则成为各方争论的一个焦点。四种主义对公民身份的争论一方面推进其迅猛发展的势头，而另一方面也增强了公民身份理论内部的张力。公民身份——这一古老的西方政治叙事，到了今天是否会风雨飘摇？它究竟是为了权利的扩展还是为了权利的保护？在公民身份理论研究“泛滥”之时，四种主义竞相争夺之机，公民身份理论究竟面临的是一场解构还是重构？本章将在第一节分析四种公民身份理论之间的分歧，以及这些分歧对公民身份理论的影响；第二节试图寻求四种理论之间的基本共识。

基于上文的论述，我们可以用以下几个关键词来概括自由主义、社群主义、共和主义和后现代多元主义公民身份理论的核心价值理念，它们分别是：权利（right）、德性（virtue）、责任（responsibility）和身份（或曰认同 identity）。自由主义从古典自由主义到现代自由主义，其恒定的核心理念是“个人”（individual），个人优先于国家。从消极的意义来理解即是使个人权利免于国家权力的侵犯，从积极的意义来理解即个人权利是平等的，适用于所有作为个体的人，即自由主义公民身份的两大特征：个人主义和普适主义。社群主义、共和主义批判了“个人主义”，而后现代多元主义则向“普适主义”提出了质疑。

共和主义较之自由主义而言，具有一段更为漫长而多变的历史，其始于古希腊的亚里士多德、古罗马的西塞罗，传承于意大利的马基雅维里、法国的卢梭,复兴于当下。透过共和主义的发展史,可以看出,共和主义很大程度上是作为自由主义的对立面而出现的。与自由主义“个人主义”不同,其核心的价值理念是“公民”。共和主义认为人不仅仅是作为一个个体而存在,更为重要的是作为共和国的成员而存在,共和国优先于个人,同时,共和国的存在又以个人的热爱、参与和奉献为前提。

共和主义的公民身份不仅仅是一种法律地位,而且更侧重于公民之间建立友谊、和睦和兄弟般的爱,把德性置于公民身份的核心地位,认为只有在具备公民美德的前提下,才有共和国的维持和公民自由的实现。共和主义的公民理想曾经被描述为“高贵的神话”,而自由主义的公民理想则被描述为一种“神奇的谎言”。共和主义理论家衷心期盼存在真正具有公民美德的公民,但却总是落空,相比之下,自由主义理论家总是期盼经济上的消费者能够吞噬政治上活跃的公民。

共和主义在很大程度上与社群主义思想相契合。社群主义的核心概念是“社群”。何谓社群?“就我们的目的而言,一个让群体可以被理解成拥有某些共同价值和历史、参与某种共同的活动,并且相互之间拥有一个强有力的团结纽带的人们的联合体。”[①]“社群主义认为无论是现代国家还是社会都不能提供这种持久的规范性纽带,于是,对社群的吁求必然导致与对社群的理解过于‘薄弱’的个人主义的自由主义传统的某种对立。”[②]另一方面,个人的利益被认为不是独立于社群,而是与社群紧密相连的,这也是社群的一个特征。犹如布坎南所言,“每个人都将促成社群的目的看成是‘我们’的所得,而不是看成一个恰好为组成群体的其他个人的类似所得相伴随的他自己的所得”[③]。由此可见,社群主义在反对“个人优先于国家”上是

---

① Derek, P. (1993). *Looking backward: A critical Appraisal of Communitarian Thought*. Princeton: Princeton University Press. pp.14-18.

② 格拉德·德兰惕:《社群主义与公民权》,恩斯·伊辛、布雷恩·特纳主编:《公民权研究手册》,王小章译,杭州:浙江人民出版社,2007年,第215页。

③ Buchanan, A. E. (1989). "Assessing the Communitarian Critique of liberalism", *Etheics*, 99(4), p.857.

与共和主义一致的。在公民身份问题上，社群主义一方面批判了自由主义的权利优先论，另一方面，要求公民对共同体具有责任感，承担公民义务。然而，社群主义所理解的政治共同体既不等同于现代国家也不等同于共和国，它通常被看作是根植于某种先在的文化的社群中。因而，社群主义者倾向于将公民身份根植于一种从文化上来定义的社群中。"作为一个政治共同体成员资格的公民身份究竟是建基在个体之上，还是建基在某种先在的文化或道德社群之上，成为（自由主义与社群主义）争论双方阵营的分界线"。社群主义公民身份对文化的亲缘性在某种意义上又与后现代多元主义公民身份形成了默契。

后现代多元主义以尼采、福柯、拉康等"反本质主义"、"反基础主义"、"反普遍主义"为哲学基础，在政治领域，表现为差异政治、承认政治、激进民主理论、多元文化理论等，它们在政治主张上最大的共识是反对"普遍主义"价值取向对"差异"和"少数群体"的"压制"和"排斥"。塞拉·本哈比（Selya Benhabib）声称："差异问题出现，也就出现了政治，而且往往同时出现身份认同概念：只有在个人和集体与那些不代表自身利益的人之间形成差异时，他们才能发现自己的身份。"①因而，后现代多元主义的公民身份理论建基于对不同的身份认同和承认，这些身份的认同可以基于多元的亚文化、少数民族、种族、社会群体如同性恋群体、艾滋病群体等。后现代多元主义的公民身份反对自由主义普适性的公民身份权利，主张尊重并承认多元的公民身份如少数群体权利和多元文化权利的维护。

在"公民唯私综合征"泛滥的时代，如何培育公民的公共精神？共和主义的公民身份如何超越传统真正复兴于当下？如何应对多元文化权利？作为个体，是自利性的理性人还是具有"公共人格"的德性人？公民身份权利与义务孰重孰轻？权利优先于善吗？存在一种

---

① Benhabib, S. (1996). "Introduction: The Democratic Moment and the Problem of Difference", in Seyla Benhabib (ed.), *Democracy and Difference: Contesting the Boundaries of the Political*. Princeton: Princeton University Press. 转引自约翰·德雷泽克：《协商民主及其超越：自由与批判的视角》，中央编译出版社，2006 年，第 50 页。

可以追求的至善吗，抑或多元善的共存？

一、关于“善”的不同理解

自由主义、社群主义、共和主义以及后现代多元主义关于“善”的争论是它们的根本分歧所在，这一分歧也是导致公民身份理论内部张力的重要因素。关于善的不同理解与当下普遍流行的“多元主义”之间存在重要关联。“多元主义”的社会现实不仅深深影响了自由主义，而且对社群主义、共和主义的政治理念产生了极大的冲击。以罗尔斯为代表的现代自由主义者成为多元主义的自由论者，而后现代多元主义则高举“多元主义”大旗以图掀起一场政治思想的革命。

提到多元主义不得不提起伯林，他提出的价值多元论与此有着深厚的渊源。这种观念认为，“基本的人类价值是不可还原地多元的和不可通约的，（诸如自由、平等和社群这样的目标是内在的善），它们会而且常常会彼此冲突，使我们面临艰难的选择。”[①]这种观念具有四个主要成分：普遍性、多元性、不可公度性和冲突性[②]。

第一，多元论者断言存在着某些基本的普遍价值，享有这些价值对人类的繁荣作出了贡献。这些价值包括：对生存的需要，如对食物和住所的需要的满足；对良善生活的需要，如友谊和情感等；对影响个人生活的社会和政治价值的诉求，如正义、自由和平等。这些价值在不同的文化或物质环境中也许会得到不同的理解或体现。但是，这些多元的价值是客观的，对人类的生活具有普遍的益处。

第二，多元性是指价值本身是一个复合体，对人类有价值的事物，既包括普遍价值也包括地方性的价值，人类的繁荣要求许多不同的善，而不止是一种或少数几种善。

第三，不可公度性是指不能在一种绝对的价值等级中使一种价值从属于另一种，而且也没有我们可以据之沿着同样的维度衡量它

① 乔治·克劳德：《自由主义与价值多元论》，应奇等译，南京：江苏人民出版社，2006 年，第 2 页。

② 同上。

们的共同标准。例如,与古典功利主义者形成对照,价值多元论者会认为快乐只是其他价值之中的一个价值,它的要求并不比以自由和平等为基础的要求更基本或更权威。

第四,这些多元的和不可公度的价值在特定的情形中也许会彼此冲突。一种价值的实现或许要以牺牲或剥夺另一种价值为代价。按照价值多元论推论,人们既不能对多元的价值按照一种绝对的等级加以排序,也不能被转译成一种绝对的等级加以排序,同样不能被转译成一种具有共同特性的单元①。如果这是正确的,那么当这些价值发生冲突时,我们怎样在它们中间进行选择?这些问题形成了四种主义话语对"善"的不同理解以及对公民身份理论不同的诠释。

(一)自由主义——并存的善

以罗尔斯为代表的现代自由主义之所以使衰微自由主义再次在西方复兴,一本《正义论》之所以一石激起千层浪,其中一部分原因正是在于罗尔斯将多元价值论与自由主义很好地融合在一起。罗尔斯在《正义论》中提出的核心概念"原初状态"和"无知之幕"构成了公平的正义的论证基础。在罗尔斯看来,思考什么才是正义的或者公平的社会组织的方式,是为了建构一种普适性的原则能够为那些被屏蔽了某些特定事实的人们所同意。正义的原则应该被理解为"由那些对他们自己的信仰与环境等方面都毫无所知的人们达成假想的契约或协议。在这里可以感受到的直觉是他把公平与不知晓联系在了一起。如果我不知道我正在切的五片面包中那一块是最后一块,那么,对我来说公平地切这些面包片便至关重要。同样,如果人们不知道他们将会是谁,那么,对他们来说选择公平的或者正义的原则以调解他们的社会便是至关重要的"②。从以上这段话中,可以看出罗尔斯首先承认了社会中的人们拥有着各自不同的信仰、知识、禀赋、文化等统称为多元价值的并存状态,然后他借用"无知之幕"和"原

① 乔治·克劳德:《自由主义与价值多元论》,应奇等译,南京:江苏人民出版社,2006年,第2—3页。

② 芬·谬哈尔、亚当·斯威夫特:《自由主义与社群主义者》(第2版),孙晓春译,长春:吉林人民出版社,2007年,第3页。

初状态”的假设先将不可公度的多元价值隐去,以图寻找能够被所有个体在最低限度内共同接受的普适性原则。他认为这种普适性的原则就是公平的正义,在公共领域所有的人都应该而且会接受这条规则,在私人领域个人甚至群体都可以保留自己的信仰、传统、文化等不同的价值,国家作为公权的代表不侵犯私人领域并且坚定地维护个人甚至群体在私人领域追求各自不同的善的权利。

罗尔斯认为,企图将某一种特定的善的观念强加于人就会损害我们的根本利益,因此国家应该在什么是善的生活上保持中立。国家的作用是:保护个人就不同的善的生活观的价值进行判断的能力,并且,在人们之间就权利与资源进行公平的分配以使他们能够按自己所愿追求自己的善观念。国家只是要求人们在调整自己的善的观念时要尊重他人的正当权利。而如果某人的善观念的确包含着对正义原则的遵守,那么自由主义者就会说,国家不应该对个人的生活方式的内在价值予以评价。一言以蔽之,自由主义的国家行为不能对不同的(尊重正义原则)的生活方式的内在价值的高低予以公共的排序。因为根本不存在一种公共序列,如罗尔斯所言,就不同的善观念而言的国家中立“并不是指:存在着一种关于内在价值或满意程度的获得公认的公共尺度,按照这种公共尺度,所有这些善观念都是平等的;而是指:根本不能从一种(公共的)立场去评估各种善观念”①。事实上,自由主义试图通过对正义原则的公共采纳来维系正义的社会,而排除通过公共途径去采纳或获取某种特定的善的生活。

就公民身份而言,自由主义提出了“权利优先于善”。正如罗尔斯将“平等的自由权利”作为正义的首要原则,因为平等的自由权是确保正义原则得以维护的基石——具有不同善观念的人之所以会尊重彼此的权利,不是因为这种尊重促进着某种共同善的生活方式,而是因为公民们认识到,每个人都有资格受到平等的关照。因而罗尔斯说道:“虽然良序社会包含分歧与多元……对政治和社会问题的公

---

① 威尔·金里卡:《当代政治哲学》(下),刘莘译,上海:上海三联书店,2004年,第397页。

共认同却维系着公民友谊和合作的纽带。”①因此，作为国家的合法性基础的是共同的正义感而不是共同的善观念。由此可见，在自由主义眼中，“权利优先于善”是很自然的，因为只有平等的自由权利才能保证正义原则，而对并存的善的承认不过是应对多元化挑战的一种策略性的包容与妥协。

（二）社群主义——共同的善

社群主义对“多元主义”的态度恰恰与自由主义相反。在对善的观念中，社群主义者反对自由主义国家对并存善的中立态度。社群主义者认为，国家中立原则应该让位于“公共利益的政治”（politics of the common good）。自由主义的国家中立观所理解的共同的善就是把每一种偏好当作平等的偏好通过符合正义原则的方式进行整合的结果，所有的偏好都有同等的地位，因此，共同的善总是按照个人的偏好模式和个人的善观念来进行调整的。社群主义认为，自由主义国家的政治目标是以“个人为导向”的，旨在促进其共同体中每个个体的利益（insterests）而不是共同的善（the common good）。

在社群主义的社会里，共同的善被想象成一种关于优良生活的实质观念，这种共同善不再取决于人们的偏好模式，相反它为评价那些偏好提供了一个标准。共同体的生活方式是对善观念进行公共排序的基础，而个人偏好的分量则取决于偏好者在多大程度上吻合于共同善，它优先于个人的权利。社群主义的国家应该鼓励人们采纳与共同体生活方式相吻合的那些善观念，而阻碍与之相冲突的善观念。因此，社群主义的国家是一种至善论国家，因为它需要对不同生活方式的价值进行公共的排序。那么，社群主义的共同善来源于何处？按照社群主义的看法，共同的善不应该如自由主义的普适而抽象的正义原则，而应该在共同体现存的文化、传统、历史与常规中寻找，体现为共同体的价值。正如迈克尔·沃尔泽说的：“（自由主义）追寻这样一种普遍的正义理论是走错了方向。根本就不存在外在于共同体的视野，根本没有办法跳出我们的历史和文化……要明确正

---

① 威尔·金里卡：《当代政治哲学》（下），刘莘译，上海：上海三联书店，2004 年，第 464 页。

义的各种要求,唯一的办法就是弄清每个特定的共同体如何理解各种社会利益的价值。如果一个社会的运作方式吻合其成员就该社会独特的常规与制度所达成的共识,该社会就是正义的。因此,确定正义原则与其说更应该通过哲学论证,不如说更应该通过文化阐释。"①

这种共同善的观念导致了在社群中没有"我"与"我们"的区分,没有"国家"与"社会"的划分,属于社会领域的任何内容必须被纳入政治领域,没有"公共领域"与"私人领域"的划分,所有共同体成员具有协调一致的利益。社群主义共同善的观点在多元现实的挑战下是岌岌可危的,尽管它对自由主义的批判获得了成功,深深击中了自由主义的弱点——正义原则实质上仍然以个人的偏好为导向。然而,它在理论建构方面却显得如此脆弱,仿佛是发思古幽情。以共同的善为旨归的社群主义国家观在当下多元而个体化的社会既缺乏现实根基也没有多少吸引力。一旦社群的共同善观念不能为社会中的大多数所接受,而只适用于社会中的具有共同文化和传统的小群体,如少数民族、种族等,那么,我们可以说,对文化多元主义的关注是社群主义立场自然演进的结果。社群主义从反对"多元自由主义"走向"文化多元主义",要求自由主义社会对非主流的宗教群体、文化群体予以承认和包容并且和平共处,从反对自由主义的公民身份观走向了坚定的多元文化权利的维护者。

(三)共和主义——公共的善

公共的善是介于自由主义的"并存的善"与社群主义的"共同的善"之间的一种主张。公共的善以共同的善为基础,但又不完全等同于共同的善。共同的善是一种至善论,要求对不同的善观念进行公共的排序,并要求公民服从于共同的善。如果说社群主义的善观念强调的侧重点在于"同"善,那么共和主义的善观念的侧重点在于"公"善。这取决于共和主义的国家观,它既非自由主义式的程序国家亦非社群主义式的社群国家,而是主张"共和国"的理想

① 迈克尔·沃尔泽:《正义诸领域——为多元主义与平等一辩》,褚松燕译,南京:译林出版社,2002年,第99页。

(Republic)。在一个共和国中,国家或政府是一种公器,人民自己统治自己。公共性(publicity),一种开放的、公共的而非私下的或个人的状况,是共和主义的基本要素。“共和国就是一个必须促进公共利益、共同财富和共同视野的国家。或者用更加现代语言来说,共和国就是一个必须遵循其公民的公共利益,尤其是通常被理所当然地认为是他们共同的、公认之利益的国家。”[①]这种公共的善在否定意义上包括以下三个方面的内容:“禁止国家考虑那些不被认为是关乎公民之利益的善;禁止国家考虑那些不关乎公认之利益的善;禁止国家考虑那些不关乎共同之利益的善。它宣布那种支持某些所谓的善却没有考虑公民利益的至善论国家是非法的;它宣布那种没有考虑人民对其利益之感受的家长制国家是非法的;而且它也宣布那种只考虑某些个人或群体的公认利益而不是所有公民的公认利益的国家是非法的。”[②]因而可以看出,公共的善抱持一种反至善论的立场。与此同时,公共的善区别于“并存的善”。这要从共和主义与自由主义的公私观谈起,罗尔斯的“并存的善”的基础是对公共领域和私人领域泾渭分明的划分,正义原则被作为公民在公共领域、政治领域所共享的基本原则,追求不同善的生活则限定于私人领域。共和主义尽管不否认公民在私人领域具有追求特殊善的权利,但远远不能满足于公共领域所谓的“正义原则”。也就是说,自由主义的侧重点在于国家确保公民具有平等的权利和能力追求个人的善,相形之下,共和主义的侧重点在于国家确保公民具有平等的参与公共事务的权利和能力。

共和主义的公共善是这样一种观念:政治参与本身具有内在的价值,无论公民在私人领域具有多么有差异的善观念,而在公共领域都共享着政治参与,这种参与是多数人所渴望的人类共存的最好形式。正如波考克所言:“与其他人的联合,以及参加以特定价值为导向的联合体,即构成达到某一目的的手段,又构成目的的或善本身;

① 菲利普·佩迪特:《重申共和主义》,应奇等主编:《公民共和主义》,北京:东方出版社,2006年,第126页。

② 同上书,第125页。

参与行为本身就是一种很高的善,因为它是普遍的……可以想象的最高级的人类生活形式就是公民作为其共和国或家庭的首领统治,以及作为众多平等的首领组成的共同体之一员实施和接受统治,他们作出的决定对所有人都有约束力……但是所有的公民并不是没有差别的:作为公民和普遍的存在,它们是相似的;但作为特定的存在,它们又是不同的;每个人在其追求的特殊目标上有自己的偏好。"①

然而,这种观念与现代大多数人对公民理解的方式明显抵触。大多数人是在它们的家庭、工作与宗教生活或闲暇中而不是在政治中得到最大的幸福。政治参与被看作是一种偶然的而且通常还是令人难以承担的活动,它只是对于保证政府去尊重并支持公民追求这些个人消遣与感情的自由来说才是必要的。把政治看作私人生活的中心这种观点为大多数人所共有。在现代社会中,私人领域的内容越来越丰富以至于公共领域渐渐失去了魅力变得越来越贫瘠。私人生活中"包括罗曼蒂克式的爱情与核心家庭的兴起;大获增长的富足由此带来更为丰富的消费与休闲方式;基督徒视劳动为天职,古希腊人恰恰鄙视劳动;不断增加的对战争的厌弃(而古希腊人却很崇尚战争)。那些喜欢家庭与职业中的乐趣甚于政治义务的消极公民未必就是受了误导。正如盖尔斯敦指出的,那些把私人生活贬低为单调乏味与自我陶醉的共和主义者对真正的人类共同体并不感兴趣,事实上,他们'鄙视日常生活'。"②

(四)后现代多元主义——竞争的善

相互竞争的善在一定意义上和自由主义的并存的善具有相同之处。二者都是多元主义的支持者,都承认社会中存在着不可公度的多元价值。然而,二者之间存在着根本的分歧。如前文所述,现代自由主义是多元主义与自由主义相调和的产物,自由主义承认价值多元,并将多元的价值问题归入私人领域,在公共领域则建立了一套回

---

① 杰弗里·艾萨克:《再思考:共和主义 VS. 自由主义?》,应奇等编:《共和的黄昏》,郑红译,彭斌校,长春:吉林出版集团有限公司,2007 年,第 332 页。

② 威尔·金里卡:《当代政治哲学》(下),刘莘译,上海:上海三联书店,2004 年,第 537 页。

避价值判断的程序性规则,公民在一致认同公共规则的前提下进行多元化的私人生活。相形之下,后现代多元主义则认为,社会中充满了差异,不应该有任何普适性的价值存在,任何普适性的规则都会排斥或压制了多元化的差异社会。后现代多元主义不仅认为社会中充满了多元的善,还认为这些善不能被相安无事地归入私人领域,而应该进入公共领域形成相互竞争的格局。这种善的观念与后现代多元主义对政治的理解具有一定的关联,有人称后现代政治是一种文化政治,将文化问题划归为公共领域。

然而,与其说文化被归入公共领域,毋宁说后现代政治中已经模糊了公共领域与私人领域的界限。后现代多元主义认为政治不再仅仅是一种与国家或经济的关系,相反,它更是一种日常权力关系。福柯在《规训与惩罚》中充分论证了这种权力关系,他认为权力已经浸入到社会的微观层面,权力成为一张无所不在的大网,一种隐形的霸权。葛兰西主义者从霸权概念出发,努力设想一种完全颠倒过来的政治形态,并论证了权力不只是定位在制度的层面,而是潜在的存在于所有地方。后现代多元主义政治认为"霸权的表达并不限于狭义的政治领域,它包含着一种新文化的建构——它影响着人们形成其身份认同以及与世界之关系的各个层面(性、私人领域的建构、娱乐的形式、审美的愉悦等等)"①。

后现代多元主义对于日常权力关系的强调,在某种意义上推动了公民政治参与的激情,包括了社会运动的兴起,如女权运动、反种族运动、环境运动等。"新社会运动既挑战了工人阶级在"左派"阵营中的中心地位,同时也挑战了传统的公/私界线,一直以来,这种公/私界线将政治限定在一个固定明确的公共领域或一个特许的地带中。从这种挑战中得出的理论结论是,政治的领域地带必须加以扩展,必须将范围更广的、具有潜在政治含义的各种行动和场所考虑

---

① 克莱尔·拉斯莫森、米切尔·布朗:《政治理论和地缘分布中的激进民主公民权》,恩靳·伊辛、布雷恩·特纳主编:《公民权研究手册》,王小章译,杭州:浙江人民出版社,2007 年,第 241 页。

进来"①。正如克劳拉所说："公/私、市民社会/政治社会的区分只是某种特定的霸权表达的结果，它们的界线随着特定时刻中既有的各种力量之间关系的改变而改变。"②

后现代多元主义的政治话语中已经没有公与私的概念，取而代之的是普遍与特殊。它认为政治领域的边界应该拓展到日常生活中，多元的善应该在政治领域不断竞争。正如墨菲所说的"相互竞争的多元主义"，她认为不断变化着的特殊的善将永远无法形成一致的共识，并将永远处于相互竞争的状态之中。在公民问题上，相互竞争的善的观念推动亚政治学的发展。公民首先是亚群体的成员其次才是国家的成员，公民身份在一定意义上成为亚群体成员寻求认同的途径，公民通过竞争性的政治参与为多元化的身份寻求政治上的承认与认同，不断拓展公民的多元文化权利和社会权利的边界。

二、关于"自我"的不同定位

自由主义、社群主义、共和主义和后现代多元主义的第二大分歧在于对"自我"理解的不同，这是决定公民身份理论内部张力的第二大要因。

（一）自由主义——自主的自我

古典自由主义者如洛克和康德，都试图对人类理性作出某种普遍的理解，然后再诉求这种非历史的关于人的观念去评价现存的社会和政治结构。按照黑格尔的看法，这种方法——他把它称作"道德"——过于抽象和过于个人主义化，以至于不能提供多少指引，因为它忽略了人是如何必然镶嵌于具体的历史常规与关系之中的。另一种方法黑格尔称之为"伦理"，则强调个人利益——也就是道德自主所需的那种身份和能力——如何紧密地与他们所属的共同体和他

① 克莱尔·拉斯莫森、米切尔·布朗：《政治理论和地缘分布中的激进民主公民权》，恩靳·伊辛、布雷恩·特纳主编：《公民权研究手册》，王小章译，杭州：浙江人民出版社，2007年，第241页。

② Laclau, E. (1990). *New Reflections on the Revolution of our time*. London; New York: Verso, 1990, p. 185.

们所占据的特定社会和政治角色联系在一起。“按照自由主义者的自我观,个人被认为拥有这样的自由:既可以质疑所有参与的社会常规,又可放弃这样的参与——只要那些常规不再有追求的价值”①。现代自由主义秉承了古典自由主义对“自我”的假设。罗尔斯对这种自由主义的自我观作了这样的总结:自我优先于自我确定的目的。他的意思是,我们总是能够跳出任何一种具体目标并追问自己是否愿意继续这种追求。没有什么目的能够免于自我可能的修正。这常被称作“康德式”的自我观,康德认为,“自我优先于它的社会角色和社会关系,并且仅当自我能够与它的社会处境保持一定的距离并且能够按照理性的命令对其进行裁决时,自我才是自由的。”②桑德尔批判自由主义的自我是一个可以独立于外在世界而存在的实体,是脱离了具体历史情境的“无牵无挂的自我”。

这种自我观决定了公民一项重要的道德能力——“自主”。罗尔斯认为个人必须是自主的,其中一种很重要的能力就是“理性修正善的观念”③。自主的道德能力不仅意味着公民在私人领域可以选择任意的生活方式,更为重要的是有助于帮助持有不同善观念的公民在公共领域内“理性修正善的观念”,以保证在公共领域公民之间共识的达成。由此可见,理性修正善的观念运用到公民身上,不仅为公民有权选择不同善的生活方式提供了重要论证的基础,更为公民就正义原则达成共识提供了有力的论证。正如罗尔斯所言,“在政治生活和基本制度中,公民如何在公共事务中运用两种道德能力(自主与

---

① 威尔·金里卡:《当代政治哲学》(下),刘莘译,上海:上海三联书店,2004 年,第 378 页。

② 查尔斯·泰勒:《自我的根源——现代认同的形成》,韩震等译,南京:译林出版社,2001 年,第 146 页。

③ 即作为自由的个体,公民们彼此承认,他们具有持有某种善观念的道德能力。这意味着,他们不认为自己必定被限于对某一特殊善观念的追求,也不认为自己必定被限于在某一给定实践内自己所支持的、与那个善观念相应的最终目标。相反,作为公民,它们应该被普遍地当作具有这样一种能力,使他们能够基于合理与理性的两种理由去修正和更改该观念。这样公民要跳出那些特殊的善观念并拷问和评价与之相关的各种最终目标,就应当被允许。

正义感)是维系自由主义国家的关键"[①]。然而,罗尔斯强调,保护公民身份的意义并不在于:最大化地促进个人去发展和实施那种形成和修正善观念的能力。他指出,使"对某一善观念加以肯定的慎思次数最大化——这种企图是荒谬的。"[②]事实上,自由主义的公民身份"旨在保证所有公民都平等地拥有能够全面发展和充分实施这一能力的社会条件",也就是说,自由主义认为普适性的平等的基本自由权是保护"自主的自我"的根本条件。

(二)社群主义——镶嵌的自我[③]

社群主义者认为,自由主义的自我观是错误的。这种观点忽略了这样一个事实:自我是被"镶嵌于"现存的社会常规之中的——我们不可能总是能够选择退出这些常规。如麦金泰尔所言,我们"都把自己的处境当作是在承载某种特定的社会身份……因此,对我有益的事物就必须是角色的承担者的利益。"[④]因此,社群主义的自我观就成为"镶嵌的自我",与自由主义相反,这种镶嵌的自我观认为自我由目的所构成。他们批判罗尔斯的自我观把自我当作优先于目的的既定事实,"当作绝对稀薄的纯粹主题"[⑤],这种观点"完全冲突于我们更加熟悉的、把我们当作'厚重的拥有具体特征的'那种自我观"[⑥]。罗蒂批判道:"如果按照罗尔斯的观点,我仿佛不得不把自己当作一种没有特质的东西,当作不具形体类似于幽灵那样的东西。"[⑦]

---

① 威尔·金里卡:《当代政治哲学》(下),刘莘译,上海:上海三联书店,2004年,第438页。

② 同上书,第437页。

③ 社群主义者批判了自由主义的"无拘的自我",自我是由蕴涵着历史、传统、文化的共同体形塑的。桑德尔提出了"镶嵌自我"(encumbered self)。

④ 阿拉斯代尔·麦金泰尔:《谁之正义?何种合理性?》,万俊人等译,北京:当代中国出版社,1996年,第102页。

⑤ 迈克尔·桑德尔:《自由主义与正义的局限性》,万俊人译,南京:译林出版社,2001年,第67页。

⑥ 同上。

⑦ 参见威尔·金里卡:《当代政治哲学》(下),刘莘译,上海:上海三联书,2004年,第411页。

这种自我观认为个体的自主能力被限于社会角色之中而不是之外才能实施自我决定,因此,要尊重我们的自我决定,国家就不能使我们跳出自己的社会角色。泰勒说道:"我们必须接受由处境'为我们设置的'目标。如果我们不接受这样的目标,追求自我的决定就会导向尼采式的虚无主义,我们就会把所有共同价值当作绝对任意的设定而加以拒斥——于是,生活的权威视域,如基督教的和人道主义的,一个接着一个被当作镣铐而加以抛弃。最后,只剩下强力意志。"[①]按照这种观点,自我决定的能力不在于我们选择何种有价值的目标,而在于发现构成自我的价值。我们的人生目标并不源于选择,而是源于自我发现。问题不是"我应该成为什么样的人,我应该过怎样的生活",而是"我是谁"。自我不是通过"选择"而是通过"发现",不是通过"选择既定的目的而是通过对自我本身的反思和对构成本性的探究,通过弄清自我的法则和命令,通过承认自我的目的就是自我本身——自我正是通过这些途径才得以确定它的目的"[②]。我发现自己在社会中的角色,我可以阐释它的意义,但不能拒斥这些角色。因为这些目标是我作为一个人的构成要素,它是一个既定的事实并决定着我的生活方式。在这些特定的存在之外没有一个独立的"我",没有自我能够优先于这些构成性纽带。

按照这一观点,自我的边界是由我们共同生活于其中的共同体所决定的,共同价值不仅被共同体的成员确定,共同价值还界定着成员的身份。"社群的成员不仅有协调一致的私人利益,而且这些利益还被社群成员作为共同的目的来看待和重视。如果我是一个社群的一名成员,我就与其他成员有着同样的目标和价值观念。我和他们把这些目标看作是我们的目标,而不只是我们每个人作为个人拥有的、碰巧大家都一样的目标。每个成员都把促进社群的目的作为我们的收获,而不是他自己的收获。在作为社群的生命的各种活动中,

---

① 查尔斯·泰勒:《自我的根源——现代认同的形成》,韩震等译,南京:译林出版社,2001年,第146、221页。

② 迈克尔·桑德尔:《自由主义与正义的局限性》,万俊人译,南京:译林出版社,2001年,第73页。

个人首先把自己看作是该群体的成员,把他们的价值看作是该群体的价值。至少在这些活动过程中,‘我的’与‘我们的’之间的区别瓦解了,或者至少已经不再重要了。”①

然而,由于这种自我观一再强调先在价值对自我的构成,自我成为一个被动的发现者。当自我与共同的价值发生冲突的时候,社群主义者则以“共同善”的名义对人们的自主能力进行限制。这种自我观只看到人们具有发现、认识共同善的能力,而忽视了自我也有理性修正善的能力。按照社群主义的自我观,公民在社群中共享着文化的、传统的、社会常规等纽带,公民应该尽力追求一种共同善的生活方式。这一“过强”的社群主义,强调了公民的义务而回避了个人权利。

(三) 共和主义——德性的自我

共和主义的自我观既不同于自由主义“自主的自我”,也不同于“镶嵌的自我”。首先,与“自主的自我”相比,共和主义的自我受到公共善的约束,它在本质上是共和国中的自我。公民对作为一种共同事业的共和国的认同,根本说来是对一种共同善的承认。在一个运作良好的共和国中,同胞的团结纽带是以一种共享的命运感为基础的,这种共享本身就是有价值的。正是这种价值赋予这种纽带特别的重要性,使我与这些人和这种事业的联系特别有拘束力,并激发了我的“品德”或爱国主义。其次,与“镶嵌的自我”相比,共和主义的自我并不是完全被定格在常规与传统中的自我,共和主义自我不仅拥有“公共善”的信念,而且是理性的、具有美德的在道德上完备的自我,每一个个体都积极参与到他们的公共事务中实现自治。“自治”是共和主义核心理念之一,这一观念决定了共和主义的自我不可能是“无拘的自我”或是“镶嵌的自我”,而是“德性的自我”。

“德性”的源头可以在古典主义政治哲学中找到。列奥·施特劳斯指出:“古典政治哲学使政治服从于道德德性,更服从于理论德性(作为人的目的或人的灵魂之完善),但现代政治哲学从马基雅维里

---

① 阿伦·布坎南:《评价社群主义对自由主义批判》,应奇主编:《共和的黄昏》,曾纪茂、毛兴贵译,应奇校,南京:江苏人民出版社,2007 年,第 161—162 页。

开始则将德性服从于政治（看成只是政治上有用的德性）。”[①]马基雅维里之所以可以被看成是现代性之父，恰恰就在于他根本性地颠倒了“好公民”的问题绝对高于“好人”的问题（爱你的城邦高于爱你的灵魂）。自由主义沿着马基雅维里的路线，把好公民的问题变成绝对第一位的问题，而把好人的问题变成只是私人领域之事。所谓权利在先，正义第一，都是要寻求规定好公民的公共标准，而为了达成这个公共标准，自由主义不可避免地走向了“唯法律主义”、“程序主义”，“德性”这一语汇在自由主义眼中成了中立的概念。20 世纪以来，“德性”在权利之上的观念就被完全颠倒了。施特劳斯认为在政治思想史上从“自然法”到“自然权利”再到“人的权利”的转变过程，就是西方走向虚无主义的过程[②]。

共和主义的自我代表了最古老的传统，它主张每一个个体首先应该是有德性的人，其次才能成为好公民，才能实现人民的自治。“德性”在一定意义上被称为“公共精神”，它“要求人们不断地把公共的利益至于个人利益之上”[③]。这种公共精神反映在公民身上，具体表现为强烈的“爱国主义”。泰勒认为：“爱国主义是以在一项特殊的共同视野中对他人的认同为基础的”，它是指“我没有致力于捍卫随便哪一个人的自由，而是感受到在我们的共同事业中对我的同胞的血肉相连的情感”[④]。“它介于友谊或家庭情感和对他人的利他主义的奉献之间。前者使我依恋特定的人们，后者表达了我倾向于为任何地方的任何人的利益而行动。”[⑤]

有德性的公民在公民身份问题上，“公民享有的权利是无支配的权利，这种权利不同于自由主义的平等的自由权。无支配的权利远远超过了法律本身所能提供的范围，所需的权利将比法律单独所能

---

① 列奥·施特劳斯：《自然权利与历史》，彭刚译，北京：三联书店，2003 年，导言，第 49 页。

② 同上书，导言，第 40—56 页。

③ 查尔斯·泰勒：《答非所问：自由主义—社群主义之争》，应奇等主编：《公民共和主义》，应奇译，北京：东方出版社，2006 年，第 378 页。

④ 同上。

⑤ 同上。

提供的要丰富得多,并且它们将取决于那种只有在一个健康的公民社会中才有可能获得的非正式的贯彻”[①]:比如,公民只有在一个市民社会发达,人民显示出互相帮助之意愿的社会中才可能实现。这就是为什么共和主义传统何以始终强调公民美德的供给对于一个自由社会的稳定具有重要意义的原因。

(四)后现代多元主义——动态的自我[②]

之所以将后现代的自我概括为“动态的自我”,在于后现代是一个去中心的流动的时代,在这里,作为主体的自我同样不再是一成不变的目的的构成。有后现代多元主义者称这是一个“主体终结”、“主体之死”的时代。雅克·拉康从后现代的角度将主体描述为“具有不可能充分实现的特征,是由原始的缺失(primordial lack)或他者的空缺所建构起的空洞的主体”[③]。也就是说,这种自我是被抽掉了自我力量和自主的空洞的自我,是仅把目光集中在“某日某时”生活经历的自恋的自我,美国文化批评学家克里斯多夫·拉斯奇称其为“最小限度的自我”[④]。自我的空洞与缺失正标明自我是变动不羁的,因为他将被日常生活中总是变化的一个个小片断充斥着。这种“动态的自我”使人们无法找到一个完整的、完美的、自我一致的认同,相反却发现了文化的异质性和差异。正如弗朗索瓦·利奥塔所说的“开放空时”(open space-time)的时代,“在这里认同转换成了若干个事件,成了一系列漂移的时刻,成了永恒的现在和转瞬即逝的偶遇。”[⑤]后现代的状况释放出了多元化的身份认同。

动态的自我观导致了人们对差异性、多元文化性的身份的认同

① 菲利普·佩迪特:《重申共和主义》,应奇等主编:《公民共和主义》,刘训练译,应奇校,北京:东方出版社,2006年,第142页。

② 这是一种文化取向的研究路径,是非本质主义的。将每个自我都看成是嵌入并源自个体的视角的、多维的自我或“动态的自我”。此概念是自20世纪80年代中期以来在社会心理学文献中发展起来的,但总体上它还是比较新的概念,尤其将其公民权联系在一起,更是不久前的事。

③ 尼克·史蒂文森:《文化与公民身份》,陈志杰译,长春:吉林出版集团有限责任公司,2007年,第69页。

④ 同上书,第70页。

⑤ 同上。

感，而且这些身份认同将随着流动的自我而处于变动不羁的状态，进而淡化了“公民身份”的认同，泰勒称这是一个“公民之死”的时代。当然他的说法过于偏激，但确实可以从中发现后现代政治对传统公民理论的挑战。文化登上了政治舞台，亚群体认同对国家认同的冲击，私人领域闯入了公共领域。正如激进民主主义者墨菲所言：“当我们承认每一个身份认同都是相关于其他身份，并且每个身份存在的条件就是要肯定差异的存在（亦即承认‘他者’将可扮演‘构成性的外在’之角色），我们就能理解诸多‘抗争’是如何出现的。在集体认同的领域中——这里的问题在于如何通过界定一个‘他们’来创造出‘我们’——这种‘我们/他们’的关系总是有可能转变成‘朋友/敌人’的关系。换句话说，它总是有可能变成施密特所说的‘政治’。……因此，政治不能被局限为一种制度，也不能被想象为构成某个特定领域或社会层级。它必须被理解为内在于所有人类社会并决定我们真正的本体性的一个向度。”①

后现代对于公民身份的这种研究路径的一个重要观点对于公民身份的普适性提出了挑战，其认为普遍公民身份的危险在于，它将形式上的平等赋予了公民身份，从而在这种形式平等的面具下虚假地承诺平等。如将宗教倾向排除在公民身份范畴之外就是将宗教放逐于私人领域之中。仿佛它真的对实际的政治、权力关系不发生影响似的。但它不是对普遍性正面攻击，而是对将特殊权利区别于普遍权利以适应自由主义中立立场提出挑战。后现代多元主义公民身份理论认为普遍性权利具有歧视性，认为普遍性权利是以西方白人男性的、正统的、建立在阶级基础上的文化为中心的。原先的主导文化如今被认为是与各种民族的、性别的、文化的、种族的认同相抵触。因此，这些认同就不可能纳入普遍性权力之中，而必须有专门的或特殊的权利来保障这些群体的核心认同。

在现时代，后现代多元主义公民身份通常是争取扩展社会权利、文化权利社会运动的一个重要组成部分。美国通过妇女运动、和平

---

① 查特尔·墨菲：《政治的回归》，王恒、臧佩洪译，南京：江苏人民出版社，2001 年，第 2—3 页。

运动、民权运动等获得的社会权利的发展就是典型的例子。在当代政治中,公民身份并不像迈克尔·曼所说的那样是“统治阶级”的一种策略,相反,它已成为权利话语和反抗运动的基本支柱。

综上所述,可以得出以下结论:德性与权利之间、公共与私人之间、普遍与特殊之间构成了公民身份理论内部的张力。共和主义与社群主义作为一种古老传统的复兴二者以保守者的姿态牢牢护卫着“善”、“德性”、“公益”这些古典价值;比起道德理想,自由主义更愿意相信法律和程序的力量;后现代多元主义则是新时代激进者,而宁愿依赖文化的力量。由此,产生了下列问题:伦理、道德对于政治是否仍有价值,文化与差异对政治的挑战可否化解?这些争议是否能达成基本共识?

三、达成共识的可能及理论努力

实际上,与其说这四种政治思想之间的争论导致了公民身份理论内部的张力,毋宁说公民身份理论恰好成为了四种政治思想围绕“何种善”、“何种自我”等政治哲学议题争论的一个关键性切入点。后现代多元主义试图通过公民身份理论挑战自由主义的普适性正义原则,实现差异政治的理想。共和主义试图通过公民德性、公民参与理论批判自由主义的个人主义和对政治生活的冷漠态度,复兴“共和国”的理想。社群主义试图从强化公民对共同体责任意识的角度,挑战自由主义权利优先于善的观念,释放共同体价值对个体的感召力。公民身份理论既然能够成为各种政治思想之间争论的焦点,若辩证地看,那么这四种政治思想是否能在公民身份理论上达成基本的共识。换言之,自由主义、共和主义、社群主义、后现代多元主义能否在公民身份理论框架中实现各自的理想,在现实中寻找到可以解决争议的有效途径呢?

(一)自由主义公民身份提供基本共识

我们过多地关注于政治哲学内部就“公共与私人之间”、“德性与权利之间”、“普遍与特殊”等问题的对立态度,实际上任何一种政治思想都不是单一面向的,在历史上“自由主义”与“民族主义”相结合就是一个很好的例证。思想在理论上或许呈现一种理想的、纯粹的状态，然而一旦立足于现实它们会妥协，会呈现出不同的面相。因而，四种公民身份理论之间的分歧并不是固化的，相反在争议中各种思想在一定程度上产生了变化，从既有的分歧到寻求基本共识的达成，在整个过程中，围绕公民身份理论的争议越来越明确和清晰。

就社群主义政治内部而言，根据他们对于“多元主义”这一社会现实的不同的态度，可以将其分为两派——“向前看的社群主义”与“向后看的社群主义”。向后看的社群主义依然抱持“镶嵌自我”是对自由主义的“理性可修正性”信念的替代，该观念会表现出非常保守的一面，当人们发现传统习俗具有压制、贬低等令人不满意的特征时，个人质疑或拒绝它们的能力受到了“镶嵌自我”观的限制。事实上，自由主义的自我具有“理性修正善的能力”，是现代社会保证个人自主的基础，但是自由主义太过相信理性的能力，相信人们可以通过公共理性达成“重叠共识”，这种自我观是有缺陷的，它需要德性作为补充。社群主义者一致崇尚“共同体”的价值，他们不相信社会团结可以只靠对正义原则的共享这样一种弱纽带来维系。当面对多元化的现实时，他们对社会团结以及对群体实现共享目标的能力表现出更多担心。瑞克·菲利普认为：“社群主义要向前看，而不是向后看。”①那些向后看的人通常会对共同体的“衰落”表现出乡愁般的哀叹，他们认为，在包容个人选择和文化多样性上我们已经走得太远，并且我们的社会已经变成了一种纵容的社会。这种社会更多关注个人如何实现自己的偏好而较少关注如何实现公民的共同责任。他们的做法是固守着少数群体的特殊的善观念，以群体权力干预个人的自由，并将无休止的善观念之争带入公共领域。

反之，“向前看”的社群主义则承认个人选择与文化多元是现代社会不可逆转的事实。它承认，我们生活在多种族、多宗教和文化多元的社会中，并且社会成员有权利决定它们是否愿意继续执守传统

---

① Phillips, D. L. (1993). *Looking Backward: A Critical Appraisal of Communitarian Thought*. Princeton, NJ: Princeton University Press, pp. 182-184. 转引自威尔·金里卡：《当代政治哲学》（下），刘莘译，上海：上海三联书店，2004 年，第 500 页。

生活方式。菲利普认为绝大多数社群主义可以划归为“向前看”的社群主义。向前看的社群主义致力于寻求新的更强的共同资源来抵消越来越强的多样性。它致力于寻求新方法去建构共同体的纽带,使这种纽带能够整合和包容(而不是限制)我们在生活方式上的选择的多样性。

向前看的社群主义把公民参与视为维系共同体的新资源,因为它致力于通过对我们差异性的审议来建构社会团结的新纽带。正如社群主义者沃尔泽认为,公民的首要义务之一便是参与公民社会,并声称“加入你所选择的团体,这并不是一句振奋政治好斗分子的口号,而是公民社会的要求”①。在社群主义看来,人们加入家庭或种族组织并不是为了学习公民德性,而是意味他们尊重某种价值,并共享着某种人类利益。“我们是在公民社会的自愿组织(如教会、家庭、联合会、种族团体、合作组织、邻居社团、慈善机构等)中习得共同义务感这种德性的”②。正是在这里,我们将个人责任与共同义务的观念内化,才习得自愿的自治,这对于一名真正负责任的公民而言是必不可少的。“个人作为公民应有的品性,能力与自治才得以形成”③。因此,在这一意义上,向前看的社群主义就和共和主义归并到了一起。此外,如果它视文化多元主义为保护群体不受个人自主侵蚀的一种恰当方式,并致力于保护妇女和少数群体质疑传统习俗和确定自己独特身份的权利,它也就归并进了文化多元主义。事实上,如果我们把这样的人都当作向前看的社群主义者——他们最为关切的问题是如何在个人选择和文化多元的时代维系伦理共同体。因此,与其说向前看的社群主义是一个独特立场,不如说仅仅是所有政治理论现在都必须正视的一个问题或挑战。

与社群主义一样,后现代多元主义政治也有两面性:它既可以表

---

① Walzer, M. (1991). The Civil Society Argument, *Statsvetenskaplig Tidskrift*, 94(1), pp. 1-11.

② 威尔·金里卡、威尼·曼诺:《公民的回归——公民理论近作综述》,许纪霖主编:《共和、社群与公民》,南京:江苏人民出版社,2004 年,第 253 页。

③ Galston, W. (1991). *Liberal Purposes: Goods, Virtues, and Diversity in the Liberal State*. Cambridge: Cambridge University Press, p. 109.

现为进步的一面，又可以表现为保守的一面。保守主义者诉求文化多元主义的观念，因为他们担心自由主义和个人自主会不断侵蚀文化共同体的强大传统习俗和常规，会瓦解共同体的能力并使它们无法追求社群主义的共同善的政治。他们运用这种文化多元主义的华丽辞藻去阻止群体内部的分化，去限制群体与更大世界的接触，去捍卫他们所谓的"正统"文化或传统观。在很大程度上，这只是用多元文化的语言重新包装起来的文化保守主义，显示了保守主义狭隘的视界，这是与多元的现代化和全球化蕴涵着的开放、灵活、多样和自主精神相违背的。这个意义上的"文化多元主义"承认在较大社会中存在着各种群体，但却在观念上忽视甚至拒绝群体之内的多样性或差异性。进步的文化多元主义应该首先是自由主义价值的支持者，因为只有平等的自由权才能防止少数群体内部成员间的压制与排斥，才能保证社会中多元的少数群体间的平等。正如沃尔泽认识到的，大多数人都身处某种从属关系之中，在这种关系中我们必须"根据自由与平等的新情况重建"①群体。如果某些群体的活动"过于褊狭而特殊化，在构思上过于狭隘"，那么它们就必须保持"政治正确性"②。沃尔泽把他的观点称为"批判的群体主义"，即公民社会中的群体应该遵守自由平等的正义原则，应该根据公民权利原则行事。

进步的文化多元主义首先认同自由主义的价值，并在自由主义政治框架内对排斥性和压迫性的社会常规发出挑战。这些常规往往排斥和侮辱少数群体，从而无法让其成员充分享有自由主义的权利和公平的资源份额。被边缘化的群体诉求这种形式的文化多元主义，用以挑战传统地位的等级，用以抨击由特定性别、宗教、肤色、生活方式或性倾向等因素在社会中产生的特权地位。在这个意义上，文化多元主义就是文化保守主义的敌人。

文化多元主义之所以表现出两个极不相同的面相，是因为多元主义不仅是对主流社会的挑战也是对少数群体的挑战。少数群体可

---

① Walzer, M. (1991). "The Civil Society Argument", *Statsvetenskaplig Tidskrift*, 94(1), pp. 1-11.

② Ibid.

以诉求文化多元主义去抨击较大社会的因循守旧,并迫使较大社会去接受开放和多元的新现实。但少数群体的一些成员自身却害怕这种新的开放,因此它们诉求文化多元主义的目的恰好是为了替自己寻找到依据,以便压迫群体内部的多元化与分化。因此,如果文化多元主义的自由主义形式——它旨在挑战地位的不平等同时又保护个人自由。如果他们不接受这个前提,我们就有可能看到文化多元主义的保守形式——至少是在地方层面或少数群体范围内,它旨在用社群主义的共同的善的政治去取代自由主义的原则。近来在自由主义理论和后现代多元主义政治理论这两种彼此对立的立场中所呈现的共同点,只不过通常自由主义理论没有意识到在许多民主社会中常见的群体权利及其价值,而文化多元理论则没有看到普遍性权利在促进许多民族群体、种族群体、性别群体的地位方面所具有的功用。

共和主义大体上分为两个传统:古典共和主义和新共和主义,新共和主义又被称为"工具性的共和主义",它是与自由主义相调和的产物。新共和主义试图弥补自由主义内在固有的缺陷。然而在新共和主义看来,古典共和主义(公民人文主义、新雅典共和主义,它最接近于理想类型的共和主义)尽管对自由主义构成了有力的挑战,但它在现代社会中的可欲性和可行性都是很成问题的,私人生活的极大丰富与个人的多元选择导致人们很难就政治活动的内在价值形成共识,也很难指望人们会认为政治活动比社会或私人领域的活动具有更重要的地位。因此,亚里士多德主义的共和主义在很大程度上只具有政治文化批判意义。新共和主义则另辟蹊径,它指出了自由主义的悖谬之处:个人自由和权利当然是重要的乃至至关重要的,但如果每个人和所有人都一味只关心自己的个人自由和权利,却很可能会破坏维护这种自由的制度和环境,从而损害个人的长远利益。因此,自由体制明智的做法不是采取放任自流的态度,而是积极介入去塑造公民的德行和自由主义的价值。自由主义的政治制度和公共政策应该促进的不只是自由、秩序和繁荣,还应该包括积极公民的先决条件。好公民并不是与生俱来的,自由主义成熟公民的自我限制及合理性,不是从私人的土壤中突然出现的,而是从学校和其他许多社会和政治制度中教育出来的。因此,即使从个人自由和权利出发,也需要引入权利之外的因素,比如美德、共善、义务。

新共和主义被称为“后自由主义”[1]。所谓“后自由主义”也许可以这样来理解,“即新共和主义的当代复兴是以自由主义占主导地位为前提的;它不是对自由主义的替代,而是其完善或补充;它应当对个人主义和多元主义这两个现代社会的基本特征做出回应,并继承自由主义的普遍主义、平等主义的承诺以及基本建制”[2]。它们之间的关系或许可以概括为:在哲学上,新共和主义与自由主义存在对立之处,但其间也有相通或联结的地方;在政治上,共和主义与自由主义在基本政治制度方面是一致的,但不排除二者在具体政策上的差异。达格相信,只要自由主义权利观不是被解释为自私自利的个人主义,它就可以与共和主义传统形成某种嫁接。在达格看来,共和主义的自由主义前途光明,它“强化了对于职责、共同体和公共善的诉求,同时也保持了权利的诉求”[3]。共和主义的自由主义公民身份包括三大要素:自主、美德和权利,他们之间不应当被看作是彼此紧张的关系,相反,是彼此补充的关系。自主是一种基本权利。但是,由于每一个人都是自主的,在道德上都是平等的。因此,每一个人都必须尊重他人的自主,权利因此包含了一种互惠关系:我在享有我的权利的同时,必须允许你享有你的权利。因此,自由主义所认为的为了保持个体,就应当逃避社会道德的训诫的观点可以得到扬弃。自由主义在捍卫个人权利的时候,应当接受尊重共同体所有成员的权利的道德义务。反过来,共和主义的公民美德也无需因为要求忠诚于共同体而忽视个体的存在,因为尊重其他个体的权利本身就是一种美德。因此,如果聚焦于这两种传统的真实精义,可以说明它们间的

---

① 不少自由主义者比如罗尔斯、金里卡和新共和主义者比如森斯坦、达格已经看到或承认了这一点。

② 参见天津师范大学刘训练博士论文:《公民与共和——当代西方共和主义研究》(2006年),第148页。

③ Dagger, R. (1997). *Civic Virtures: Rights, Citizenship and Republican Liberalism*. Oxford: Oxford University Press, p. 123.

一致性①。

尽管有关自由主义、社群主义、共和主义以及后现代多元主义的争议仍然在沸沸扬扬地激战中,尽管这些激战将在很长一段时间内无法消除,甚至永无止境,但是理论上对理想的执著不能等同于现实的政治。立足于现实,我们发现自由主义的生命力远比我们想象中要强大,所有的争议都无法绕开自由主义的"正义论"、"权利论"。原因何在?这取决于自由主义政治哲学本身就是一个更为包容的规范性学说,它为公民身份理论之争提供了最基础的共识。从古典自由主义一直到现代自由主义,自由主义不断地在调整着自己的"保护带"的以适应现实,有人称罗尔斯的政治自由主义是社会主义的自由主义,又有人说其游弋在自由主义与共和主义之间,但不管如何我们不得不承认自由主义至今为止依然是主流的政治理论,社群主义、共和主义的复兴,后现代政治的挑战充其量不过是对自由主义政治的一种必要补充。因而,公民身份作为一个二阶理论,它的根基仍然将深扎于自由主义政治哲学之中,自由主义公民身份是必要条件,共和主义公民身份、社群主义公民身份以及后现代多元主义公民身份则是补充条件,在现实政治生活的策略中,促成四种公民身份尽可能地融合不仅为解决自由主义政治的困境提供了可能性,更是为当代政治生活注入了新生力量。

(二)新共和主义培育审议公民

如何做到既坚持自由主义公民身份的基本原则又规避其缺陷,为其注入共和主义、社群主义、后现代多元主义的价值,我们或许可以从新共和主义中寻找到一些可能性的启发。新共和主义有两个取向:公民人文主义倾向于对公民参与内在价值的关注;工具性共和主义倾向于公民美德的培养。此外,新共和主义是为补救当代多元主义、个人主义的挑战而形成的学说,因而,其从公民参与的角度界定了一系列回应多元主义、个人主义挑战的公民美德,它们包括:"质疑政治权威的能力和愿望、从事与公共政策所涉及事物相关的公共讨

① 参见德里克·希特:《何谓公民身份》,郭忠华译,长春:吉林出版集团有限责任公司,2007年,第75—80页。

论的能力和愿望。质疑权威的需要来源于对代议制民主下的公民代表的不满”[①]。从事公共讨论的需要则源于这样一个事实：民主制下政府的决议应该通过自由和公开讨论而公之于众。但“公共讨论的品德不仅仅指参与政治的愿望或使自己的观点被他人知晓的愿望。它还指参与对话的愿望、言说的愿望与倾听的愿望，以及为了使对话得以继续而试图理解他人言说内容的愿望和在尊重他人观点的前提下予以回应的愿望”[②]。比起古典公民美德，这些公民美德更具有现实意义。由此出发，共和主义试图通过“以谈话为中心”的民主理论来替代“以投票为中心”的民主理论，用以克服自由主义政治的痼疾。“以对话为中心的民主”也叫做“审议的民主”(deliberative democracy)。就最广义的界定而言，“协商民主是这样一种观念：合法的立法必须源自公民的公共协商。作为对民主的规范描述，协商民主唤起了理性立法、参与政治和公民自治的理想。简而言之，它呈现的是一种基于公民实践推理的政治自治的理想。”[③]其前提在于承认并接受多元社会文化的现实，以及不同利益主体之间存在的差异和分歧。其核心则在于强调基于理性的公共协商，即讨论、审议、对话和交流，从而实现立法和决策的共识。近年来，越来越多的学者将目光投向了审议民主，如扬、泰勒、埃米·古特曼(Gutmann)、赛拉·本哈比(Benhabib)、丹尼斯·汤普森(Thompson)、安妮·菲利普斯(Phillips)等。

从“以投票为中心的”、“合计的”民主理论向“审议的民主”的过渡是一种进步。这种以投票为中心的民主充其量不过是“合计民意”的，将多元化的民意简单相加或相减，金里卡说这种民主模式确定了输赢机制，但却没有提供旨在发展社会共识、公民责任感、公民德性、塑造公共舆论甚或形成值得尊重的妥协机制，尤其对于边缘化的社会群体，他们没有办法赢得多数投票，在这种民主体制中他们也许永

---

① 威尔·金里卡：《当代政治哲学》(下)，刘莘译，上海：上海三联书店，2004年，第520页。

② 同上书，第521页。

③ 詹姆斯·博曼、威廉·雷吉：《协商民主：论理性与政治》，陈家刚等译，北京：中央编译出版社，2006年，导言第1页。

远不可能施加任何真正的影响力。在这个意义上,代议制民主只有最弱意义的合法性。如今民主理论家已经把注意力从“投票站”转向了公民社会中的公共审议。

人们认为,具有“审议”特色的民主既为个人和群体也为作为总体的社会带来好处。另外,“审议”民主还会导致更大的民主团结。“审议”的民主使社会政策将更有合法性,也是社会成员相互尊重和形成友谊的标志。金里卡认为这种共同的“审议”有时会就各种重要问题达成更大的共识,他说一些似乎无法消除的问题最终被发现是基于误解和信息不完全。“审议”的民主旨在保证为社会带来更大的好处,而确实为少数民主或被边缘化群体带来特别的好处。向着“审议”民主模式的转向就使得关注公民品德问题更显得紧迫。如何保证公民们在公共场合的行为是公共的而不是自利的,对公民的品德提出了更高的要求。民主制度下的公民不仅要积极地、非独断地参与对权威的批判,而且要通过“审议”追求相互理解而不是通过讨价还价或威胁去排他地追求个人利益。没有这些品德,自由主义的民主制就不能实现它的正义承诺,就很可能会受制于非民主的和非自由主义的力量。民主的社会的确需要这些积极参与“审议”民主的公民,人们也越来越多地看到了公民品德的重要性。

这种审议民主对融合四种公民身份理论或许提供了一个甚为有效的途径。对于自由主义来说,审议民主向所有具有平等公民身份的人开放,它首先是在首肯自由主义原则的前提下开展的,如同一个协调各种不同偏好的机制或程序。此外,审议的能力又是建立在自主的自我的基础之上的,每个人运用公共理性在审议民主中改变特殊的善的观念以达成“重叠共识”。对于社群主义来说,审议民主使公民能够创造出一种与政治共同体,与公民同胞休戚与共的归属感,一种自我控制命运的自主感,从而形成一种维系社会团结的新纽带。对于后现代多元主义政治来说,审议民主则将少数群体多元的、既定的价值偏好和欲求置于公共论坛中的公共审议与协商之下,主张通过理性的审议将既定的价值偏好整合进自由主义公民身份中,以拓展自由主义公民身份的外延和包容性。审议民主为隶属于亚群体、亚文化提供了一个争取多元文化权利、表达多元的价值的平台。对共和主义来说,审议民主理论在将民主视为一种集体价值和实质性价值而不仅仅是工具性价值方面,与共和主义完全是一脉相承的。这种民主理论认为,民主不是维护个人权利的工具,它还具有教育、转化等功能;民主参与和审议过程不可避免要涉及公共利益的判断、共同体感的形成和公民德性的培养;参与和审议是公民介入政治共同体,履行公民义务,践行公民美德,最终实现公民自治的基本途径;审议民主的理想目标在于一种积极的公民生活,其中公民能够得到真正的自我实现和发展。

然而这种新的审议民主模式,尚有许多有待解决的问题。诸如如何保证所有群体和观点在这些商谈中都被充分代表或受到了充分的考虑?如何保证在审议的环境中不压制少数人的诉求?如何建立一套公正的选举程序使其对所有平等公民开放?在人们能力不平等的情况下,审议民主如何保证不被占优势人群操控?审议民主中的公民美德、公民责任如何真正落实?如何将审议民主的工具性价值(一种民主程序)与实质性价值(一种公民参与的善)相融合?尽管如此,审议民主作为一个理想的理论模式,为解决公民身份理论内的张力,实现公民身份权利,培养公民美德,提供了一个全新的研究视野。

(三)社群主义:尊重公民权利的基础上保护群体特殊权利

公民身份既可以是排斥性的,也可以是包容性的。公民身份表现为一种特权的最典型方式是对外国人的拒斥。只要公民身份与民族国家之间存在着密切联系,公民身份的排斥性就会变得不可避免。自由主义公民身份传统宣称追求普遍主义的理想,认为所有能够成为国家合法公民的个体都将享有平等的权利和履行相应的义务。但极具反讽意义的是,在某些批评者看来,这种普遍主义的主张却成为强有力的排斥性话语,普遍化的公民身份观念根本不可能在多元社会的背景中得到维持。因为除了个人的权利之外,他们还会要求某些特殊的群体权利,以确保自己不会因为性别、种族以及其他方面的身份而被排斥在公民身份的范围之外。一般认为,艾丽斯·扬和威尔·金里卡的著作为这方面的讨论提供了有力的论述。然而群体权利是一种内在矛盾的观点,因此很难用来促进公民身份的发展。因此笔者将对他们的观点进行批判性检视。

一种以群体作为关注点的公民身份所带来的第一个问题是:难以确定哪些群体可以正当地提出共同的特殊的善,从而应该享受政治体其他成员所不能享受的额外权利。扬的定义是,群体是由共享特定生活方式的个体构成的,这种定义很难经得起检验。她在试图超越自由主义公民身份的个体本质主义的时候,却对社会团体概念进行了同样本质主义的界定。扬认为,对个体进行静态的界定是错误的,这样否定了个体的成长和变化能力。但是,她认为妇女必然具有某种共享的经验,因此可以把她们划归为某一类团体,她在这样做的时候,犯了与她指责的自由主义者一样的错误。在她看来,各种受压迫的群体内部也存在着差异,否定这一点也就是忽略个体具有不同的身份和社会角色这一事实。对个体来说,所有这些身份都至关重要。因此,把个体的政治地位建立在某种单一的身份上,等于否定了复杂的个体性。而且在个体的多重身份中,一种身份还可能与其他身份存在着张力:作为一名黑人妇女的身份在某些时候可能与它作为一名工人的身份形成冲突,等等。如果我们要获得一种充分承认个体能动性、尤其是承认自治能力的公民身份,那么,就不能根据某种单一的身份来定义个体。建立在群体权利基础上的公民身份理论存在着使社会差异固化的危险,从而导致一种无法交流的、碎片化的和高度静态的政治境况。如果这样的话,也就很难兑现扬旨在超越的压制性。

扬的理论还存在着另一个问题:如何防止新团体要求享有大量的权利,以致使整个政体碎片化?对于这一问题的回答,扬的答案可以见之于她对压制的五个维度的划分上,在她看来,他们是判断权利要求是否合理的“客观标准”,判断一个团体的权利要求是否合理,就是要判断他是否受到其中一个或者多个维度的压制。但是,扬对于压制的定义根本说不上客观,而且还充满了矛盾,因此无助于识别特定社会团体所遭受的压制形式。她试图区分不同压制形式的愿望反而使她得出某些奇怪的结论。她说道:“工人阶级遭受压迫、毫无权利可言,但是,如果他得到了雇佣,并且又是白人,那么就不会遭受排挤和暴力压迫"[①]。这是一个显然站不住脚的结论,无须进行过多的评论。一个从事沉闷、不稳定和不安全手工制作的工人,而且住在破败的、暴力横行的地区,难道就不会遭到排挤和暴力的压迫吗?更有甚者,压迫的根源是不断变化的,就像个人的利益一样。近年来,美国的混血人种一直强烈要求应该把自己看作是享有特殊待遇的团体。许多族群的领袖明确反对这一主张。这说明,根据群体的成员资格来授予权力的做法很大程度上是武断的,而且它还说明,在要求获得特殊地位的群体之间存在着潜在的张力。乔帕克认为,美国官方认定了许多类型的"受害者"——如亚洲人或者西班牙人。同时,多元文化公民身份的策略还存在着其他的危险,如某些群体的代言人试图以多元文化之名获得不受限制的权力。换句话说,群体身份的政治很可能落入强人之手。

因此,与扬所认为的相比,压制是一个远为复杂的问题。压制与行动者双方都存在关联。就如黑格尔对主人与奴隶的关系所作的著名讨论那样,压迫者同样受压迫的限制。这同样也是马克思的观点,在他看来,资本主义不仅异化了工人,而且还异化了资本家。因此,如果我们要消除这种以支配为基础的关系的话,那我们就不仅要解放被压迫者,同时还必须解放压迫者。为了克服压迫所带来的破坏性影响,我们必须在群体之间形成相互信任的关系,而不只是在群体内部形成信任的关系。当权利与义务相得益彰的时候,他们便可以在极为不同的个体——但拥有许多共同的经验,而且对于维护共同的生活基础也持有相同的兴趣——之间建立起相互同情的关系。但是,扬对于群体权利的辩护却建立在这样一种观念的基础上:只有那些遭受压制的人才能理解压制。在她看来,只有受压制者的观点才是真实可信的,才配享有特殊权利。

扬并没有成功地使自己与达尔等多元主义学者区分开来。这很大程度上是因为,与她所批判的多元主义一样,当她所接受的社会团体出现在民主议会中的时候,它们的想法基本上已经定型了。作为

---

① Young, I. M. (1990). *Justice and the politics of Difference*, Princeton, NJ: Princeton University Press, p. 64.

受压迫者的地位不仅使他们提出的理由带有道德的色彩，而且与男性白人团体相比，他们对权力关系还有着更加精到的理解。因此，扬的见解似乎暗示，某些声音会比其他一些声音更加具有权威性。而且，当她为否决权进行辩护的时候，她还有效地将某些重要的议题转移到政治议程之外。例如，在她看来，妇女对生育权享有专有的权利。但是，维护这一权利的逻辑理由在于：妇女在生理上与男性不同。扬反对本质主义，但当她把生育权建立在预先决定的、自然的标准上时，便与自己的观点形成了严重的矛盾。

此外这种观点还可能对民主协商的质量造成影响。群体权利使协商在还没有开始之前，便为协商设定了某些限制。例如，如果男性不能体会女性所受的压迫，那么还有什么动力促使他们对女性产生同情，并且以批判的态度看待自身的行为呢？正如约翰·霍夫曼所评论的那样："没有人能够了解自己，除非他们能够了解他人。"①对于那些遭到支配的人来说，改变他人看待其所遭受的压迫的方式尤其重要。否认人们具有同情他人困境的能力，就是要使压迫继续发展下去。那么，政治也就蜕化成了一种仅仅用于承认群体差异的方式了。出于这种原因，扬的本质主义理论不可能实现协商民主的理想。正如米勒所认为的那样，扬没有真正理解不同群体为什么要和解以及如何和解的问题。在他看来，扬似乎认为，"一旦她所认为的受压迫群体合乎事实，那么，它们所提出的要求将会盖过反对者的意见。"②

扬所主张的群体权利与她对社会群体的观点结合在一起。菲利浦斯对她的观点进行了批判："受压迫者没有垄断善行的权利，沦为受害者并不能保证他就一定正确。"③受压迫者对于其环境的反映可以是积极的，但也可以是消极的。从历史的角度来看，它们造成了歧视的分离主义运动、恐怖主义运动以及报复。当然，也包括某些比较有建设性的结果。另外，以个人的群体身份来判断个人也可能对个

① Hoffman, J. (1995). *Beyond the State*. Cambridge: Polity Press, p.209.

② Miller, D. (1995). *On Nationality*. Oxford: Oxford University Press, p.446.

③ Phillips, A. (1993). *Democracy and Difference*. Cambridge: Polity Press, p.160.

人的自由造成损害,这是一个在所有集体身份中都存在的问题。当我们要求他人按照特定群体的成员来对待自己的时候,我们可能同时也正在创造一种张力:个人权利与集体身份之间的张力。之所以需要权利,最重要的理由之一就是保护个体免遭专制的权力的压制。那么,建立在群体而不是个人基础上的公民身份很可能导致更严重而不是更轻微的压迫。群体还可能压迫其自身的成员。对于这一问题的思考有助于我们理解扬和金里卡的差异文化公民身份。

在金里卡的理论中,群体权利也建立在文化的基础上。金里卡认为,享受特殊权利的群体的充分条件是群体内部成员所共存的生活方式,但是,这种生活方式并不是取决于是否受到压迫,而是取决于民族认同。为了证明自己的理论的合理性,金里卡将群体与国家进行了类比。他的逻辑是:"国家是世界上最重要的政治组织,正是因为有了民族国家,才能决定谁是公民和谁不是公民。同理,公民身份本质上是一种以群体为基础的理念,因为它在文化上与集体性的成员资格联系在一起。也就是说,从逻辑上说,对于那些尚未成为国家的民族群体来说,我们仍然不能否认它们拥有群体权利。但是由此产生的问题是,权利是较为具体的事情,因为它提供了特定的物质利益,文化却具有明显的流动性和不断变动的性质。可以说,没有变化的文化是一种僵死的文化。从这个角度来说,任何文化概念,不论它是建立在共同的压迫感还是共同的民族认同的基础上,似乎都很难成为群体公民身份的稳定基础。"

金里卡把他的多元文化公民身份理论建立在民族文化的基础上时,遇到了和米勒的民族理论一样的问题。大卫·米勒认为,只有在民族的背景下,公民所作出的选择才会是有意义的选择。金里卡也认为,"个人自由与民族团体的成员资格联系在一起"①。但是,我们为什么要接受这样一种观点?民族文化概念后面隐藏着阶级、性别等诸多差别。而且,精英们还经常利用民族的叙事来掩盖这些差别,使他们有借口不去处理不平等的真正根源。金里卡在把有意义的选

① Kymlicka, W. (1995). *Multicultural Citizenship*. Oxford: Oxford University Press, p. 69.

择和民族文化联系在一起的时候,同样遇到了如何区分有意义的与无意义的选择的问题。而且还可能出现这样的情形:个人最为珍惜的某些认同偏偏不是种族或者民族认同,而是他所选择的意识形态立场或者生活方式。

金里卡因为民族认同所具有的历史根基而更加倾向于承认这种认同的合理性,并把它置于其他意义的来源之上。但是在历史上,民族与公民身份之间是一种模糊不清的关系。如果某个人的民族认同感得到了维护,那么另一个人的认同感便要持续遭到压制。金里卡也承认,民族认同不能轻易地与宗教、宗派主义和种族仇恨等分离开来。他写道:"最好的情形是使文化共同体成为选择的背景,而不是使之成为共同体的特征或者传统的生活方式。"①然而,民族的许多明显特征和价值与公民身份强调的个人能动性之间存在着张力关系。对于公民身份的实践来说,至关重要的一点是,如果我们想要克服由于强烈依附于民族而引发的张力,那么就必须对人们总是从传统中获得启迪的做法保持批判的态度。因此,文化的本质最为重要,因为它把我们带入到一个具有高度正义的领域,即我们如何才能够把非自由主义的传统与自由主义的个人自由理想融合在一起?金里卡对于这一问题的解决办法是,在内部文化限制和外部限制之间作出区分。在他看来,自由主义应当维护群体权利,因为这种权利承认现实存在的文化差异,并且通过保护弱势文化免遭主流文化压迫的方式促进这种差异的发展,把文化差异看作是社会价值的表现。但是,自由主义必须反对文化团体内部存在的限制,因为它损害了群体成员的公民权利。金里卡的观点存在着明显的矛盾,因为文化的性质如何实际上并不重要,重要的是无论哪一种文化,不论它多么具有压制性,它都成为我们作为公民进行选择时的背景。与扬一样,他的理论把预先假定的文化认同看作是公民身份的基础②。

---

① Kymlicka, W. (1990). *Liberalism, Community and Culture*. Oxford: Oxford University Press, p. 172.

② 基恩·福克斯:《公民身份》,郭忠华译,长春:吉林出版集团有限责任公司,2009年,第80页。

扬和金里卡都指出了自由主义公民身份的某些真实问题。他们都担心,忽视重要的社会差异将会给公民身份的含义造成相应的影响,这种担心本身是正确的。通过发展群体权利来维护弱势群体,的确也存在其吸引人之处。但是,应该将群体权利与群体享有特权区分开来,群体所享有的特殊待遇应该以尊重个人权利和非专断的方式为前提。扬和金里卡都从特殊主义和本质主义的角度界定文化,这种定义否定了公民身份所要维护的个人能动性。正如凯瑟琳·菲尔贝克所言:"如果某个人宣称,自己完全知道另外某个人是由其所属的文化和群体特征决定的,而不是其他什么因素,那么,这种说法的专横程度就好像完全否定了文化的重要性一样。"①扬的群体权利以共同压迫感作为基础,这种权利不仅很可能增加对少数民族的敌意,而且还会使社会日益向碎片化的方向发展。金里卡毫无批判地接受国家,把它作为唯一合理的政治形态,使之与民族文化联系在一起。然而他的主张却遭到了主张世界或全球公民身份的学者的批判。福克斯批评金里卡不明智地主张了那些只会加剧主流民族与少数民族之间张力的条件。"国家不可避免地会支持某些文化认同,同时损害其他一些文化认同。"②全球化"使建立文化同质性国家的神话越来越成为泡影"③。福克斯指出金里卡对于国家主权所作的辩护只会进一步强化自由主义公民身份的核心矛盾——即平等权利与国家主权之间的矛盾。因此,公民身份的讨论应该置于后国家或超国家的框架中。

(四)后现代主义的后国家公民身份

平等与差异之间的关系是差异公民身份理论的最核心问题。但是,平等与差异本质上并不一定是一对相对抗的概念。卡萝尔·佩特曼指出,平等与差异之间问题丛生,这种状况尤其对女权主义和生态主义的公民身份研究造成了极大困扰。对于女性而言,她们经常

---

① Fierlbeck, K. (1998). *Globalizing Democracy*. Manchester: Manchester University Press, p. 99.

② Kymlicka, W. (1995). *Multicultural Citizenship*. Oxford: Oxford University Press, p. 108.

③ Ibid.

被迫面对一种两难的选择:或者接受本质上是男性主义的公民观念,这种接受只有在否定女性与男性之间差异的条件下才能实现;或者干脆主张一种承认差异的政治,这种政治抛弃普遍公民身份的理想,改而追求某些特殊的权利和义务①。生态公民身份同样面临这一问题,它要求超越以人为中心的、抽象的公民身份观,超越福利权利、财产权利、市场交换等物质视界来理解公民身份的含义。从性别的角度而言,女性公民身份要求享有和男性平等的权利,同时也要求承认女性与男性之间的差异。从生态的角度而言,生态公民身份反对自由主义的人类中心主义,并且反对以狭隘的经济标准作为人类成就的主要衡量标准。它要求人类把环境保护至少放到与科学和经济发展同等重要的位置,并且以人和环境相互依存的角度来处理环境问题。

女性主义和生态主义的批判,突出了自由主义所维护的抽象而原子化的个人主义对公民身份实践所造成的负面影响。女性主义认为,和自由主义公民身份联系在一起的主要是契约关系、市场交易和个人独立。因此,它是从原子论的角度出发理解个人之间的关系的。相反,女性主义则坚持,人作为公民所拥有的权利和义务必须与对身体重要性的认识联系起来,主张从相互联系和相互关爱的角度来构想公民身份。生态主义者还主张将这些价值扩展到个人对环境、其他国家以及后代负责任的公民,人所应承担的责任不只是生活在同一共同体中的同代人,而应该扩展到全球环境以及后代。

将公民身份与民族国家相联系事实上限制了自由主义的普世价值和平等追求。就女性主义而言,民族国家通常以种族、性别、血缘的角度进行界定,妇女被描述为民族的象征和财产,而不是与男性平等的公民。而从种族和血缘来界定一个国家,具体表现为对劳工移民的普遍歧视。就全球生态与和平而言,全球化的生态危机和核毁灭等问题对全人类具有威胁。特纳指出,只要接受了人类脆弱性这

---

① Pateman, C. (1992). "Equality, difference, subordination: The politics of motherhood and women's citizenship", in G. Bock and S. James (eds). *Beyond Equality and Difference*. London: Routedge, pp. 17-31.

一观点，便可以在全球层面确立一种以关系为本的权利。以关系为本的后国家公民身份不仅可以超越国家边界，以多种方式把权利扩展到所有个体身上，而且还意味着只有对其他共同体和自然环境表现出更高的责任感，权利才能维持下去。这种后国家公民身份对新自由主义进行了批评。它认为新自由主义过于强调公共领域和私人领域的划分，并且维护市场主导下的私人领域的个人自由。而造成平等与差异之间的对立的主要原因是原子化的个人主义。实现这一目标的唯一方式在于建立一种以关系而不是以原子化个人为基础的公民身份理论①。以关系为本的公民身份把平等与差异看作是相互补充的价值，而不是平等与差异之间二者必居其一的观点。基恩·福克斯进一步将这种以关系为本的公民身份称之为一种进步的后现代主义公民身份。它并不是通过反对自由主义的普遍主义价值来主张差异，相反，它反对扬所主张的群体为本位的公民身份和金里卡提出的多元文化公民身份。

扬对于压迫的强调及其对于群体权利的提倡，显然是为了揭露"支配"所存在的问题。但是，扬对于"支配"的解决方法并不是以关系为本。她对压迫者能够理解自身的性质抱着一种怀疑态度，因此转而同情被压迫者一方。因此，在平等与差异的问题上，扬以一种间接的方式主张后者优先于前者。柯南·马立克曾经以一种有力的方式表明了这一立场的问题所在。他指出，如果我们想要实现解放到理想，并且使公民身份能够容纳各种不同的认同的话，那么，即使对于激进主义者而言，平等而不是差异仍然应该是基本的目标。他注意到，在古典自由主义理论中，平等被看作是与生俱来的，权利则被看作是上帝授予的。马克思则令人信服地把平等牢牢地植根于社会关系当中。马立克的主要观点是："我们一旦抛弃了本质论的解释——不论这种解释是自然论的还是社会论的——平等这一观点就开始变得从属于'主流的认同'。"②因此，差异政治的危险就在于差

① 基恩·福克斯：《公民身份》，郭忠华译，长春：吉林出版集团有限责任公司，2009年，第82页。

② Malik, K. (1996). *The Meaning of Race*. London: Macmillan, p. 258.

异变成了最基本的政治原则。当然,政治预先假定了差异的存在,不存在利益上的差异和冲突,政治也就没有必要存在。但是,政治的全部关切点在于寻找妥协的空间,创造共同的利益,并建立起能够使差异和平共处的治理体系。过于强调差异、否认人具有理解彼此立场的能力,等于是间接地否定了实现平等的可能。

公民身份是一个包含着差异的共同方案,它本质上是社会性的,是一个个人为维持其生活而共同建立起来的方案,太过强调差异只会使这种方案变得不可能。在扬看来,要对社会议题形成一般性的观点是不现实的,但实际上,这正是公民身份要求我们致力于完成的任务。我们只有超越个人经验的局限,才能进行有意义的协商,才能真正有望维持社会秩序。马立克坚信,差异政治无法使被排斥群体获得解放:“差异的哲学是失败的政治,是失败的产物,是社会变化希望幻灭后的产物,是对不平等和四分五裂世界的无可奈何的接受……它所导致的结果是,对排挤、褊狭和事实上的压迫赞颂有加。要超越这样一种视界,我们需要的不仅仅是知识上的信念,而且还要有政治上的抱负。”①

但是,这种旨在实现平等的政治抱负并不需要否认差异的存在。正如扬所观察到的那样,差异并不意味着“没有任何关系和缺乏共同的特征”②。从逻辑上说,一种追求平等的抱负预先假定了差异的存在。平等的目标正是要超越个人的利益和认同,尊重所有人的权利,承认和保护个体的差异性。对于这一问题,金里卡的立场尤其发人深思,因为与扬不同,扬对整个自由主义传统都持批判的态度,金里卡则试图以自由主义的价值来为自己的理论提供辩护,当他以自由主义的术语来处理平等与差异这一困难问题的时候,他无意间揭示了问题的真正根源,即国家。古典自由主义对国家持高度怀疑的态度。相反,金里卡却把国家看作是一种心怀善意的架构,认为它的主要功能之一是要保护文化差异。

---

① Malik, K. (1996). *The Meaning of Race*. London: Macmillan, p.265.

② Young, I. M. (1990). *Justice and the politics of Difference*. Princeton: Princeton University Press, p.98.

如果对金里卡的公民身份定义进行考察,他把公民身份看作本质上是一个以群体为基础的概念。正是因为以这种方式定义了公民身份,他才得以主张弱势群体享有额外的权利,认为个人权利不仅不会危及这种权利,而且是这种权利的补充。但是,金里卡把公民身份看作是一个文化上的概念,其根据是国家的成员资格是依据民族的属性来决定的。他认为,“文化没有固定的中心,也没有明确的边界”①。由此导致的矛盾是,如果把权利与民族结合在一起的话,那将使公民身份建立在不断变动的基础之上。正如沃尔登所指出的那样,人类当然需要有文化的背景,但是,我们为什么要像金里卡的理论逻辑所假定的那样,认为“整个社会世界可以划分为各种独立而明确的文化”②? 这是因为金里卡太依赖于国家以致看不到其他更有效、更能实现正义的方法,这种方法确保个人的权利不会受到国家的侵犯。当然,要采取这一方法,我们需要重新对政治共同体的性质进行根本的思考,同时还需要建立某些超越国家层面的全球治理机构。只有这样一种立场才与自由主义要求相符。

金里卡认为,迄今为止所有有关人权的论述都未能有效地解决弱势群体的文化问题。然而,造成这个问题的原因正是他大力维护的国家所造成的,国家阻碍了人权平等地落实到所有人的身上,而且少数群体的文化对于其成员的压迫可能并不亚于主流文化对于少数文化的压迫。他将个人自由与民族成员资格联系在一起的主张,只会使被“共同体领导者”压迫的个体遭遇各种各样的问题。这种情况对于妇女来说尤其如此,例如,维护文化习惯意味着对女性的割礼的宽容。这也正是为什么当南非向民主制转型的时候,女性群体会尽力争取将公民权利载入宪法的原因,因为无所不在的传统和风俗经常给女性带来各种各样的歧视。

正如金里卡自己所注意到的那样,许多文化都没有自由可言,而

① Kymlicka, W. (1995). *Multicultural Citizenship*. Oxford: Oxford University Press, p. 83.

② Waldron, J. (1992). “Minority cultures and the cosmopolitan alternative”, *University of Michigan journal of Law Reform*, 25(3), pp. 781-782. 转引自基恩·福克斯:《公民身份》,郭忠华译,长春:吉林出版集团有限责任公司,2009 年,第 85 页。

且还给个人自由带来了相当严重的问题。然而，一旦我们假定了群体权利的逻辑，我们就没有理由阻止新的群体也可以拥有类似的权利，即使这些群体的信仰可能非常不受人欢迎。对此，金里卡提出一些解决方案。他指出，那些迁入自由主义国家的移民，由于他们是自愿迁入的，因此没有理由要求享有自治的权利。但是，造成移民迁徙的原因通常包括贫困、政治迫害、宗教歧视等等，纯粹自愿迁徙的说法很少与实际相符。这说明金里卡未能认识到这样一种问题：在发展中国家，国家体制的改革和旨在促进新自由主义市场的改革如何侵害了许多人的权利，并且进一步强化了移民的浪潮。在他看来，群体权利是公平社会的基础，政治经验抛弃这样权利的权宜之计是在牺牲社会正义以换取社会稳定。那么，从逻辑上看，对于由于沦为国家非正义行为的受害者而出现的非自愿移民，金里卡没有理由反对这些人对于群体权利的要求。他的确同意，国家的非正义行为改变了权利所表示的正当性，他指出一个国家如果没有尽到与穷国分享其财富的义务，那么，它也就丧失了限制移民进入的权利①。但是，如果承认这样一种原则，考虑到大部分西方国家政府在全球共同体中都明显没有完成其责任的事实，那么，我们很难明白移民为什么不能正当地要求享有某些特殊的权利。如果我们考虑的是另外一些群体，他们是一些种族群体，应该享有自治的权利，而且明显是非自愿移民的结果，例如，美国的黑人群体和伊斯兰民族等，那么，这一问题将会变得更加尖锐。在历史上的不同时期，这一运动导致了分离主义和公开的种族主义的结果，尤其是反犹主义的出现。如果我们接受金里卡的立场，认为群体权利代表了对过去遭受的不正义行为补偿的话，那么，在很大程度上被作为奴隶而贩卖入美国的种族群体不论要求享有什么样的自治权力，我们似乎都不能够否定它们。金里卡本来把群体权利建立在正义原则的基础上，但在其他一些地方，他却主张为了稳定的目标而否定权利。在评论联合国的“民族自决权”的时候，他提出，这一原则的落实将会导致“不稳定”的结果。但是如

---

① Kymlicka, W. (1995). *Multicultural Citizenship*. Oxford: Oxford University Press, p. 83.

果我们按照金里卡的建议，赋予群体以行动的能力，那么，也就不存在任何原则性理由来组织该团体把自己看作一个民族，并且按照自己的意愿建立起自己的政治体。

对平等与差异的关系考察表明，以群体差异为基础的公民身份对旨在实现平等和保留差异的交往性政治将会产生严重的问题。在扬的理论中，群体权利具有把个体固化在种种碎片化的群体中危险，这种群体只代表个人的部分认同，对于旨在实现群体而不是同质性的一般的公民身份都不能提供多少帮助。民族在金里卡的公民身份理论中处于核心地位，但这种群体也将给个人权利造成压制，因为民族认同通常持文化一致性优先于个人选择的立场。尽管金里卡致力于从自由主义的视角维护群体权利，但这种群体权利本质上与自由主义所主张的个人权利相冲突。

因此，如何超越差异与普遍公民身份之争？福克斯认为，首先要放弃对自由主义先入为主的假设。按照差异政治的逻辑，压迫的出现是自由主义的理念所致，从而必须完全抛弃自由主义的价值。但是事实证明完全抛弃自由主义的价值并不是一个明智的选择。自由主义为何无法兑现自治、安全、平等的承诺？并不是因为自由主义是错误的，而是我们对自由主义预先设定的前提所致。第一个前提是自由主义必然存在于民族国家，第二是假设自由主义主张市场必然优先于民主①。

他指出自由主义坚持国家的不可避免性和市场优先于政治的假设前提，才使得某些类型的公民自由变得与社会公民身份相互冲突。它用市场权利来指代某些类型的公民权利，论证了这种冠之以公民权利的市场权利不是一种自然权利而是社会中的权利。“洛克认为，自然权利是上帝的恩典。但是，如果我们去掉上帝这个超验的存在，可以看到，市场权利和社会权利一样，都是依赖于政治共同体的维护”②。自由主义对公民权利（实质上是市场权利）的强调，使得它加

---

① 基恩·福克斯：《公民身份》，郭忠华译，长春：吉林出版集团有限责任公司，2009年，第87页。

② 同上，第65页。

剧了公民权利与社会权利之间的矛盾。正如南茜·弗雷泽和琳达·戈登批评自由主义中的契约观念被不恰当地用来理解社会权利,扭曲了社会公民身份的表现方式。“它们所缺少的是一种公共性的语言,这种语言能够表达二元对立思维所遗漏的某些理念,尤其是社会团结的理念、非契约性互惠以及对于人际关系来说至关重要的相互依赖关系”①。

接着他反驳了市场优先于政治的假设,他论证道:“在人类历史上,所有的经济形式都无法运作于政治框架的范围之外,现代资本主义也不例外,它的发展与民族国家的建立密切相关。在许多情况下,如德国和日本,资本主义很大程度上是国家推动的结果。因此,政治与经济孰先孰后,其实只是一个程度问题。”②第三,他反驳了市场对个人而言是平等、政治对个人而言是不平等的观点。“自由主义者经常认为,市场不会对个人造成歧视。政治决策明显支持某些人的利益而反对另外一些人的利益,但与政治决策不同,市场不会产生任何不公正的现象。但问题在于,我们可以预测市场互动将带来的结果,我们也可以运用社会政策来弥补不平等现象。因此,这不是一个绝对化的问题,而是一个如何既运用好市场的力量,又维护好民主公民身份的条件之间平衡的问题。”③

自由主义的这两个假设与自由主义所主张的抽象的个人主义密切相关。弗雷德·特温对这个观点进行了系统的批评。他认为人天生是社会的动物,相互依赖是人的天性。自由主义所认为的社会是由原子化个人组成的观点并不正确,因为每一个人在其生命过程中都必须与其他人发生紧密的联系。作为一种政治性动物,个体只有在与其他人进行集体协商的基础上才能建立起共同的治理制度④。因此,大卫·塞尔比认为,首先,不应把政治权利看做是保护个人利

---

① Fraser, N., Gordon, L. (1994). “Civil citizenship against social citizenship”, in B. Van Steenbergen (ed). *The Condition of Citizenship*. London: Sage, pp. 90-107.

② 基恩·福克斯:《公民身份》,郭忠华译,长春:吉林出版集团有限责任公司,2009年,第65页。

③ 同上。

④ Twine, F. (1994). *Social Rights and Citizenship*. London: Sage, p. 2.

益的最佳工具,相反应当把它们看做是个体与政治共同体之间关系的反映。其次,随着社会分工发展,人们在提供商品和服务方面也存在着彼此依赖的关系。所有市场交换都会产生外部效应,而不只是影响到买卖双方,这种外部性必须得到共同体的集体管理。正因为如此,只主张市场权利而忽视社会权利的自由主义是不负责任的。再次,每个人的一生是长期的过程,在每个不同的阶段,人的处境是不同的。对于多数人而言,总是要经历受惠最少的阶段,因此,依赖他人是不可避免的。最后,随着科技发展,人类对自然环境开发的能力越来越强,人类应更多从互相依存的角度考虑人与自然的关系,避免破坏性生产和掠夺式开发。因此,法律和政治权利与社会权利乃至与义务之间并不必然存在冲突①。

在否定抽象个人主义并论证了人的社会属性的基础上,后国家主义公民身份对国家、公共领域-私人领域的划分进行了质疑,因为它把权利和责任推广到所有的人际关系。后国家主义公民身份主张,依据尊重他人权利和履行共同制度维持所必须承担的义务的原则来管理社会,而国家确是以暴力的方式管理社会,这是对公民身份原则的否定。

吉登斯和约翰·霍夫曼等人指出自由主义的私人领域实际上是一个非常政治化的领域,私人领域也需要民主化。吉登斯认为公民身份可以用于家庭关系的处理,“家庭领域正在越来越民主化”②。由于男女之间正变得更加平等,这不可避免地导致再协商式人际关系的发展,这种关系建立在审议原则尤其是“免于暴力的自由”的原则基础上。吉登斯认为,通过把公民身份应用于私人领域,把社会政策导向促进人与人之间的相互妥协,我们可以建立一个在所有人际关系中去除暴力的政治框架。

霍夫曼则进一步将公民身份运用于反对国家暴力管理,认为公民身份在人际关系中的民主理念应扩展到政治领域,反对以暴力方式解决政治问题。霍夫曼对武力和强制进行了区分,前者涉及对选

---

① Selborne, D. (1994). *The Principle of Duty*. London: Sinclair-Stevenson, p. 80.

② Giddens, A. (1998). The Third Way. Cambridge: Polity Press, p. 93.

择的否定,后者则指非暴力化的社会压力,对可能拒绝尊重他人权利的人或者具有反社会行为的人施压。霍夫曼认为,由于国家垄断了所有暴力手段,因此内在地具有支持暴力的取向。"在以国家为中心的社会,任何人都明白,所有的法律都以暴力作为后盾,当它们失效的时候,暴力便会出现。这使所有人在遵守法律的同时,还从心里感受到暴力的威胁。"①因此,公民身份要获得真正的解放,就必须以民主的方式而不是以武力的方式解决公共领域和私人领域之间的张力。肯·普卢默(Plummer, K)将这种公民身份称之为"亲密公民身份"。它指的是把公民身份的原则应用于个人之间的关系。在自由主义传统中,公民身份被严格限制在理性主宰下的公共领域。私人领域建立在家庭生活(人类情感领域)和供求规律主宰下的市场交换的基础上。福克斯提出,私人领域中,市场规律调节下的公民身份是一种不完善的公民身份。他主张"整体公民身份",意在超越公共领域与私人领域的划分。他认为这是一种深厚的公民身份理念,以关爱伦理为基础,将作为人的身份与作为公民的身份合二为一。那么这些将以反暴力和关爱为基础的公民身份理念都共同地指向了一种"后国家主义的公民身份"。

以关系为本的后国家公民身份在批判自由主义某些局限性的情况下,将自由主义的普世价值扩展到每个个体身上。自由主义所主张的权利是表明人性尊严和自主的最佳机制。但是,自由主义传统的问题在于,它是以一种高度抽象和空泛的角度对权利进行辩护的。自由主义者中多数主张把国家作为基本的政治单元,这种权利实际上与相互依赖的人际关系相分离。如果不承认权利的相互依赖性质,不承认所有权利都只有在得到他人承认的条件下才能具有意义,那么,它对于后国家公民身份只能产生有限的影响。

在日益全球化的、民主化的时代,差异挑战了作为国家为单位的普遍主义公民身份框架,对自由主义公民身份的理解有必要打破民族国家的边界,一种全球正义制度中的后国家、超国家公民身份将有

---

① Hoffman, J. (1998). "Is there a case for a feminist critique of the state?", *Contemporary Politics* 4(2), pp. 161-176.

助于解决公民身份的理论困境,并进一步推进公民身份理论的发展。那么如何实践后国家主义公民身份的理念?在现实中后国家主义公民身份的实践的典型代表是欧洲公民身份。就目前而言,它尽管还存在许多问题,但是却也产生了十分积极的影响,尤其在提升妇女、移民劳工、职业父母的自主性和资源方面。索伊萨尔在提出后国家秩序的展望时,提出了以人权为基础的一种高度抽象的权利观①,这种权利观超越了赖以维系权利的社会政治结构。克里丝汀·乔帕克指出,"除非秩序问题得到解决,否则由民族国家所构成的世界里,后国家成员身份的想法就只会是一种乌托邦式的想象。"②除非能够找到一种机制,它超越国家层次的政治定义,否则人权就只能建立在岌岌可危的基础之上。后国家模式公民身份必须比抽象的人权观有更多的东西,因为治理除了需要有权力之外,还必须有参与和责任。在当前全球的许多地方,人权遭到国家的粗暴对待,要建立一种稳定的后国家秩序,那就必须考虑能够保证全球公民权利的治理制度。

首先,建立全球公民权利的治理制度主要还是依靠国家主体来建构,公民身份的发展的主要力量依赖于促进各个国家的民主化。国家构成了个体公民的首要环境,权利和责任主要是在国家层次上得到落实。跨国公司、世界银行、国际货币基金组织等国际组织依赖于由国家所建立起来的规则框架。这意味着在不同国家,促进公民身份的发展必须着眼于进一步促进国家的民主化,使平等的公民身份价值在各个国家范围内得到扩展。

其次,全球化要求后国家公民身份除了伸张权利之外,还要承担起对其他共同体的责任,愿意与其他国家建立起更牢固的联系。全球化使得共同体之间的不平等加剧,移民、难民、国际犯罪、地区冲突、环境危机等问题,它们不仅是不平等的产物,而且还将给发展中国家和发达国家带来共同的风险。因此,全球治理机构必须调整新

① Soysal, Y. N. (1994). *Limits of Citizenship*. Chicago: University of Chicago Press, p. 56.

② Joppke, C. (1998). "Immigration challenges the nation-state", in C. Joppke (ed.) *Challenges to the Nation-State: Immigration in western Europe and United States*. Oxford: Oxford University Press, pp. 5-46.

自由主义在经济管理方面的政策,富裕国家必须意识到,世界经济体系偏向于它们的利益,它们所获得的利益常常以第三世界国家为代价。

再次,后国家模式的公民身份不仅要求共同体所有成员的参与,而且还要求他们忠于自己的政治制度。政治体的成员不仅享有权利,而且也要履行义务。政治共同体内部成员有权也有义务决定共同体未来的发展。如果某些群体只享有公民身份所带来的某些社会利益,却不在共同体内履行他们的责任,这只会引发其他群体的敌对情绪。福克斯非常赞同哈贝马斯的宪政爱国主义,他认为后国家公民身份以宪政爱国主义而不是文化作为政治共同体的纽带,形成公民忠诚与责任的精神。这并不是说文化甚至民族都将消失,实际上,后国家公民身份将主要在地方层面上得到落实。然而,不论从物质还是文化的角度,政治共同体的边界都不能永远保持封闭,公民身份的权利和责任必须延展到国家边界的范围之外。

在前现代社会中,公民与非公民的划分反映的是各种不平等关系,并且把它们看做是自然的、不可改变的。现代社会中公民身份是一个封闭的概念。后国家主义公民身份主张将公民从民族等特定文化认同的限制中解放出来,要求人们具有开放的心灵,使公民身份与金里卡、扬等人主张的以群体为基础的公民身份能够相容。后国家主义公民身份实际上并没有完全抛弃自由主义,而是将自由主义中所含的平等价值扩展到全球范围内每一个人身上。露丝·李斯特认为:"一种包容性的、能够实现自由主义平等抱负的公民身份理念必须是国际主义的,也是多元化的。"[①]在这个意义上,后现代理论并不与自由主义的普世价值相冲突,甚至赞成自由主义的个人权利、平等和普遍主义公民身份。但是这种后现代主义公民身份要求打破现代性所塑造的公民身份与国家、市场等封闭性概念的联系。

通过对公民身份理论内部分歧,以及几种可能的解决途径的探讨,不难发现公民身份理论始终在反思并探索一种真正与基本的正义和道德原则相契合的可能路径,而这场争议无法绕开普遍主义和

---

① Lister, R. (1997). *Citizenship: Feminist Perspective*. Basingstoke: Macmillan, p. 196.

特殊主义之争:作为一种普遍主义的公民身份与作为一种共同体意义上的成员资格之间,道德规范与传统伦理之间的争议将仍然持续下去。“普遍主义政治认为,人之所以要求平等尊重是因为我们都是人,平等尊重的原则要求我们忽视人与人之间的差异。差异政治则认为,我们应当承认甚至鼓励特殊性。”[①]泰勒认为差异政治要求承认特殊认同的背后隐含着一种普遍主义的原则,即吁求所有的独特性都应得到普遍平等的尊重和承认。这一从平等尊重的基础上衍生出来的普遍主义政治和差异政治的冲突,无疑属于当代民主国家的内在悖论。然而,以“后国家”的视角去看待公民身份,民族国家为单位的普遍主义和以少数群体为单位的特殊主义并非永恒对立的两极。公民身份不仅包含民族国家公民资格和少数群体成员资格,它也意味着后国家主义公民身份。后国家主义公民身份既考虑到了多元化的社会现实,又考虑到了落实公民身份的社会、政治制度在数量和类型方面的最新发展[②]。在各种不同的背景下落实公民身份需要有灵活的心智,而不能仅仅将公民身份与某种狭隘的认同联系在一起,比如民族认同、种族认同、群体认同等。差异公民身份意味着必须优先对待认同的某一个方面,而不平等地对待所有的认同。然而,公民身份真正的吸引力在于,它鼓励人们以一种商谈和开放的态度去处理与其他公民的关系。以群体为基础的公民身份很容易激起彼此间的猜疑,从而危及群体内部“具有异议的个体”的权利。以一种后国家模式存在的后现代主义公民身份不仅不反对自由主义所维护的个体权利,而且还必须建立在个体权利的基础之上。只有在个人权利的基础之上,个人选择而不是预先决定的真正的多元化的文化认同才有可能得到维护。福克斯以后现代途径探讨了公民身份,他不仅没有抛弃自由主义反而使自由主义的普世主义理念进一步扩展至国家框架之外。

---

① 查尔斯·泰勒:《承认的政治(上)》,董之林、陈燕谷译,《天涯》,1997年第6期。

② 德里克·希特:《何谓公民身份》,郭中华译,长春:吉林出版集团有限责任公司,2007年。

这些充满争议的公民身份理论为公民身份的制度实践提供了反思。在现实生活中,任何人不应该孤立地看待任何个体或是团体,以至于陷入原子化的个人假设或是封闭的群体假设。在全球化的开放时代,一方面,个人不是孤零零的原子化和抽象的个体,他植根于社会关系与文化传统之中;另一方面,个人又是自主而理性的存在,我们应当充分尊重和保护个体理性判断和选择的自由。理性且具有美德的公民互相影响互相进行着社会合作。在一个民主社会中,作为一种实践的公民身份,它意味着基本公民自由权、政治权利以及广泛的社会权利和少数的群体承认权。作为一种规范的公民身份,它可以还原成一个基本的道德问题,即公民身份应当符合基本的正义原则,保护自主而理性的个体在社会中平等和自愿的合作。

结　语

公民身份理论的兴起并非偶然，"在20世纪70年代，政治哲学的中心概念是正义和权利，因为自由主义者试图确立一种有别于功利主义而又融贯一致的理论。到了20世纪80年代，关键词变成了共同体和成员资格，因为社群主义者试图证明，自由主义的个人主义为何不能解释或维系共同情感、共同身份以及任何可行的政治共同体都需要的边界。下一阶段的辩论似乎必然要超越自由主义的个人主义和社群之间的对立，而要把自由主义正义的要求和共同体成员资格的要求整合到一起。公民身份（citizenship）的理念显然是开展这项工作的一个重要候选。"[①]那么，未来的公民身份研究会怎样？不得不承认公民身份研究包含着一种潜力，即把聚焦于"正义之争"的各门学科的力量，引导到一个新的、一直困扰着各门社会科学与人文学科的"后现代"的、"多元文化"的、"全球化"关注点上来。

当代关于公民身份的争论的焦点之一是围绕着社会公民身份而展开的。罗尔斯的平等的自由主义试图从道德哲学的层面为福利国家提供一种新的论证。在西方社会，福利国家被视为纠正市场经济分配不公的手段，它一方面受到保守自由主义的批判，另一方面，公民的社会权利、经济权利给国家造成了沉重的负担，加之国家自身的腐化与运作失灵……以至于在20世纪80年代和90年代，许多国家出现了向右转的倾向——"消减国家的福利开支"以及"选举保守或新右翼党派"。保守主义者认为，福利国家最根本的错误并不在于它的公平正义理念以及对弱势的关照，而是在于，福利国家的政策一方面助长了一大批好逸恶劳的公民，向辛勤工作的公民征税以贴补那

① 威尔·金里卡：《当代政治哲学》（下），刘莘译，上海：上海三联书店，2004年，第511页。

些不愿工作的人;另一方面,福利国家事实上没有能够做到弥补穷人真正的劣势。虽然平等自由主义者一贯认为,再分配的政策能够使劣势者进入主流社会并使它们有效地运用自己的公民权利和政治权利,但保守自由主义者论证道,福利国家助长了穷人的消极性,不仅没有实际增进他们的生活机会,反而产生了一种依赖性格。为了克服福利国家的失败,保守自由主义者提出:"人们应该超越权利(beyond entitlement),人们应该为自己的生活承担责任。"[①]在对福利国家、分配正义原则的批判之中,保守自由主义者不自觉地转向"公民责任和义务"问题,即社会权利的享有必须以履行公民责任和义务为前提。从这个意义上说,保守自由主义者的思想部分地与"社群主义公民身份"的思想相契合。

然而,按照蒂特马斯的观点,国家有责任满足其公民的各种福利需要,并且通过三种平行的福利系统来实现,"社会的"、"财政的"与"职业的"。"社会福利"包括公共提供的资金与服务,诸如社会保障利益、地方当局的保障性房屋、国民健康服务、个人社会服务等等,"财政福利"包括税务津贴与减免,"职业福利"指的是雇佣劳动市场上有利的就业产生的额外利益,诸如退休金、就餐、私人健康计划等附加福利[②]。事实上,多数人依赖于享有职业与财政的福利利益被保守自由主义所忽略,少数人依靠少量的社会保障福利生活却被保守自由主义谴责为其是不负责任的及不值得支持的人。那么究竟谁是负责任的、自我反思的公民,以及谁是斤斤计较、不负责任、只顾自我利益的福利依赖者?在现实中,往往是那些最有技艺的操作者,而不是那些最迫切需要的人,是当代福利国家的受益者。保守自由主义或是第三条道路福利的运行更有利于特权的公民,而对易受伤害的

---

① 参见 Lawrence, M. M. (1986). *Beyond Entitlement: The Social Obligations of Citizenship*. New York: Free Press, pp. 43-53.

② Titmuss, R. M. (1958). "The social division of welfare", in *Essays on the welfare state*, London: Allen and Unwin. 转引自彼得·德怀尔:《理解社会公民身份:政策与实践的主题与视角》,岳经纶、蒋晓阳译,北京:北京大学出版社,2011 年,第 202 页。

群体构成了损害①。保守自由主义将独立的、负责任的、积极的工人与不负责任的、消极的、依赖福利而不从事雇佣劳动的人对立起来，这种简单的两分法过于抽象。保守自由主义者未考虑到发挥调节作用的市场经济与公共福利体系的成功运转对性别化的非正式福利的依赖程度，许多所谓的依赖者承担了非正式照顾工作的重担但未被承认或被低估。

因此，保守自由主义者简单地将“依赖”与“独立”进行对比的争论是有缺点的，实际上，所有人都是社会性的相互依赖的。我们对自我的感觉，我们是谁，是随着时间通过其他人的联系与关系来建构的。因此，在复杂社会中，公平的福利体系应该为特定群体在不同时期提供机会或施加限制，其中有利于贫民的更高层次的经济的再分配仍是未来的方向，再分配资源的同时更重要的是再分配自由与机会②。因此，在讨论公民身份的社会权利与义务问题时，我们应意识到考虑社会合作体系中人与人之间的依赖性具有价值优先性，所有人应认识到社会成员的共同的人性。作为社会成员，我们的进步或社会地位的提高，通常是在别人的帮助下或以其他人为代价而获得的。因此，我们需要认识到共同体内的所有人都是必然依赖别人的，并对他人负有责任。但是，我们仍然需要挑战那些导致一些群体不必要的依赖的制度、结构与社会关系。

公民身份争议焦点之二是围绕着民主公民身份而展开的。当下社会现实是全球化对民族国家的挑战，跨国组织的增多、移民数量的增长、文化的多元化等后现代政治对传统政治的挑战，亚群体、亚文化所带来的多元化身份认同对传统公民身份的挑战，这些挑战使得各个国家分配公民身份的方式发生重大的变化，公民的范畴也必然随之发生分化。从更深的层次上讲，这些有关文化多样性的身份认同模式提出了政治边界和文化边界的渗透性问题。现代民主国家是

---

① Taylor-Goody, P. (2001). “Risk, contingency and Third Way: evidence from BHPS and qualitative studies”, *Social Policy and Adminstration*, 35(2), pp. 195-211.

② Twine, F. (1994). *Citizenship and social rights: The interdependence of self and society*, London: Sage Publications, p. 78.

要求一种严格意义上的领土完整呢，抑或，可以在非常开放的、可相互渗透的边界条件下得以发展？事实上，民主社会的一个基本特征就是理性的多元论这一事实，即宗教、哲学与道德方面相互冲突的、理性的完备性学说①的多元性。

针对这一困境，政治自由主义提出了民主公民身份与公共理性以解决之。公民们意识到，基于他们不可调和的完备性学说，他们不可能达成一致，甚至不能达到相互理解。罗尔斯认为，对公民们而言，关于真理或正当的完备性学说应当由公共理性取而代之。公共理性理念的核心在于，它不批评也不攻击任何一种宗教或非宗教的完备性学说，除非该学说与公共理性和民主政体的根本要求不相容。公共理性的理念在最深层次上厘定一些基本的道德与政治价值，这些价值用于确定宪政民主与其公民之间的关系，以及公民们相互之间的关系。那些拒斥宪政民主的人，比如认为政治关系是或友或敌的关系，或是原教旨主义的宗教学说以及独裁与专制的统治者都是和民主公民身份的公共理性理念不相容的②。当法官、立法者、行政首长、其他政府官员、公职人员出于并遵循公共理性的理念而行动，并根据他们视为最为理性的、政治性的正义观念向其他公民们解释他们支持根本政治立场的理由时，公共理性的理想就实现了。通过这种方式，他们在对彼此以及其他公民履行"公民性责任"。普通公民通过尽其所能使得政府官员遵循公共理性，来履行他们的"公民性责任"。比如，公民必须用公共理性来解释他们的投票行为的依据，或者普通公民参加审议民主者所提倡的公共审议活动。民主公民身份作为一种理想，它可以帮助我们在政治生活里找到各种不文明行为的根源，能够理解自我约束在政治论辩中的价值，意识到我们的政

① 完备性学说所对应的英文是 comprehensive doctrines，对该词的翻译还有整全性学说、广包性学说等。在《政治自由主义》一书中，罗尔斯对该词进行了阐释。完备性学说是关于一整套道德的信念，它不仅包括对政治制度的信念，而且还包括对好生活、德性等更宽泛的信念。完备性学说指对道德信念的形而上学和认识论问题的讨论，例如宗教、功利主义、康德哲学等。

② 约翰·罗尔斯：《公共理性理念新探》，谭安奎译，谭安奎主编：《公共理性》，杭州：浙江大学出版社，2011 年，第 121 页。

治行为可以变得更加文明。

根据罗尔斯的观点，民主公民身份意味着：公民通过相互解释其支持某项政策的理由，并从不偏不倚的公共立场出发，一起运用公共理性检验所有人的理由是否恰当，以判定哪些理由可望得到所有公民认同，也就是能得到公共理性的政治价值的支持。这一民主公民身份思想遭到了社群主义、女权主义的批判，他们将这种自由主义的民主公民身份视为普遍主义公民身份，忽视了多元文化社会中深层次的价值冲突。现实中许多案例充分揭示了自由主义的普遍主义公民身份在解决多元文化的民主社会问题时的持久困境。从中立的角度出发，对社会上所有群体都是有利的，并不必然对每个群体来说是有利的。如所有人都享有相同的政治平等和权利而实现的政治包容，对所有群体而言是好的，但是对于少数群体来说，他们的目的包括保护自己的少数文化和认同。又如宗教宽容的例子，对平等而自由的个体而言，每个宗教群体都是理性的，但是对于宗教群体而言，自由主义会挫败某些宗教群体的集体目标，最终使得它们难以在其内部对成员进行社会化。因此，普遍主义公民身份虽然对社会上所有群体而言是理性的，但对某些群体来说可能十分不利，同样，普遍主义公民身份从公共立场出发对所有个人而言是理性的（如减少环境污染），但不一定对每个人都是好的（如更便宜的汽油）。

然而，社群主义或后现代多元主义所主张的差异公民身份也不是解决民主社会多元文化困境的良策。例如在多元文化教育中，社群主义会走向两个极端。以民族国家为共同体的社群主义者会将教育体制看作是学生在一种共同的文化中进行社会化而成为公民的地方。将少数族裔等亚文化群体视为共同体的社群主义者则会强调多样性的教育。第一种社群主义公民身份倾向于同化和压制多元文化，第二种社群主义公民身份简单地引入多元文化，却会加剧群体间的冲突，使得不同群体、学校和社群之间在课程设置上各执一词。因此，普遍与差异之间存在一种权衡，较大政治共同体的统一与多元性以及较小文化群体的整合之间存在着明显冲突。

有关民主公民身份的讨论从普遍公民身份到差异公民身份的争议，转向了对审议民主公民身份的大讨论。一种与对话和交往密切相连的审议公民，在处理多元文化社会深层次冲突时更富有成效。其中哈贝马斯提出的审议民主公民身份，使罗尔斯的民主公民身份中的公共理性观念变得更具有包容性。在审议过程中，更多的公民应该参与进来，并且讨论的议题范围也将更广，让更多的宗派人士和激进的批评家挑战既有的共识基础，扩大公共理性的范围。公民在审议过程中，即使存在持续的深层次分歧仍然保持合作并达成多元共识而不是单一共识。哈贝马斯的审议民主公民身份的理想，其实质是要求所有公民在审议过程中能够持续地进行合作与妥协，但并不要求所有公民出于相同的理由而同意。然而，一旦审议不再依赖于罗尔斯所说的单一的公共理性，那么，这种关于深层次政治冲突的妥协可以视为一种独特的道德性的妥协①。在道德性妥协的实践过程中，争议中的各方可以修正他们的初始信念共同接受的新的框架，对两套冲突性价值和信念，以及对第三种替代性解释的建构进行反复地审议。

深层次文化冲突是民主社会无法回避的冲突，民主公民身份是公民运用公共理性对道德冲突进行多次审议以解决冲突的途径。然而，一种好的民主公民身份的制度安排应该保障公民审议的自由权并尽可能地扩大公民审议的范围，包容差异性，拓展公民身份的既定框架，在某种意义上，多元文化主义公民身份和后国家主义公民身份的实践能够进一步释放民主公民身份的潜能。

众所周知，对中国人来说，“公民”概念是舶来品，真正在中国土地上成长起来并长期处于主导地位的概念是“臣民”、“草民”和“子民”。在经历了几千年“草民”的自轻自贱之后，中国人接纳的首先是抽象的“人民”。如果说“草民”的形象是柔弱无助和任人宰割的话，那么“人民”的形象则是高大伟岸、威风凛凛。“草民”折射的是强权压榨和备受欺凌，而“人民”则常常与“人民公敌”或“阶级敌人”结伴同行。在人民专政的高亢强音中，“公民”独自显得有些异类和不堪一击，事实证明，“草民”的地位固然要挣脱，但界限模糊的“人

---

① 参见詹姆斯·博曼：《公共理性与多元文化主义：政治自由主义与道德冲突问题》，陈肖生译，谭安奎主编：《公共理性》，杭州：浙江大学出版社，2011 年，第 195—218 页。

民”概念也需要有更多的约束[①]。值得庆幸的是,随着改革开放和市场经济的发展,中国的“公民”意识已渐呈燎原之势,而中国的“公民社会”也日益显露出雏形。

公民身份对中国建立公平正义的分配体系以及民主实践具有十分重要的意义。中国目前已经是全球第二大经济体,然而贫富差距日趋严重。若要实现可持续的发展,建立对收入和财富分配的公平正义制度势在必行。这意味着改革应着眼于消除体制内外以及城乡之间的身份等级制,保证所有公民享有平等的公民资格。如何才能保证公民享有平等的公民资格?

首先,平等的政治权利如言论自由、集会自由等是保障公民确立正义的政治目标和追求有效的社会政策所必须的要件。其次,平等的法律权利如公民自由、结社自由、职业的选择自由以及其他自由则保证了公民平等地追求个人人生中视为有价值的东西。再次,公平的社会权利如促进能力的权利,医疗卫生保健、养老金,教育机会,再分配和补偿的权利,低收入者权利等,这些权利为社会中处于不利地位的公民提供平等参与社会合作的机会和能力。换言之,第一种平等的自由权保证了公民在公共领域追求正义的能力。第二种平等的自由保证了公民在私人领域追求特殊价值的能力。第三项权利是对前两项自由的保证。因此,平等的公民资格意味着保证所有的人拥有同样的基本权利、自由和公平的机会,而且所有人也都处于差别性保护之下。当然,在同等的自由权和公平的机会条件下,拥有更强大的正义感能力和追求个人价值能力的公民所得到的回报和承担的责任也会更多。值得注意的是,公民是终生的和完全的社会合作成员,从童年到老年的所有人生阶段都会有不同的要求,将自己视为度过所有人生阶段的人,每个人都有可能成为低于社会最低必要能力的人,那么保护最不利者不仅仅意味着强者对弱者的补偿,而且保证每一个人具有平等地参与社会合作的能力[②]。

---

① 郭忠华、刘训练编:《公民身份与社会阶级》,南京:江苏人民出版社,2007 年,编者导言,第 1 页。

② 约翰·罗尔斯:《作为公平的正义:正义新论》,姚大志译,北京:中国社会科学出版社,2011 年,203—211 页。

然而,受到马克思主义的影响,国内也有观点认为公民、公民权利以及公民资格是资本主义制度的产物,有学者关注中国与西方资本主义国家发展模式之差异,对西方公民身份提出批评,并试图建构具有中国特色的公民资格、公民身份理论。其中对资本主义公民身份较为典型的批评包括如下几个方面:

其一,资本主义世界的公民身份中所包含的基本权利和自由,乃至与人权相关的权利和自由,所表达和保护的是公民的自私自利,而没有捍卫一种公共利益并着力培育公民的公共精神。其二,资本主义的公民身份所包含的政治权利和政治自由纯粹是形式化的,工人并没有对生产过程的控制权,工人与资本家之间实质性的不平等无法得到真正消除。资本主义为了攫取利润所实施的劳动分工使公民丧失了独立性,破坏了个人与社会共同联接的纽带,将公民变成了孤立而抽象的原子,使公民处于异化状态,丧失实现自我价值和追求自由的能力。马克思主义在批判之余,期待通过消除私有制达到共产主义的方式来实现个人真正的自由解放与平等。

应该承认马克思对资本主义公民身份实践的批判是深刻的,但是我们也需要清楚现实中的公民身份实践原本就不是理想。面向实践的人们,不应该用一种观念的理想与另外一种观念的现实作比较,如果要比较的话,也应该在特殊的历史环境中,以现实对现实。过于执著于意识形态之争往往无异于政治实践,如果社会主义公民身份的制度安排能以公民们共同接受的方式,更好地实践平等的公民资格,那么社会主义公民身份就是有益的。同样,资本主义公民身份在设计良好的财产所有的民主制度中,它所提倡的自由权利不仅保护个人私利也能够保障每位公民的高阶利益,而形式化的政治权利不能带来实质的平等却保证所有公民拥有发挥政治影响的公平机会,社会权利不仅保护了公民的消极自由,也对积极自由给予了适当的保护。就目前的中国国情而言,无论是资本主义的公民身份还是社会主义的公民身份都是有益的。资本主义公民身份所主张的公民自由、公平的机会能够极大地限制特权群体享有特权和福利,社会主义公民身份所强调的参与权利、实质的平等则有助于弱势群体改善被排斥和歧视的地位,将福利惠及更广泛的公民群体。公民身份的理论应力图超越意识形态之争,超越封闭的文化、民族、种族的划分,在正义的制度下保障公民资格的平等,而不是在至善的理想中追求公民身份的价值。

参考文献

英文著作

Barnes, C., Mercer, G. (2003) *Disability*. Cambridge: Polity Press.

Barnes, C., Mercer, G. (eds) (1997) *Exploring the divide: Illness and disability*. Leeds: The Disability Press.

Barnes, C., Mercer, G., & Shakespeare, T. (1999). *Exploring disability: A sociological introduction*. Cambridge: Polity Press.

Barry, J. (1999) *Rethinking green politics*. London: Sage.

Bellamy, R., Castiglione, D. & Santoro, E. (eds) (2004) *Lineages of European Citizenship*. Basingstoke: Palgrave Macmillan.

Bendix, R. (1964). *National-building and Citizenship*. New York: John Wiley and Sons.

Benhabib, S. (2004). *The rights of others: aliens, residents, and citizens*. Cambridge: Cambridge University Press.

Beresford, P. and Turner, M. (1997) *It's our welfare: Report of the citizens' commission on the future of the welfare state*. London: NISW.

Beresford, P., Green, D., Lister, R., & Woodard, K. (1999). *Poverty first hand: Poor people speak for themselves*. London: CPAG.

Beveridge, W. H. (1942). *Social Insurance and Allied Services*. London: HMSO.

Beveridge, W. H. (1948). *Voluntary Action*. London: Allen and Unwin.

Brubaker, W. R. (1992). *Citizenship and nationhood in France and Germany*, Cambridge, MA: Harvard University Press.

Burns, D. S. (1999). *Social exclusion*. Buckingham: Open University Press.

Carlen, P. (2013). *Women Punishment*. Devon: Willan.

Castles, S., Davidson, A. (2000). *Citizenship and migration: globalization and the politics of belonging*. New York: Routledge.

Cesarani, D., Fulbrook, M. (1996). *Citizenship, nationality, and migration in Europe*. Psychology Press.

Dagger, R. (1997). *Civic Virtues*. Oxford: Oxford University Press.

Dahrendorf, R. (1959). *Class and class conflict in industrial society*. Stanford: Stanford University Press.

Deacon, A. (2002). *Perspectives on welfare: Ideas, ideologies and policy debates*. Buckingham: Open University Press.

Dean, H (ed). (2004). *The ethics of welfare: Human rights, dependency and responsibility*. Bristol: The Policy Press.

Dean, H., Melrose, M. (1999). *Poverty, riches and social citizenship*. Basingstoke: Macmillan.

Dean, J. (1996). *Solidarity of Strangers: Feminism after Identity Politics*. Berkeley: University of California Press.

Delanty, G. (2000). *Citizenship in a global age: Society culture and politics*. Buckingham: Open University Press.

Dennis, T. (1970). *The Democratic Citizenship*. Cambridge: Cambridge University Press.

Derek, H. (1999). *What is Citizenship*. Oxford: Polity Press.

Dobson, A. (2003). *Citizenship and the Environment*. Oxford: Oxford University Press.

Dobson, A. and Bell, D. (2006). "Introduction. In: A. Dobson and D. Bell", eds. *Environmental citizenship*. Cambridge: MIT Press, pp. 1-17.

Dobson, L. (2006). *Supranational citizenship*. Manchester: Manchester University Press.

Dower, N. and Williams, J. (eds) (2002). *Global citizenship: a critical reader*. Edinburgh: Edinburgh University Press.

Dower, N. (2003). *An introduction to global citizenship*. Edinburgh: Edinburgh University Press.

Dryzek, J. (1997). *Politics of the earth: environmental discourses*. Oxford: Oxford University Press.

Esping-Andersen, G. (1990). *The three worlds of welfare capitalism*. Cambridge: Polity Press.

Etzioni, A. (1995). *Spirit of community*. London: Fontana.

Etzioni, A. (2000). *The third way to a good society*. London: Demos.

Etzioni, A. (ed). (1998). *The essential communitarian reader*. Oxford: Rowman an Littlefeld.

Falk, R. (1994). The making of global citizenship. In: B. van Steenbergen, (ed). *The condition of citizenship*. London: Sage.

Faulks, K. (1999). *Political Sociology*. New York: New York University Press.

Faulks, K. (2000). *Citizenship*. London and New York: Routledge.

Fimister, G. (2001). *An end in sight? Tackling child poverty in the UK*. London: CPAG.

Friedman, K. V. (1981). *Legitimation of social rights and the western welfare state*. Chapel Hill: University of North Carolina Press.

Galston, W. A. (1991). *Liberal purposes: Goods, virtues, and diversity in the liberal state*. Cambridge :Cambridge University Press.

Gershon, S. (1998). *The Citizenship Debates: A Reader*. Minnesota: University of Minnesota Press.

Goodin, R. (1992). *Green political theory*. Oxford: Oxford University Press.

van Gunsteren, H. R. (1998). *A Theory of Citizenship: Organizing Plurality in Contemporary Democracies*, Boulder, Colorado:

Westview Press.

Habermas, J. (1994). Citizenship and national identity. In: B. van Steenbergen, ed. *The condition ofcitizenship*. London: Sage.

Hall, T., Williamson, H. (1999) *Citizenship and Community*. Leicester: Youth Work Press.

Hayward, T. (1995). *Ecological thought: an introduction*. Oxford: Polity Press.

Hayward, T. (1998). *Political theory and ecological values*. Cambridge: Polity Press.

Hirst, P., Thompson, G. (1999). *Globalization in question: the international economy and the possibilities of governance*. 2nd ed. Cambridge: Polity.

Hoffman, J. (2004). *Citizenship beyond the State*. London: Sage.

Hutchings, K. (1999). Political theory and cosmopolitan citizenship. In: K. Hutchings and R. Dannreuther, (eds). *Cosmopolitan citizenship*. London: Macmillan.

Isin, E. F. (2000). *Democracy, citizenship, and the global city*. London: Routledge.

Isin, E. F., Wood, P. K. (1999). *Citizenship and Identity*. London: Sage.

Janoski, T. (1998). *Citizenship and civil society: A framework of rights and òbligations in liberal, traditional, and social democratic regimes*. Cambridge: Cambridge University Press.

Dunn, J. (1982). *The Political Thought of John Locke : An Historical Account of the Argument of the ' Two Treatises of Governmnent'*. Cambridge: Cambridge University Press.

Jones, E., Gaventa, J. (2002). *Concepts of Citizenship: A Review*. Brighton: Institute of Development Studies.

Kabeer, N. (2005). *Introduction: the search for inclusive citizenship, in: N. Kabeereds. Inclusive Citizenship*. London & New York: Sage.

Kershaw, P. (2005). *Carefair: Rethinking The Responsibilities and Rights of Citizenship*. Vancouver & Toronto: UBC Press.

Kymlicka, W. (1995). *Multicultural Citizenship*. Oxford: Oxford University Press.

Kymlicka, W. (2001). *Politics in the vernacular: Nationalism, multiculturalism, and citizenship*. Oxford: Oxford University Press.

Kymlicka, W. (2007). *Multicultural odysseys: Navigating the new international politics of diversity*. Oxford: Oxford University Press.

Linklater, A. (2002). "Cosmopolitan citizenship", in: E. F. Isin, B. S. Turner (eds). *Handbook of Citizenship Studies*. London: Sage.

Lister, R. (1990). *The exclusive society: Citizenship and the poor*. London: CPAG.

Lister, R. (2003). *Citizenship: feminist perspectives*. New York: NYU Press.

Marshall, T. H. (1950). *Citizenship and Social Class*. Cambridge: Cambridge University Press.

Marshall, T. H. (1981). *The Right to Welfare*. London: Heinemann.

Marshall, T. H., Bottomore, T. B. (1992). *Citizenship and social class*. London: Pluto Press.

Morris, J. (2005). *Citizenship and Disabled People*. London: Disability Rights Commission.

Ohmae, K. (1999). *End of the Nation State: the rise of regional economies*. New York: Free Press.

Ong, A. (1999). *Flexible citizenship: the cultural logics of transnationality*. Durham: Duke University Press.

Parsons, T. (1971). *The system of modern societies*. Englewood Cliffs, NJ: Prentice-Hall.

Philips, D. (1993). *Looking backward: A critical Appraisal of Communitarian Thought*. London: Princeton University Press.

Phillips, A. (2003) Recognition and the struggle for political voice, in: B. Hobson (eds). *Recognition Struggles and Social Movements*. Cambridge: Cambridge University Press.

Pierson, P., Castles, F. G. (eds). (2000). *The welfare state: A reader*. Cambridge: Polity Press.

Plummer, K. (2003). *Intimate Citizenship: Private Decisions and Public Dialogues*. Seattle & London: University of Washington Press.

Roche, M. (1992). *Rethinking citizenship: welfare, ideology and change in modern society*. Cambridge: Polity Press.

Room, G. (ed). (1995). *Beyond the threshold: The measurement and analysis of social exclusion*. Bristol: The Policy Press.

Sevenhuijsen, S. (1998). *Citizenship and the Ethics of Care*. London & New York: Routledge.

Shafir G. (1998). *The Citizenship Debates, A Reader*. Minneapolis: University of Minnesota Press.

Shklar, J. (1991). *American citizenship: the quest for inclusion*. Cambridge: Harvard University Press.

Sim, B.; Gavanas, A. (2000). *Gender and Citizenship*. Cambridge: Cambridge University Press.

Smith, M. (1998). *Ecologism*. Minneapolis: University of Minnesota Press.

Soyal, Y. N. (1994). *Limits of citizenship: Migrants and postnational membership in Europe*. Chicago: University of Chicago Press.

Taylor, C. (1992). *Multiculturalism and ' the politics of recognition: an essay*. Princeton: Princeton University Press.

Titmuss, R. (1963). *Essays on the Welfare State*. London: Allen and Unwin.

Townsend, P. (1979). *Poverty in the United Kingdom*. London: Penguin.

Townsend, P. (1975). *Sociology and Social Policy*. London:

Penguin.

Turner, B. S. (1986). *Citizenship and capitalism: the debate over reformism*. London: Allen & Unwin.

Turner, B. S. (1990). Outline of a Theory of Citizenship. *Sociology*, 24(2), 189-217.

Turner, B. S. (ed). (1993). *Citizenship and social theory*. London: SAGE Publications Limited.

Van Steenbergen, B. (ed). (1994). *The condition of citizenship*. London: SAGE Publications Limited.

Vandenberg, A. (ed). (2000). *Citizenship and democracy in a global era*. Basingstoke: Macmillan.

Vogel, U., Moran, M. (1991). *The frontiers of citizenship*. London: MacMillan Publishing Company.

Walzer, M. (1992). "The Civil Society Argument", (ed). C. Mouffe, *Dimensions of Radical Democracy: Pluralism, Citizenship Community*. London & New York: Verso.

Waters, M. (1995). *Globalization*. London: Routledge.

Young, I. M. (2002). *Inclusion and Democracy*. Oxford: Oxford University Press.

Young, I. M. (2011). *Justice and the Politics of Difference*. Oxford: Princeton University Press.

英文论文

Barry, J. (2006). "Resistance is fertile: from environmental to sustainability citizenship". In: A. Dobson and D. Bell, (eds). *Environmental citizenship*. Cambridge: MIT Press, pp. 21-48.

Barton, L. (1993a). "The struggle for citizenship: the case of disabled people", *Disability, Handicap and Society*, 8(3), pp. 235-48.

Barton, L. (1993b). "The struggle for citizenship: the case of disabled people". *Disability, Handicap & Society*, 8(3), pp. 235-248.

Bell, D. (2005). "Liberal environmental citizenship".

Environmental politics, 14(2), pp. 179-194.

Christoff, P. (1996). "Ecological citizens and ecologically guided democracy". In: B. Doherty and M. de Geus, (eds). *Democracy and green political thought: sustainability, rights, and citizenship*. London: Routledge, pp. 151-169.

Cohen, E. F. (2005). "Neither seen nor heard: children's citizenship in contemporary democracies", *Citizenship Studies*, 9(2), pp. 221-240.

Conover, P. J., Crewe, I. M. & Searing, D. D. (1991). "The nature of citizenship in the United States and Great Britain: empirical comments on theoretical themes", *Journal of Politics*, 53(3), pp. 800-832.

Delanty, G. (1997). "Models of citizenship: defining European identity and citizenship". *Citizenship studies*, 1(3), pp. 285-303.

Desforges, L., Jones, R. & Woods, M. (2005). "New geographies of citizenship", *Citizenship Studies*, 9(5), pp. 439-451.

Dwyer, P. (1998). "Conditional citizens? Welfare rights and responsibilities in the late 1990's", *Critical Social Policy*, 8(4), pp. 519-43.

Dwyer, P. (2000). "Making sense of social citizenship: some user views on welfare rights and responsibilities", *Critical Social Policy*, 23(3), pp. 311-27.

Faist, T. (2001). "Social citizenship in the European Union: nested membership", *Journal of Common market Studies*, 39(1), pp. 37-58.

Falk, R. (2000). "The decline of citizenship in an era of globalization", Citizenship *Studies*, 4(1), pp. 5-17.

Fraser, N. (2003). "*Social justice in the age of identity politics: redistribution*", *recognition and participation*, in: N. Fraser & A. Honneth, (eds). *Redistribution or Recognition? A Political-Philosophical Exchange*. London & New York: Verso.

Gabrielson, T. (2008). "Green citizenship: a review and critique", *Citizenship Studies*. 12(4), pp.429-446.

Giddens, A. (1982). "Class division, class conflict and citizenship rights", in A. Giddens. *Profiles and Critiques in Social Theory*. Berkeley: University of California Press, pp.164-180.

Hart, H. L. A. (1979). "Between utility and rights", *Columbia Law Review*, 79(5), pp.828-842.

Hayward, T. (2000). "Constitutional environmental rights: a case for political analysis", *Political studies*, 48 (3), pp.558-572.

Hayward, T. (2006). "Ecological citizenship: justice, rights and the virtue of resourcefulness", *Environmental politics*, 15 (3), pp.435-446.

Held, D. (1998). "Democracy and globalization", in D. Archibugi, D. Held and M. Kohler (eds). *Re-imagining community: Studies in cosmopolitan democracy*. Stanford, CA: Stanford University Press, pp.11-27.

Herd, P. & Meyer, M. H. (2002). "*Care work: invisible civic engagement*", *Gender & Society*, 16(5), pp.665-688.

Hirst, P. & Thompson, G. (1992). "The problem of 'globalization': international economic relations, national economic management and the formation of trade blocs", *Economy and Society*, 21(4), pp.357-396.

Janowitz, M. (1980). "Observations on the sociology of citizenship: obligations and rights", *Social Forces*, 59(1), pp.1-24.

Joppke, C. (2007). "Transformation of Citizenship: Status, Rights, Identity", *Citizenship Studies*. 11(1), pp.37-48.

Kymlicka W., Norman W. (1994). "Return of the citizen: a survey of recent work on citizenship theory", *Ethics*, 104 (2), pp.352-381.

Lewis, G. (2006). "Imaginaries of Europe: technologies of gender, economies of power", *European Journal of Women's Studies*,

13(2), pp. 87-102.

Lipset, S. M. (1964). "Introduction". In T. H. Marshall. *Class, citizenship and social development*. Chicago: University of Chicago Press.

Lister, R. (2002). "Sexual citizenship", in: E. F. Isin & B. S. Turner, (eds). *Handbook of Citizenship Studies*. London: Sage, pp. 191-208.

Lister, R. (2007). "Inclusive citizenship: realizing the potential", *Citizenship Studies*, 11, pp. 49-61.

Lister, R. (2012). "*Citizenship and gender*", in K. Nash and A. Scott, (eds). The Blackwell companion to political sociology, pp. 372-382.

Lister, R., Smith, N., Middleton, S. & Cox, L. (2003). "*Young people talk about citizenship: empirical perspectives on theoretical and political debates*", Citizenship Studies, 7(2), pp. 235-253.

Mann, M. (1987). "Ruling class strategies and citizenship", *Sociology*, 21(3), pp. 339-354.

Marks, D. (2001). "Disability and cultural citizenship", in: N. Stevenson, (eds). *Culture and Citizenship*. London: Sage, pp. 167-179.

Moosa-Mitha, M. (2005). "A difference-centred alternative to theorization of children's citizenship rights", *Citizenship Studies*, 9(4), pp. 369-388.

Mouffe, C. (1992). "Feminism, citizenship and radical democratic politics", in: J. Butler, J. W. Scott, (eds). *Feminists Theorize the Political*. New York & London: Routledge, pp. 233-258.

Muetzelfeldt, M. and Smith, G. (2002). "Civil society and global governance: the possibilities for global citizenship", *Citizenship studies*, 6 (1), pp. 55-75.

Murray, H. (1991). "Citizenship", *The American Intellectual Encyclopedia*, New York: Grolier, pp. 742-745.

Nyers, P. (2007). "Introduction: why citizenship studies", *Citizenship studies*, 11(1), pp. 1-4.

Pakulski, J. (1997). "Cultural citizenship", *Citizenship Studies*, 1(1), pp. 73-86.

Plummer, K. (2001). "The square of intimate citizenship: some preliminary proposals", *Citizenship Studies*, 5(3), pp. 237-253.

Prokhovnik, R. (1998). "Public and private citizenship: from gender invisibility to feminist inclusiveness", *Feminist Review*, 60, pp. 84-104.

Richardson, D. (1998). "Sexuality and citizenship", *Sociology*, 32(1), pp. 83-100.

Richardson, D. (2000). "Constructing sexual citizenship", *Critical Social Policy*, 20(1), pp. 105-135.

Roche, M. (1987). "Citizenship, social theory, and social change", *Theory and Society*, 16(3), pp. 363-399.

Smith, M. (2005). "Ecological citizenship and ethical responsibility: Arendt, Benjamin and political activism", *Environments*, 33 (3), pp. 51-63.

Stasiulis, D. (2002). "The active child citizen: lessons from Canadian policy and the children's movement", *Citizenship Studies*, 6(4), pp. 507-538.

Tambini, D. (2001). "Post-national citizenship", *Ethnic and Racial Studies*, 24(2), pp. 195-217.

Turner, B. S. (1990). "Outline of a Theory of Citizenship", *Sociology*, 24(2), pp. 189-217.

Turner, B. S. (1990). "Outline of a Theory of Citizenship", *Sociology*, 24(2), pp. 189-217.

Turner, B. S. (2000). "Liberal citizenship and cosmopolitan virtue", in A. Vandenburg (ed). *Citizenship and democracy in a global era*, Basingstoke: Macmillan, pp. 18-32.

Waldron, J. (1992). "Minority cultures and the cosmopolitan

alternative", *University of Michigan journal of Law Reform*, 25, pp. 3-4.

Walker, R. (1995). "The dynamics of poverty and social exclusion", in G. Room(ed). *Beyond The Threshold: The measurement and analysis of social exclusion*, Bristol: The policy Press, pp. 102-128.

Weeks, J. (1998). "The sexual citizen", *Theory, Culture & Society*, 15(3), pp. 35-52.

Young, I. M. (1989). "Polity and group difference: a critique of the ideal of universal citizenship", *Ethics*, 99(2), pp. 250-274.

Young, I. M. (1995). "The ideal of community and the politics of difference", In P. A. Weiss and M. Friedman (eds). *Philadelphia: Feminism and community*, pp. 233-258.

Yuval-Davis, N. (1997). "Women, citizenship and difference", *Feminist review*, 57, pp. 4-27.

中文著作

T·H·马歇尔、安东尼·吉登斯:《公民身份与社会阶级》,郭忠华、刘训练译,南京:江苏人民出版社,2008 年。

阿拉斯代尔·麦金泰尔:《谁之正义? 何种合理性?》,万俊人等译,北京:当代中国出版社,1996 年。

阿马蒂亚·森:《以自由看待发展》,任赜、于真译,北京:中国人民大学出版社,2002 年。

埃乌杰尼奥·加林:《意大利人文主义》,李玉成译,北京:北京三联书店,1998 年。

安东尼·阿巴拉斯特:《西方自由主义兴衰史》,曹海军等译,长春:吉林人民出版社,2004 年。

巴巴利特:《公民资格》,谈谷铮译,台北:台湾桂冠图书公司,1991 年。

巴特·范·斯廷博根:《公民身份的条件》,郭台辉译,长春:吉林出版集团有限责任公司,2007 年。

邦亚曼·贡斯当:《古代人的自由与现代人的自由》,阎克文、刘满桂译,北京:商务印书馆,1999 年。

保罗·霍普:《个人主义时代之共同体重建》,沈毅译,杭州:浙江大学出版社,2010 年

本尼迪克·安德森:《想象的共同体:民族主义的起源和散布》,吴叡人译,上海:上海人民出版社,2003 年。

彼得·德怀尔:《理解社会公民身份:政策与实践的主题与视角》,岳经纶、蒋晓阳译,北京:北京大学出版社,2011 年。

《不列颠百科全书》(第 4 卷),北京:中国大百科全书出版社,1999 年。

布赖恩·特纳编:《公民身份与社会理论》,郭忠华、蒋红军译,长春:吉林出版集团有限责任公司,2007 年。

蔡英文:《主权国家与市民社会》,北京:北京大学出版社,2006 年。

曹海军编:《权利与功利之间》,南京:江苏人民出版社,2006 年。

查尔斯·泰勒:《自我的根源——现代认同的形成》,韩震等译,南京:译林出版社,2001 年。

查特尔·墨菲:《政治的回归》,王恒、臧佩洪译,南京:江苏人民出版社,2001 年。

常士訚编:《异中求和:当代西方多元文化主义政治思想研究》,北京:人民出版社,2009 年。

褚松燕:《个体与共同体:公民身份的演变及其意义》,北京:中国社会科学出版社,2003 年。

褚松燕:《权利发展与公民参与:我国公民资格权利发展与有序参与研究》,北京:中国法制出版社,2007 年。

大卫·休谟:《休谟经济论文选》,陈玮译,北京:商务印书馆,1984 年。

戴维·赫尔德:《民主的模式》,燕继荣等译,北京:中央编译出版社,1998 年。

戴维·米勒:《社会正义原则》,应奇译,南京:江苏人民出版社,2001 年。

丹尼尔·贝尔:《社群主义及其批评者》,李琨译,北京:三联书店,2002 年。

德里克·希特:《公民身份:世界史、政治学与教育学中的公民理想》,曹海军、肖滨、郭忠华译,长春:吉林出版集团有限责任公司,2010年。

德里克·希特:《何谓公民身份》,郭忠华译,长春:吉林出版集团有限责任公司,2007年。

恩靳·伊辛、布雷恩·特纳主编:《公民身份研究手册》,王小章译,杭州:浙江人民出版社,2007年。

恩斯特·拉克劳、查特尔·墨菲著:《领导权与社会主义的策略:走向激进民主政治》,尹树广、鉴传今译,哈尔滨:黑龙江人民出版社,2003年。

菲利克斯·格罗斯:《公民与国家:民族、部族和族属身份》,王建娥、魏强译,北京:新华出版社,2003年。

菲利普·汉森:《汉娜·阿伦特:历史、政治与公民身份》,刘佳林译,南京:江苏人民出版社,2007年。

菲利普·佩迪特:《共和主义——一种关于自由与政府的理论》,刘训练译,南京:江苏人民出版社,2006年。

芬·谬哈尔、亚当·斯威夫特:《自由主义与社群主义者》(第2版),孙晓春译,长春:吉林人民出版社,2007年。

冯俊、龚群:《东西方公民道德研究》,北京:中国人民大学出版社,2011年。

弗雷德里希·奥古斯特·冯·哈耶克:《通往奴役之路》,王明毅等译,北京:中国社会科学出版社,1997年。

耿焰编:《少数人差别权利研究:以加拿大为视角》,北京:人民出版社,2011年。

顾准:《希腊城邦制度》,北京:中国社会科学出版社,1982年。

郭忠华:《变动社会中的公民身份:与吉登斯、基恩等人的对话》,广州:广东人民出版社,2011年。

汉娜·阿伦特:《论革命》,陈周旺译,南京:译林出版社,2007年版。

汉娜·阿伦特:《人的条件》,竺乾威等译,上海:上海人民出版社,1999年。

基恩·福克斯:《公民身份》,郭忠华译,长春:吉林出版集团有限责任公司,2009年。

季乃礼:《哈贝马斯政治思想研究》,天津:天津人民出版社,2006年。

江宜桦:《自由民主的理路》,北京:新星出版社,2006年。

卡尔·博格斯:《政治的终结》,陈家刚译,北京:社会科学文献出版社,2001年。

凯特·纳什、阿兰·斯科特:《布莱克政治社会学指南》,李雪等译,杭州:浙江人民出版社,2007年。

昆廷·斯金纳:《自由主义之前的自由》,李宏图译,上海:上海三联书店,2003年。

昆廷·斯金纳、博·斯特拉思编:《国家与公民》,彭利平译,上海:华东师范大学出版社,2005年。

拉尔夫·达仁道夫:《现代社会冲突:自由政治随感》,林荣远译,北京:中国社会科学出版社,2000年,第46页。

李丽红编:《多元文化主义》,杭州:浙江大学出版社,2011年。

李龙、汪习根、徐亚文:《法理学》,武汉:武汉大学出版社,2011年。

理查德·贝拉米:《重新思考自由主义》,王萍等译,南京:江苏人民出版社,2005年。

梁茂信:《现代欧美移民与民族多元化研究》,北京:商务印书馆,2011年。

列奥·施特劳斯:《自然权利与历史》,彭刚译,北京:三联书店,2003年。

列奥·施特劳斯、约瑟夫·克罗波西:《政治哲学史》(上、下),李天然译,石家庄:河北人民出版社,1993年。

刘诚:《现代社会中的国家与公民:共和主义宪法理论为视角》,北京:法律出版社,2006年。

刘霓:《西方女性学》,北京:社会科学文献出版社,2001年。

露丝·里斯特:《公民身份:女性主义的视角》,夏宏译,长春:吉林出版集团有限责任公司,2010年。

罗伯特·L·西蒙编:《社会政治哲学》,陈喜贵译,北京:中国人民大学出版社,2009年。

罗伯特·达尔:《论政治平等》,谢岳译,上海:上海人民出版社,2010年。

洛克:《政府论》(下篇),叶启芳、瞿菊农译,北京:商务印书馆,1964年。

马德普编:《中西政治文化论丛》(第2辑),天津:天津人民出版社,2002年。

马德普、威尔·金里卡编:《中西政治文化论丛》(第5辑),天津:天津人民出版社,2006年。

马德普、威尔·金里卡编:《中西政治文化论丛》(第4辑),天津:天津人民出版社,2004年。

《马克思恩格斯选集》(第1卷),北京:人民出版社,1995年。

马晓燕:《多元时代的正义寻求:I. M. 扬的政治哲学研究》,北京:光明日报出版社,2012年。

迈克尔·桑德尔:《自由主义与正义的局限》,万俊人等译,南京:译林出版社,2001年。

迈克尔·沃尔泽:《正义诸领域——为多元主义与平等一辩》,褚松燕译,南京:译林出版社,2009年。

孟德斯鸠:《论法的精神》(上册),张雁深译,北京:商务印书馆,1963年。

莫里斯·罗奇:《重新思考公民身份——现代社会中的福利、意识形态和变迁》,郭中华等译,长春:吉林出版集团有限责任公司,2010年。

尼古拉斯·巴宁、邱仁宗编:《政治哲学总论》,北京:中国社会科学出版社,2010年。

尼克·史蒂文森:《文化公民身份:全球一体的问题》,王晓燕、王丽娜译,北京:北京大学出版社,2011年。

尼克·史蒂文森编:《文化与公民身份》,陈志杰译,长春:吉林出版集团有限责任公司,2007年。

潘小娟、张辰龙编:《当代西方政治学新词典》,长春:吉林人民出版社,2001 年。

彭华民:《西方社会福利理论前沿:论国家、社会、体制与政策》,北京:中国社会出版社,2009 年。

祁进玉:《群体身份与多元认同:基于三个土族社区的人类学对比研究》,北京:社会科学文献出版社,2008 年。

强世功:《基本权利的宪法解释——以齐玉苓案中的受教育权为例》,上海:上海人民出版社,2004 年。

乔治·霍兰·萨拜因:《政治学说史》,刘山译,北京:商务印书馆,1986 年。

乔治·克劳德:《自由主义与价值多元论》,应奇等译,南京:江苏人民出版社,2006 年。

秦树理、杜娟、陈思坤编:《国外公民学》,郑州:郑州大学出版社,2009 年。

撒路斯特乌斯:《喀提林阴谋:朱古达战争》,王以涛、崔录因译,北京:商务印书馆,1995 年。

萨托利:《民主新论》,冯克利、阎克文译,北京:东方出版社,1993 年。

塞拉·本哈比编:《民主与差异:挑战政治的边界》,黄相怀、严海兵等译,北京:中央编译出版社,2009 年。

史蒂芬·缪哈尔、亚当·斯威夫特:《自由主义者与社群主义者》(第 2 版),孙晓春译,长春:吉林人民出版社,2007 年。

斯蒂芬·马塞多:《自由主义美德》,马万利译,南京:译林出版社,2010 年。

宋建丽:《公民资格与正义》,北京:人民出版社,2010 年。

塔尔科特·帕森斯:《社会行动的结构》,张明德、夏遇南、彭刚译,南京:译林出版社,2008 年。

谭安奎编:《公共理性》,杭州:浙江大学出版社,2011 年。

唐克军:《比较公民教育》,北京:中国社会科学出版社,2008 年。

唐昆雄:《政治哲学与西方社会的重建》,哈尔滨:黑龙江人民出版社,2007 年。

特纳:《公民身份与社会理论》,郭忠华、蒋红军译,长春:吉林出版社,2007 年。

托马斯·霍布斯:《利维坦》,黎思复、黎廷弼译,北京:商务印书馆,1985 年。

托马斯·雅诺斯基:《公民与文明社会》,柯雄译,沈阳:辽宁教育出版社,2000 年。

万健林、张中华:《共和主义的公民身份:一种观念史的考察》,北京:中国社会科学出版社,2011 年。

万俊人编:《清华哲学年鉴》(2007)北京:当代中国出版社,2009 年。

万俊人编:《清华哲学年鉴》(2006)北京:当代中国出版社,2008 年。

威尔·金里卡:《当代政治哲学》(上、下),刘莘译,上海:上海三联书店,2004 年。

威尔·金里卡:《当代政治哲学》,刘莘译,上海:上海译文出版社,2011 年。

威尔·金里卡:《多元文化的公民身份:一种自由主义的少数群体权利理论》,马莉、张昌耀译,北京:中央民族大学出版社,2009 年。

威尔·金里卡:《少数的权利:民族主义、多元文化主义和公民》,邓红风译,上海:上海世纪出版集团,2005 年。

威尔·金里卡:《自由主义、社群与文化》,应奇、葛水林译,上海:上海世纪出版集团,2005 年。

威廉·盖尔斯顿:《自由多元主义——政治理论与实践中的价值多元主义》,佟德志、庞金友译,南京:江苏人民出版社,2005 年。

韦斯利·纽科姆·霍菲尔德:《基本法律概念》,张书友编译,北京:中国法制出版社, 2009 年。

西方法律思想史研究会:《自然法:古典与现代》:北京:中国法制出版社,2007 年。

肖滨编:《政治学导论》,广州:中山大学出版社,2009 年。

肖滨、郭忠华、郭台辉:《现代政治中的公民身份》,上海:上海人民出版社,2011 年。

徐大同:《西方政治思想史》(五卷本),天津:天津人民出版社,

2005 年。

许纪霖编:《公共性与公民观》,南京:江苏人民出版社,2006 年。

许纪霖编:《共和、社群与公民》,南京:江苏人民出版社,2004 年。

亚当·弗格森:《文明社会史论》,林本椿、王绍祥译,沈阳:辽宁教育出版社,1999 年。

扬-维尔纳·米勒:《宪政爱国主义》,邓晓菁译,北京:商务印书馆,2012 年。

杨伟民编:《社会政策导论》,北京:中国人民大学出版社,2004 年。

应奇:《从自由主义到后自由主义》,北京:生活·读书·新知三联书店,2003 年。

应奇、刘训练编:《第三种自由》,北京:东方出版社,2006 年。

应奇、刘训练编:《公民共和主义》,北京:东方出版社,2006 年。

应奇、刘训练编:《共和的黄昏:自由主义、社群主义和共和主义》,长春:吉林出版集团有限责任公司,2007 年。

尤根·哈贝马斯:《哈贝马斯精粹》,曹卫东选译,南京:南京大学出版社,2004 年。

于尔根·哈贝马斯:《包容他者》,曹卫东译,上海:上海人民出版社,2002 年。

于尔根·哈贝马斯:《现代性的哲学话语》,曹卫东译,译林出版社,2004 年。

俞可平:《社群主义》,北京:中国社会科学出版社,1998 年。

约翰·德雷泽克:《协商民主及其超越:自由与批判的视角》,丁开杰等译,北京:中央编译出版社,2006 年。

约翰·罗尔斯:《正义论》,何怀宏、何包钢、廖申白等译,北京:中国社会科学出版社,2009 年。

约翰·罗尔斯:《政治自由主义》,万俊人译,南京:译林出版社,2000 年。

约翰·罗尔斯:《作为公平的正义:正义新论》,姚大志译,北京:中国社会科学出版社,2011 年。

约瑟夫·拉兹:《自由的道德》,曹海军等译,长春:吉林人民出版社,2006年。

翟学伟、甘会斌、褚建芳编:《全球化与民族认同》,南京:南京大学出版社,2009年。

詹姆斯·博曼、威廉·雷吉:《协商民主:论理性与政治》,陈家刚等译,北京:中央编译出版社,2006年。

詹姆斯·戈登·芬利森:《哈贝马斯》,邵志军译,南京:译林出版社,2010年。

张昌林:《共和主义公民身份与当代中国政治发展》,济南:山东大学出版社,2010年。

张凤阳:《现代性的谱系》,南京:南京大学出版社,2004年。

张凤阳等:《政治哲学关键词》,南京:江苏人民出版社,2006年。

张英洪:《农民公民权研究》,北京:九州出版社,2012年。

中国社会科学院法学研究所法律辞典编委会:《法律词典(简明本)》,北京,法律出版社,2004年。

周金华:《新公民论:当代中国个体社会政治身份建构引论》,北京:中国社会科学出版社,2010年。

周谨平:《机会平等与分配正义》,北京:人民出版社,2009年。

周俊:《全球公民社会引论》,杭州:浙江大学出版社,2010年。

周濂:《现代政治的正当性基础》,北京:生活·读书·新知三联书店,2008年。

朱征夫:《公民的权利》,北京:法律出版社,2006年。

茱迪·史珂拉:《美国公民权:寻求接纳》,刘满贵译,上海:上海人民出版社,2005年。

中文论文

U. Staiger、顾悦:《欧盟政策中的文化与公民身份》,《文化艺术研究》,2009年第2期。

阿伦·布坎南:《评价社群主义对自由主义批判》,应奇主编:《共和的黄昏》,南京:江苏人民出版社,2007年。

安东尼·吉登斯、熊美娟、郭忠华:《阶级分化、阶级冲突与公民身份权利》,《公共行政评论》,2008 年第 1 期。

安纳贝尔·S·布雷特:《公民身份权利思想的演变》,昆廷·斯金纳、博·斯特拉思主编:《国家与公民——历史·理论·展望》,彭利平译,上海:华东师范大学出版社,2005 年版。

彼特·舒克:《自由主义公民身份》,恩靳·伊辛、布雷恩·特纳主编:《公民身份研究手册》,王小章译,杭州:浙江人民出版社,2007 年。

布莱克曼、弗朗士:《"后现代主义"背景下的青年边缘化》,尼克·史蒂文森编:《文化与公民身份》,陈志杰译,长春:吉林出版集团有限责任公司,2007 年。

曹海军:《论公民身份的二重性》,《学海》,2008 年第 5 期。

查尔斯·泰勒:《承认的政治(上)》,《天涯》,董之林、陈燕谷译,1997 年第 6 期。

查尔斯·泰勒:《承认的政治》,汪晖、陈燕谷主编:《文化与公共性》,董之林、陈燕谷译,北京:三联书店,1998 年。

查尔斯·泰勒:《答非所问:自由主义—社群主义之争》,应奇等主编:《公民共和主义》,应奇译,北京:东方出版社,2006 年。

陈彩云:《从"平等"、"社会性别"到"公民资格"——西方女性主义的理论转向》,《妇女研究论丛》,2002 年第 7 期。

陈晔:《美国多元文化主义视角下的公民身份与认同》,《云南社会主义学院学报》,2012 年第 6 期。

陈毅:《公民资格:同质化构建还是差异性共存——基于自由主义和共和主义的考察》,《中南大学学报(社会科学版)》,2011 年第 7 期。

陈钟林、吴伟东:《公民资格制度:全球化背景下的发展》,《南开学报(哲学社会科学版)》,2007 年第 6 期。

褚松燕:《公民身份定义的解释模式分析》,《天津社会科学》2002 年第 3 期。

褚松燕:《公民资格:西方民主的一种解读视角》,《河南社会科学》,2003 年第 1 期。

褚松燕:《公民资格的内涵辨析》,《中共福建省委党校学报》,

2005年第8期。

褚松燕:《公民资格定义的解释模式分析》,《天津社会科学》,2002年第3期。

褚松燕:《论公民资格的构成》,《上海行政学院学报》,2006年第1期。

丛立新:《马歇尔的公民身份理论——公民教育的理论基础研究》,《全球教育展望》,2008年第9期。

戴雪红:《公民身份与尊严:女性主义政治哲学的视角》,《马克思主义与现实》,2011年第4期。

刁瑷辉:《解读自由主义公民身份的理路——从消极到积极的个人本位》,《江苏大学学报(社会科学版)》,2011年第5期。

刁瑷辉:《围绕公民身份理论的分歧及弥合的可能——兼评自由主义、共和主义、社群主义以及文化多元主义》,《理论与现代化》,2011年3期。

丁玮、王卓:《浅谈中国户籍制度对公民身份的影响》,《经济研究导刊》,2010年第19期。

丁月牙:《跨国主义视角下加拿大的多元文化教育:批判与发展》,《中南民族大学学报(人文社会科学版)》,2011年第6期。

恩斯·伊辛、布雷恩·特纳:《公民身份研究:导论》,恩斯·伊辛、布雷恩·特纳主编:《公民身份研究手册》,王小章译,杭州:浙江人民出版社,2007年。

范微微、饶从满:《当代加拿大魁北克公民教育的理念与实施途径探析》,《教育科学》,2010年第6期。

菲利普·佩迪特:《重申共和主义》,应奇等主编:《公民共和主义》,刘训练译,北京:东方出版社,2006年。

冯建军:《公民的当代境遇与公民教育的路向选择》,《探索与争鸣》,2012年第6期。

付文忠:《对政治自由主义与社群主义之争的超越——解读墨菲的后马克思主义政治哲学思想》,《教学与研究》2005年第3期。

高景柱:《论共和主义公民身份理论的复兴及其局限》,《内蒙古大学学报(哲学社会科学版)》,2011年第2期。

高靖生、庞学铨:《全球化研究的新维度:公民的身份——〈全球化时代的政治伦理学述评〉》,《国外社会科学》,2005 年第 2 期。

高湘媛、高炜:《论和谐社会公民身份的伦理向度》,《学术交流》,2011 年第 1 期。

高永久、张杰:《"族员"与"公民":少数民族政治社会化的路径研究》,《云南民族大学学报(哲学社会科学版)》,2013 年第 1 期。

格拉德·德兰惕:《社群主义与公民身份》,恩靳·伊辛、布雷恩·特纳主编:《公民身份研究手册》,王小章译,杭州:浙江人民出版社,2007 年。

耿焰:《差别性公民身份与差别权利》,《政法论坛-中国政法大学学报》, 2010 年第 4 期。

郭台辉:《Citizenship 的内涵检视及其在汉语界的表述语境》,《学海》, 2009 年第 3 期。

郭台辉:《公民身份研究新思维——评 Citizenship the Civic Ideal in World History, Politics and Education》,《公共行政评论》,2011 年第 1 期。

郭台辉:《民族-国家建设视域中的公民身份——以德国模式的形成为例》,《中山大学学报(社会科学版)》,2011 年第 2 期。

郭忠华:《变动社会中的公民身份——概念内涵与变迁机制的解析》,《武汉大学学报:哲学社会科学版》,2012 年第 1 期。

郭忠华:《当代公民身份的理论轮廓——新范式的探索》,《公共行政评论》,2008 年第 1 期。

郭忠华:《动态匹配·多元认同·双向建构——再论公民身份与国家认同的关系》,《中山大学学报(社会科学版)》,2011 年第 2 期。

郭忠华:《个体·公民·政治——现代政治的思想理路与悖谬趋势》,《浙江学刊》,2007 年第 6 期。

郭忠华:《公民身份的研究范式——理论把握与本土化解释》,《学海》,2009 年第 3 期。

郭忠华:《公民资格的解释范式与分析走向》,《浙江学刊》,2009 年第 3 期。

郭忠华:《启蒙·排斥·侵略——论公民身份导向的民族主义》,

《马克思主义与现实》,2010 年第 2 期。

郭忠华、何惠莹:《西方公民资格的主流范式与美国特色》,《浙江学刊》, 2008 年第 6 期。

韩志英:《欧洲公民认同与欧洲一体化浅析》,《法制与社会》,2008 年第 36 期。

江国华:《从农民到公民——宪法与新农村建设的主体性视角》,《法学论坛》,2007 年第 2 期。

杰弗里 · 艾萨克:《再思考:共和主义 VS. 自由主义?》,应奇等编《共和的黄昏》,长春:吉林出版集团有限公司,2007 年。

克莱尔 · 拉斯莫森、米切尔 · 布朗:《政治理论和地缘分布中的激进民主公民身份》,恩靳 · 伊辛、布雷恩 · 特纳主编:《公民身份研究手册》,王小章译,杭州:浙江人民出版社,2007 年。

克里斯蒂安 · 乔帕克:《多文化公民身份》,恩靳 · 伊辛、布雷恩 · 特纳主编:《公民身份研究手册》,王小章译,杭州:浙江人民出版社,2007 年。

孔德永:《社会转型与当代中国公民的政治认同》,《当代世界与社会主义》,2008 年第 4 期。

李彬:《公民的两种身份及其道德要求》,《伦理学研究》,2007 年第 3 期。

李红娟:《公民身份理论视域下我国公民社会的构建》,《福建论坛(人文社会科学版)》,2009 年第 1 期。

李明明:《从移民安全问题看欧盟的公民身份制度》,《同济大学学报(社会科学版)》,2008 年第 5 期。

李萍:《论“公民”概念的本质及其历史》,《吉首大学学报》,2002 年第 3 期。

李艳霞:《公民身份理论内涵探析》,《人文杂志》,2005 年第 3 期。

李艳霞:《公民资格视域下当代中国公民教育的历史与逻辑》,《浙江社会科学》,2010 年第 10 期。

李艳霞:《后福利国家社会政策发展的理论路径与现实选择——基于“公民身份”的思考》,《文史哲》,2007 年第 3 期。

李艳霞:《浅析中国社会政策的价值选择与伦理定位——以公民权利为视角》,《伦理学研究》,2007 年第 4 期。

李艳霞:《全球化背景下福利国家的治理危机及趋向——以公民权利为视角》,《东南学术》,2005 年第 6 期。

李艳霞:《西方公民身份的历史演进与当代拓展》,《厦门大学学报(哲学社会科学版)》,2006 年第 3 期。

李艳霞:《资本主义福利制度模式:以公民资格为视角的比较分析》,《教学与研究》,2006 年第 2 期。

里查德·达格:《共和主义公民身份》,恩靳·伊辛、布雷恩·特纳主编:《公民身份研究手册》,王小章译,杭州:浙江人民出版社,2007 年。

刘丹:《全球化时代的公民身份变迁与国家认同的建构》,《思想理论教育(上半月综合版)》,2012 年第 6 期。

刘慧:《公民身份:一个高度性别化的概念——论女性主义对传统公民身份理论的批评》,《东岳论丛》,2012 年第 10 期。

刘慧、肖宪:《公民身份与欧洲集体认同》,《国际观察》,2004 年第 4 期。

刘小妹:《宪法的修辞:变迁着的公民身份及其表述方式》,《吉首大学学报(社会科学版)》,2009 年第 5 期。

刘训练:《公民与共和——当代西方共和主义研究》,天津师范大学博士论文,2006 年。

刘训练:《古典共和主义公民身份理论的兴衰》,《天津社会科学》,2012 年第 6 期。

刘训练:《自由主义公民身份理论的演进》,《南京社会科学》,2012 年第 9 期。

刘艳新、傅雅婷:《在维护个人利益中实现社会发展——基于共和主义公民观与自由主义公民观的对比分析》,《中共山西省委党校学报》,2012 年第 5 期。

龙建伟:《论"全球化"趋势下的移民控制——欧盟各国的移民政策及对中国的启示》,《中国人民公安大学学报》,2004 年第 3 期。

罗格斯·史密斯:《现代公民身份》,恩靳·伊辛、布雷恩·特纳主编:《公民身份研究手册》,王小章译,杭州:浙江人民出版社,2007年。

马珂:《欧盟合法性与共同公民身份》,《学术探索》,2007年第1期。

马岭:《宪法中的人权与公民权》,《金陵法律评论》,2006年第2期。

马平:《中国少数民族公民的三重身份认知——以回族为例》,《云南社会科学》,2009年第2期。

曼斯菲尔德:《保守主义的两难》,载《哲学门》(第11辑),北京:北京大学出版社,2005年。

莫红梅:《多民族国家视域下的公民身份与国家认同》,《教学与研究》,2010年第9期。

莫里奇奥·维罗里:《共和主义的复兴及其局限》,应奇、刘训练主编:《公民共和主义》,刘训练译,北京:东方出版社,2006年。

欧阳景根:《建构中国的公民身份理论:作为一种内化伦理的积极公民身份的建设》,《晋阳学刊》,2008年第3期。

欧阳景根:《作为一种法律权利的社会福利权及其限度——公民身份理论视野下的社会公平正义之省察》,《浙江学刊》,2007年第4期。

庞金友:《身份、差异与认同:当代多元文化主义的公民观》,《教学与研究》,2010年第2期。

庞金友:《族群身份与国家认同:多元文化主义与自由主义的当代论争》,《浙江社会科学》,2007年第4期。

祁进玉:《公民身份与国家认同:我国少数民族地区的公民教育实践》,《黑龙江民族丛刊》,2009年第1期。

祁进玉:《国家认同与公民身份的生成场域:学校教育的衍生功能》,《民族教育研究》,2008年第6期。

邱利:《青年农民工:主动排斥与被动排斥》,《当代青年研究》,2010年第3期。

邱守刚:《族群与国家:文化的想象与公民的认同》,《北方民族大学学报(哲学社会科学版)》,2010年第4期。

曲相霏:《人·公民·世界公民:人权主体的流变与人权的制度保障》,《政法论坛-中国政法大学学报》,2008 年第 4 期。

曲正伟、周小虎:《农民工子女教育“问题”:基于公民身份缺失的归因》,《教育科学》,2008 年第 2 期。

任东来:《从负责任的公民到负责任的全球公民》,《美国研究》,2003 年第 3 期。

商红日:《公民概念与公民身份理论——兼及中国公民身份问题的思考》,《上海师范大学学报(哲学社会科学版)》,2008 年第 6 期。

施雪琴:《全球化、妇女迁移与亚洲公民社会——移民女工权利保护与菲律宾 NGO 的角色》,《东南亚研究》,2009 年第 6 期。

斯蒂芬·加德鲍姆:《法律、政治与社群的主张》,应奇、刘训练主编:《共和的黄昏》,杨立峰译,长春:吉林出版集团有限公司,2007 年。

宋建丽:《差异公民身份与正义:艾利斯·马瑞恩·扬政治哲学探微》,《妇女研究论丛》,2007 年第 5 期。

宋建丽:《当代自由主义和社群主义之争:以公民身份为焦点》,《伦理学研究》,2008 年第 1 期。

宋建丽:《多元文化境遇中的正义伦理:一个公民资格的理论视角》,《理论探讨》,2007 年第 4 期。

宋建丽:《公共理性的公民资格与多元社会的正义秩序》,《华中科技大学学报(社会科学版)》,2007 年第 4 期。

宋建丽:《西方两种公民资格观的比较和反思》,《福建论坛(人文社会科学版)》,2005 年第 12 期。

宋建丽:《正义秩序之追寻——兼论罗尔斯的公民资格观》,《湖南师范大学社会科学学报》, 2007 年第 4 期。

宋建丽:《政治哲学论域中的公民资格理论研究综述》,《内蒙古师范大学学报(哲学社会科学版)》,2006 年第 3 期。

宋建丽:《政治哲学视域中的性别正义》,《妇女研究论丛》,2008 年第 4 期。

宋建丽、冯务中:《古典自由主义的公民资格观念及其正义局限》,《河南师范大学学报(哲学社会科学版)》,2008 年第 2 期。

苏昕:《“城市新移民”公民权的缺失及回归探析》,《中国行政管理》,2012 年第 5 期。

谭安奎:《私人、公民、哲学家:政治哲学中的三种思维方式》,《中山大学学报(社会科学版)》,2007 年第 5 期。

唐玉:《论公民身份的分歧与整合》,《浙江学刊》,2007 年第 6 期。

陶艳兰、风笑天:《女性主义公民身份模式:理论建构与政策启示》,《中南民族大学学报(人文社会科学版)》,2012 年第 3 期。

童列春、张娜:《论公民身份的私法意义》,《武汉理工大学学报(社会科学版)》,2010 年第 5 期。

涂文娟:《权利与责任的较量——论自由主义与共和主义的公民身份概念》,《马克思主义与现实》,2010 年第 4 期。

托马斯·雅诺斯基、布雷恩·格兰:《政治公民身份:权利的根基》,载恩靳·伊辛、布雷恩·特纳主编:《公民身份研究手册》,王小章译,杭州:浙江人民出版社,2007 年。

王全林、程东峰、程曼:《公民身份初探——公民责任研究之二》,《安徽理工大学学报(社会科学版)》,2012 年第 1 期。

王育才、王帅:《中国农民身份权探究》,《农村经济与科技》,2008 年第 7 期。

王元华:《“后福利国家”时代对福利权利的辩护——评雷蒙·普兰特的社会权利观念》,《辽宁行政学院学报》, 2006 年第 7 期。

王元华:《公民身份理论的历史演变及运用前景分析》,《江西行政学院学报》,2005 年第 3 期。

威尔·金里卡、威尼·曼诺:《公民的回归——公民理论近作综述》,许纪霖主编:《共和、社群与公民》,南京:江苏人民出版社,2004 年。

吴介民:《永远的异乡客? ——公民身份差序与农民工》,《中国社会工作》,2012 年第 3 期。

吴俊:《公民美德:特征及其意义》,《道德与文明》,2009 年第 2 期。

吴瑞财:《户籍制度、公民身份与政改突破口》,《长江大学学报:

社会科学版》,2012 年第 12 期。

吴玉军:《自由主义、文化多元主义与公民身份问题》,《北京师范大学学报(社会科学版)》,2012 年第 5 期。

肖滨:《公民认同国家的逻辑进路与现实图景——兼答对"匹配论"的若干质疑》,《中山大学学报(社会科学版)》,2011 年第 4 期。

杨畅:《"权利公民"与"责任公民"——两种公民身份的澄明与较量》,《大连理工大学学报(社会科学版)》,2013 年第 1 期。

杨通进:《生态公民论纲》,《南京林业大学学报(人文社会科学版)》,2008 年第 3 期。

应奇、佘天泽:《从民族认同到公民身份——现代民族国家的社会整合与多元稳定》,《江苏行政学院学报》,2012 年第 2 期。

郁建兴、楼苏萍:《公民社会权利在中国:回顾、现状与政策建议》,《教学与研究》,2008 年第 12 期。

约翰·罗尔斯:《公共理性理念新探》,谭安奎译,谭安奎主编:《公共理性》,杭州:浙江大学出版社,2011 年。

曾盛聪:《论中国现代化进程中的公民伦理》,《社会科学》,2005 年第 8 期。

詹姆斯·博曼:《公共理性与多元文化主义:政治自由主义与道德冲突问题》,陈肖生译,谭安奎主编《公共理性》,杭州:浙江大学出版社,2011 年。

张宝成:《公民教育:国家视阈下的少数民族身份认同》,《内蒙古社会科学》,2012 年第 3 期。

张昌林:《共和主义的公民身份理念及其价值》,《武汉理工大学学报(社会科学版)》,2008 年第 5 期。

张昌林:《共和主义公民身份问题及其出路》,《南京社会科学》,2010 年第 3 期。

张昌林:《自由主义公民身份的问题》,《中国农业大学学报(社会科学版)》,2010 年第 2 期。

张昌林、郭颖:《共和主义公民身份的当代价值》,《学习与探索》,2009 年第 6 期。

张春芳:《重塑公民:当代中国农民公民身份的考察与反思》,

《理论导刊》,2011 年第 4 期。

张凤阳:《共和传统的历史叙事》,《中国社会科学》,2008 年第 4 期。

张慧卿:《金里卡少数族群权利理论及其逻辑困境》,《内蒙古社会科学》,2012 年第 1 期。

张慧卿:《自由的多元文化主义国际化及其悖论——威尔·金里卡少数族群权利理论剖析》,《西南民族大学学报(人文社科版)》,2012 年第 1 期。

张雪琴:《新农村建设中农民的公民身份意识培育》,《安徽农业科学》,2011 年第 14 期。

张雪琴:《当代中国公民身份构建的原则与路径选择》,《河南师范大学学报(哲学社会科学版)》,2011 年第 1 期。

张雪琴:《公民身份理论本土化的几点思考》,《云南行政学院学报》,2012 年第 2 期。

张正瑞:《自由主义公民身份理论的当代转向——基恩·福克斯后现代主义公民身份思想评介》,《理论导刊》,2012 年第 7 期。

赵光锐:《欧洲公民与国家公民:欧盟双重公民身份问题研究》,《同济大学学报(社会科学版)》,2008 年第 5 期。

赵海燕、叶方兴:《普遍主义,还是中国特色——西方公民社会理论的中国境遇》,《江海学刊》,2012 年第 1 期。

周国文:《低碳经济:生态公民的绿色尺度》,《人文杂志》,2011 年第 1 期。

周作翰、张英洪:《从农民到公民:农民身份的变迁路径》,《湖南文理学院学报(社会科学版)》,2007 年 6 期。

后　　记

书稿交付之际,心中十分忐忑。由于学术功底尚浅,这让我在研究这一主题时常常觉得力不从心。之所以会做这项研究并觉得有意义,是因为我越来越意识到思想对于研究问题的重要性。同是研究某一问题,由于研究者各自的思想立场不一致,他们对同一问题所提出的理论也大相径庭。不谈思想只研究问题,往往会轻率地提出特殊模式。回避问题的“主义”之争则往往忽视了思想产生的历史背景,简化了思想的复杂面向。由此可见,“主义”与“问题”是不能分开的,离开了“问题”的“主义”是空疏的,离开了“主义”的“问题”是短视的。

在当下中国的情境中,公民身份已经受到越来越多学者的关注。这也引发了来自不同学科的学者就公民议题进行对话。公民身份引起热议的原因,一方面是受到当代西方公民身份研究的影响,另一方面在于公民身份的话语成为各派学者用来解释和回应国内现实问题的利器。因此,持有不同思想立场的学者常常引用不同的公民身份话语来主张其观点。许多学者从自由主义中汲取资源,抨击当下的劳教制度、强制征地拆迁、农民工的不公平待遇,以公民权利为话语,主张在国内实现平等的公民资格,保护公民的法律权利和政治权利。还有一些学者从共和主义传统出发,批评中国社会道德沦丧、世风日下,公民追逐私利而无公共精神。他们以公民美德为话语,呼吁发扬公民共和主义传统,培育公民社会和志愿精神。也有学者从社会民主主义和福利国家中汲取资源,倡导政府为公民提供公共服务以保障公民在教育、医疗、住房、社保等方面的社会权利。还有学者从社群主义的传统出发,弘扬儒家文化传统,提倡以儒家文化为基础的公民身份认同。此外,也不乏有学者借鉴后现代主义思想,批判以人权等普世价值为基础的公民权利思想实为一种霸权，并从历史、社会、文化、经济等多个角度阐述了中国公民身份问题的特殊性。

然而，随着越来越多的学者参与到公民身份的讨论中，许多思想上的争议和误解也随之产生。主张公民美德的学者批评自由主义公民身份过于强调个人权利，将国内出现的道德危机归咎于自由主义所塑造的消极公民。主张福利权利的学者则支持国家权力的扩张，强调国家的汲取能力，因此反对自由主义公民身份对国家权力的限制，亦不赞成将福利供给交给共和主义所倡导的公民社会。在主张弘扬儒家文化的学者中，有些学者倾向于提出一党制下的道德精英治国，或者也有学者倡导儒家宪政思想，以儒家重塑公共道德秩序，倡导公民修习儒家文化，培育儒者的担当和品格。这一思想也遭到了部分自由主义和后现代主义者的反对，批评其对儒家文化的推崇可能会带来专制，并且也在一定程度上压制了其他文化的发展。

然而，如果读者将这些公民身份的"主义"之争放置在中国的具体情景下思考，你会清楚地辨别出哪些争议是无谓的，哪些争议并不像看上去的那样针锋相对。正如秦晖教授近来提出的"共同底线"，他认为中国不存在左与右的争议，相反左与右其实存在着许多共识。在自由秩序尚未建立之前，无论是自由主义还是社会民主主义有很大的价值重合面，他们共同对付反自由主义反社会民主价值的民粹主义和专制主义，共同要争取的是政治自由和社会正义。

因此，对于提倡公民享有社会权利的社会民主主义而言，如果公民的法律权利和政治权利缺位，国家向公民提供福利的同时可能滋生腐败和权力的滥用，进而导致将公共福利变为特权阶层的"私囊"。在一个权力不受公民监督的制度下，福利供给的倡导者更应该赞成自由主义所主张的法律权利和政治权利。同样，自由主义公民身份也并不必然反对强政府的福利供给，非要坚持守夜人国家的信条。因为，中国目前还存在人口众多的弱势群体（如农民工），他们被排斥在城市之外，往往无法享受基本的公民福利。因此，弱势群体应该更多地问责于政府，向政府争取更加公平的公共服务供给体系，寻求平等的公民资格。在中国的语境中，社会民主主义所提倡的社会公民身份与自由主义主张的法律和政治公民身份不但不矛盾，反而是互补的。然而,如果二者的争议只看到对立面而忽视了重合面,这种争议不仅对中国的现实社会是无意义的而且还是有害的。如果“左派”只知扩张国家的汲取能力,而不够尊重公民的法律和政治权利,公民逐渐会蜕变成素质低下的暴民。同样,右派只知市场化和经济自由化,而不知向政府问责,它将转而支持非正义制度下的不平等公民身份。

同样,在中国情境下,主张美德的共和主义公民身份对自由主义消极公民的批评,讨论公民权利意识是否过于强劲以至于淡化了公民美德和志愿精神,则显得过于超前。在一个法制尚不健全的社会中,法律没有真正起到防止作恶的功能,这就造成了人人只求自保、漠视公益的心态。在这一社会背景下,共和主义试图培育公民间的互助美德只是一个美好却难以企及的愿望。不过,如果共和主义公民身份暂时放弃“美德”对“权利”的批评,在宽容自由主义“消极自由”的基础上,转而强调公民的“无支配自由”,那么自由主义公民身份和共和主义公民身份也达成了共识。二者的共同任务是反对权力对公民的侵犯,而分歧仅在于共和主义公民承认法律对自由限制的合理性。换言之,共和主义主张法律允许下的公民自由,而自由主义公民则进一步用自然法原则证明了“公民不服从”的正当性。中国公民社会的首要责任不是发挥第三部门的功能而是监督公权力,因为它在承担社会事务过程中,其权力往往会和政府权力一样不受监督,滋生腐败。

针对社群主义公民身份,提倡儒家文化公民身份认同以及道德精英治国的思想,需要防止其滑向专制。提倡公民修习儒家文化,培育公民儒者品质和责任的思想,也应该得到部分自由主义和后现代主义公民身份的宽容。在民主社会提倡公民修习儒家或许存在压制其他多元价值观的风险,但在中国,价值观相对单一的情况下,提倡个人通过儒家来陶冶情操和提升修为是有意义的,至少它能防止人们成为暴民。同样,对于后现代多元主义公民身份而言,伸张群体的承认权时并不需要反对普世的个人权利,因为在自由秩序尚未建立之时,个人权利和群体权利之间的矛盾并不像民主国家那样尖锐。在中国语境中,后现代多元主义公民身份在批判普世主义公民身份的同时，要防止自己滑向激进的文化主义、种族主义和民族主义。

本书力图阐释当代公民身份理论的争议，阐明支撑这些争议的思想资源有哪些，它们之间根本的分歧是什么以及共识是什么。理清这些分歧和共识或者可以有助于读者进一步思考中国学界对公民身份议题的探讨，辨别哪些是真问题，哪些是伪问题。建构中国公民身份理论，首先应立足于中国的历史情境和实际情况，并理清各种争议在思想上的来龙去脉，将“问题”与“主义”相结合，借用秦晖教授的话：“‘主义’可以拿来，‘问题’需要土产，‘理论’需要自立；弘扬普世价值，慎言普世问题。”

然而，本书同样犯了空谈主义忽视问题的毛病。笔者在写作和修改的过程中，尽管试图理清各种思想的复杂性和差异性，但由于时间所限和积累尚浅，书稿难免存在疏漏、错误和浅见，望读者指正和见谅！

本书的出版首先要感谢复旦大学出版社的资助。感谢博士后导师朱春奎教授的鼎力支持，博士生导师张凤阳教授的认真指导。书稿的出版离不开以上两位老师的帮助和关心。感谢许多老师对书稿的审阅和修改意见，他们是竺乾威教授、桑玉成教授、肖巍教授、孔繁斌教授、张康之教授、王云骏教授、闾小波教授、袁久红教授、李永刚教授、张方华教授。感谢威尔·金里卡教授对我的指导，本书稿的形成离不开他对我的启发和影响。除了许多老师的帮助之外，我还要感谢复旦出版社的编辑邬红伟老师，感谢他为书稿付出的时间和精力，纠正了书中不少错误和疏漏之处。此外，在整个写作过程中，感谢善良而富有见地的同窗与我交流思想，分享学习和生活的挫折和收获。他们是刘玉东、曾盛红、吴晓峰、袁光锋、刘雪梅、徐志国、李智、赵勇、王海洲、岳成浩、陆永、徐媛媛、华涛、向青山、曲洁、严敏、吴辰、张瑞平、陆娇丽、余飞。最后感谢父母的包容和支持，爱和信心让我在求学和生活中始终盼望和忍耐。

作者

2013 年 10 月

图书在版编目(CIP)数据

当代公民身份理论研究/刁瑷辉著.—上海:复旦大学出版社, 2014.1
ISBN 978-7-309-10146-1

Ⅰ.当… Ⅱ.刁… Ⅲ.公民-研究 Ⅳ.D032

中国版本图书馆 CIP 数据核字(2013)第 250151 号

当代公民身份理论研究
刁瑷辉 著
责任编辑/邬红伟

复旦大学出版社有限公司出版发行
上海市国权路 579 号 邮编:200433
网址:fupnet@fudanpress.com http://www.fudanpress.com
门市零售:86-21-65642857 团体订购:86-21-65118853
外埠邮购:86-21-65109143
上海华教印务有限公司

开本 890×1240 1/32 印张 7.75 字数 212 千
2014 年 1 月第 1 版第 1 次印刷

ISBN 978-7-309-10146-1/D·648
定价:22.00 元

如有印装质量问题,请向复旦大学出版社有限公司发行部调换。
版权所有 侵权必究